2024

宁夏法治蓝皮书

U0952627

《宁夏法治蓝皮书：宁夏法治发展报告（2024）》

主　　编　李保平

宁夏蓝皮书系列丛书

宁夏法治蓝皮书

宁夏法治发展报告

（2024）

中共宁夏回族自治区委员会全面依法治区委员会办公室 宁夏社会科学院 编

李保平 / 主编

黄河出版传媒集团
宁夏人民出版社

图书在版编目(CIP)数据

宁夏法治蓝皮书：宁夏法治发展报告. 2024 / 李保平主编. -- 银川：宁夏人民出版社，2023.12
(宁夏蓝皮书系列丛书)
ISBN 978-7-227-07944-6

Ⅰ. ①宁… Ⅱ. ①李… Ⅲ. ①社会主义法治 - 研究报告 - 宁夏 - 2024 Ⅳ. ①D927.43

中国国家版本馆 CIP 数据核字(2023)第 255615 号

中共宁夏回族自治区委员会全面依法治区委员会办公室
宁夏社会科学院
编

宁夏蓝皮书系列丛书
宁夏法治蓝皮书:宁夏法治发展报告(2024)
李保平 主编

责任编辑 姚小云 闫金萍
责任校对 赵 亮
封面设计 张 宁
责任印制 侯 俊

黄河出版传媒集团 宁夏人民出版社 出版发行

出 版 人 薛文斌
地 址 宁夏银川市北京东路 139 号出版大厦(750001)
网 址 http://www.yrpubm.com
网上书店 http://www.hh-book.com
电子信箱 nxrmcbs@126.com
邮购电话 0951-5052104 5052106
经 销 全国新华书店
印刷装订 宁夏银报智能印刷科技有限公司
印刷委托书号 (宁)0028486

开本 720 mm × 1000 mm 1/16
印张 18.5
字数 280 千字
版次 2023 年 12 月第 1 版
印次 2023 年 12 月第 1 次印刷
书号 ISBN 978-7-227-07944-6
定价 54.00 元

目　录

总　报　告

法治领域篇

红色法制篇

法治专题篇

法治调研篇

法治市域篇

总报告

ZONG BAOGAO

2023 年宁夏法治发展状况与 2024 年法治形势展望

李保平

2023 年是全面贯彻落实党的二十大精神，推进中国式现代化取得重大成就的关键年份，也是宁夏经济社会发展取得重大成就的一年。回首过去的一年，宁夏党委、政府坚持以习近平新时代中国特色社会主义思想为指导，全面落实习近平法治思想，法治宁夏建设取得了长足的进步，不但为宁夏经济社会发展提供了稳定的发展环境，同时，法治化的营商环境也为宁夏经济社会发展提供了源源不断的动力。

一、2023 年宁夏法治发展状况

2023 年，在自治区党委的坚强领导下，宁夏法治建设取得了显著的成绩，宁夏长期保持社会和谐稳定，经济社会稳步发展，其中，法治宁夏建设居功至伟。宁夏法治建设的成就，不仅体现在法治国家、法治政府、法治社会建设中立法、执法、司法等内部视角的建设上，更为重要的是体现在对发展环境的影响等外部性中。习近平总书记指出，法治是最好的营商环境。法治不但是行为规范，也是一种生活方式，法治建设的外部性构成法治建设成效的重要内容。所以，对 2023 年法治宁夏建设现状的准确描述，就不仅仅是一种内部视角的提炼与总结，而是要站在一个更为广阔的

作者简介　李保平，宁夏社会科学院社会学法学研究所所长，研究员。

视野下，对法治之于宁夏到底意味着什么的全方位鸟瞰和透视。

（一）2023年宁夏法治建设成效——一种内部视角的梳理

1. 在全面贯彻落实习近平法治思想上想办法、出实招

习近平法治思想是全面依法治国的基本遵循，也是法治国家、法治政府、法治社会建设的根本指南。宁夏各级党委、政府在深入学习习近平法治思想的基础上，把全面落实习近平法治思想作为一项十分重要的工作来做。按照《法治中国建设规划（2020—2025年）》《法治政府建设实施纲要（2020—2025年）》《法治社会建设实施纲要（2020—2025年）》的要求，2023年，宁夏严格落实《党政主要负责人履行推进法治建设第一责任人职责规定》，宁夏党委主要负责同志对法治建设重要工作亲自部署、重大问题亲自过问、重点环节亲自协调、重要任务亲自督察，先后对法治政府建设相关工作做出批示6次，主持召开依法治区委员会会议，将法治政府建设列入2023年自治区党委依法治区委员会工作要点，并率队开展安全生产“一法两条例”执法检查。自治区政府主要领导同志实地调研督导国道312、344泾源县段等地道路交通安全和运输执法情况，督促问题隐患整改，先后12次研究法治政府建设相关工作，专题听取近5年全区法治政府建设情况，召开全区法治政府建设推进会，出台《关于推进法治政府建设“八大提升行动”的实施方案》，全面部署法治政府建设工作；自治区人大常委会以习近平法治思想为指导，落实习近平总书记关于人大工作的重要论述，积极推动宁夏地方立法工作与时代同步、与发展同行，以良法促发展保障善治。宁夏法院把扎实开展学习贯彻习近平新时代中国特色社会主义思想主题教育作为首要政治任务，将实施“六项能力水平提升工程”作为捍卫“两个确立”、做到“两个维护”的具体抓手，深度融合、一体推进。建立清单15项和台账15项，领导班子成员、处级以上领导干部领题形成调研报告30篇，推动调研成果转化20余项，制定规范性文件15项。宁夏检察机关坚持全面贯彻习近平法治思想，贯彻落实“1134”工作思路（即“守住一个根本”：加强政治建设、铸牢政治忠诚；“贯穿一条主线”：推动检察工作现代化；狠抓“三个强化”：强化担当作为、强化争先创优、强化系统推进；实现“四新”工作目标：服务保障全面建设社会主义现代化美丽新宁夏取得新成效、守护人民群众美好生活展现新作为、强化法律监督能力水平和质效实现新提升、推进检察工作自身现代化建设开创新局面)，着力推进检察工作现代化，积极为社会主义现代化美丽新宁夏建设贡献检察力量。宁夏公安机关始终坚持党对公安工作的绝对领导，切实把党的领导贯彻到政治、思想、组织等各方面，落实到公安工作和公安队伍建设全过程。严格落实“第一议题”制度，自觉同党中央精神对标对表、校准偏差，建立任务清单，动态跟进工作措施，坚决确保各项决策部署不折不扣贯彻落实。严守纪律规矩，始终把党的政治纪律和政治规矩挺在前面，牢记“五个必须”、严防“七个有之”，对各警种和地市公安机关开展专项政治督察，对各级公安机关领导班子开展政治体检，精准发现问题，强力督促整改，持续推进政治监督具体化、精准化、常态化。严格执行《中国共产党政法工作条例》《中国共产党重大事项请示报告条例》等党内法规，自治区党委和政府专题听取公安工作汇报，对加强新时代宁夏公安工作提出明确要求，研究解决一批难点问题。抓实主题教育。牢牢把握“学思想、强党性、重实践、建新功”总要求，科学谋划、周密部署，研究建立“1163”推进体系（1个实施方案、1个实施清单、6个专项方案、3个推进计划），全面落实理论学习、调查研究、推动发展、检视整改、建章立制等重点措施，形成一大批高质量调研成果，新建、修订一系列制度机制，有效整治执法态度不好、语言不文明、户籍登记服务管理不完善等突出问题，以“小切口”解决老百姓“大民生”，提升公安工作规范化、制度化水平。宁夏司法行政机关扎实推进学习贯彻习近平新时代中国特色社会主义思想主题教育，建立“五小一大”工作机制，抓实“5+1”学习载体，开展周学习、读书分享、支部书记论坛等，推动理论学习融入日常。大兴调查研究，形成130余篇调研报告，针对调研和检视出的70个问题列清单、定措施、抓整改，制定修订制度19项，解决干部群众急难愁盼问题300余件，在全系统形成以学铸魂、以学增智、以学正风、以学促干良性循环。宁夏法学会深入开展学习贯彻习近平新时代中国特色社会主义思想主题教育，将《习近平法治思想学习纲要》作为必选书目，举办专题读书班、培训班、座谈会、宣讲会、主题党课、调研成果转化会。锚定“法治实践需要什么，法学会就研究什么”的问题导向，在调查研究基础上建立法学理论研究课题、领导干部领题调研、了解民情基层联系点、法学研究下基层4项调研机制。强化对课题成果、学术论坛、征文评选等活动及主管主办各类意识形态阵地管理，充分发挥60人的政法网络宣传舆情专家服务队作用，受理舆情任务1500人次，切实维护宁夏法学研究领域意识形态安全。2023年12月18日至21日，自治区依法治区委员会办公室组织全区法学院校和研究机构相关人员参加深入贯彻党的二十大精神和习近平法治思想专题培训班，重点学习了中办国办发布的《关于加强新时代法学教育和法学理论研究的意见》（以下简称《意见》）。通过学习，提高了法学研究人员的理论水平和政治素养。

2. 在科学立法、民主立法、依法立法上有突破

2023年，宁夏人大立法工作成绩斐然，为宁夏经济社会发展提供了高质量的立法保障。一是坚持党对立法工作的领导，建立立法工作新机制。报请自治区党委全面依法治区委员会和自治区党委常委会审定了《宁夏回族自治区人大常委会2023—2027年立法规划》和《宁夏回族自治区人大常委会2023年度立法计划》，为宁夏地方立法工作开展提供明确依据。制定了《宁夏回族自治区人大常委会立法专班工作规则和常委会2023年度立法工作专班分工方案》，全面实行“双组长”立法专班机制，将2023年的立法项目全部成立立法专班，由自治区人大常委会分管副主任、自治区政府分管副主席共同担任立法专班组长，并明确具体责任领导、责任人、责任部门和完成时限。二是加强重点领域立法。聚焦国家和自治区关于“三农”工作的大政方针，积极推动自治区乡村全面振兴样板区立法支撑建设，起草制定了《宁夏回族自治区乡村振兴促进条例》。把铸牢中华民族共同体意识作为工作主线，起草制定了《宁夏回族自治区宗教事务条例》。认真贯彻党中央在粮食安全领域的方针政策和决策部署，修订了《宁夏回族自治区地方储备粮管理条例》，补齐宁夏地方储备粮管理短板。三是强化薄弱方面立法和执法检查。深入贯彻落实习近平总书记关于安全生产重要论述和重要指示及自治区党委十三届四次全会精神，全面梳理宁夏涉安全生产领域地方性法规和规章，统筹推进立改废，修订了《宁夏回族自治区燃气管理条例》《宁夏回族自治区电动自行车管理条例》等相关法规，要用最严格、

最严密的法规制度防风险、除隐患、保平安。四是强化生态环保立法。制定了《宁夏回族自治区机动车和非道路移动机械排放污染防治条例》，强化污染源头控制，有力保护宁夏人引以为豪的“宁夏蓝”。围绕促进特色优势产业振兴，贯彻绿色发展理念，修订《宁夏回族自治区贺兰山东麓葡萄酒产区保护条例》，助力宁夏葡萄酒产业提质增效、做实做强。为全面推进新征程生态文明建设和生态环境保护工作，打包修订了《宁夏回族自治区生态保护红线管理条例》等法规。五是加强社会领域立法。坚持人民主体地位，保障和改善民生，制定出台了《宁夏回族自治区社会信用条例》，进一步推进社会信用体系建设高质量发展，提高社会诚信意识和信用水平。为规范司法鉴定活动，维护司法公正和当事人合法权益，修订了《宁夏回族自治区司法鉴定管理条例》。推动以科技创新为核心的全面创新，修订《宁夏回族自治区科学技术进步条例》，推动科技创新支撑和引领经济社会发展。服务“放管服”改革立法，打包修改了涉及“放管服”等方面的法规，确保改革于法有据，为建设美丽新宁夏提供法治保障。六是备案审查工作争先领跑取得实效。严格落实“有件必备、有备必审、有错必纠”的总要求，全面落实设区的市、县备案审查工作报告制度，实现了三级人大备案审查工作报告常态化、制度化。将宁夏回族自治区监察委员会、自治区高级人民法院、自治区人民检察院制定的规范性文件纳入备案审查范围，不断拓展规范性文件备案审查的覆盖面，实现备案审查的范围纵向涵括自治区、市、县、乡四级，横向涵括人大、政府、监察委、法院、检察院五大系统。2023 年以来，向全国人大常委会、国务院报备地方性法规 25 件，报备宁夏回族自治区人民政府和设区的市人大、政府规范性文件 24 件，报备审查率达到 100%。七是扎实开展法规清理和审查工作。对宁夏涉及安全生产领域的 61 件地方性法规和涉及生态环境保护领域的 49 件地方性法规进行集中清理，对清理出的法规将全部纳入修订和废止计划，统筹安排、分步实施，维护法治统一。按照全国人大常委会法工委的要求，组织开展对涉及黄河保护的法规规章规范性文件进行专项清理，对清理出的 6 件地方性法规、2 件政府规章、8 件规范性文件，提出清理意见。同时，开展涉及行政复议地方性法规的专项清理，确保新修订的行政复议法全面有效实施，更好发挥便民为民的制度优势和化解行政争议的主渠道作用。八是切实做好设区的市报批法规审查工作。对设区的市报批的地方性法规坚持合法性审查原则，严格把握合法性审查标准，提高审查质量。将审查工作前置，把问题解决在基层，既注重合法性审查，也从体例结构、技术规范等方面给予指导，及时提出意见建议，将规范性、合理性等问题解决在法规报批之前，2023 年度批准设区的市地方性法规 11 件、废止 2 件。

3. 在法治政府建设上求实效

一是发挥好“关键少数”的示范效应。严格落实领导干部应知应会党内法规和国家法律清单制度，出台《关于进一步加强国家工作人员学法用法考法工作的意见》，通过加强集体学法、日常学法、法治培训等举措，引导领导干部树牢法治观念，提高法治素养和依法办事能力。自治区政府将“落实政府常务会议会前学法制度”写入《宁夏回族自治区人民政府常务会议工作规则》，2023 年以来，开展会前学法 6 次，政府部门（单位）负责人在各级政府常务会议、部门会议上讲法 3322 次。宁夏各地各部门开展法治专题讲座 2602 次，参训人数达 12.22 万人，领导干部学法用法实现由“普及法律法规”到“培育法治思维”的逐步转变。二是完善依法处置突发事件应急体系。健全自治区“1+41”应急预案（1 个总体应急预案，41 个专项应急预案），完善突发事件应急响应处置程序和协调联动机制，常态化开展突发事件预演。银川市兴庆区富洋事故发生后，宁夏回族自治区党委召开十三届四次全会，专题研究部署安全生产工作，出台《宁夏回族自治区关于深入学习贯彻习近平总书记重要指示精神、统筹发展和安全、提高安全生产工作水平、切实保障人民群众生命财产安全的意见》和“1+37+8”安全生产领域系列文件，细化完善地方、行业团体安全生产技术标准和管理规范，推动法规标准执行落实。三是健全法治政府建设推进机制。自治区党委全面依法治区委员会办公室以示范创建和责任督察“两手抓”的推进机制，全力推进法治政府建设，印发《关于开展全区法治政府建设示范创建提升行动（2023—2025 年）的实施方案》。2023 年，宁夏各地各部门（单位）申报示范地区、示范单位、示范项目 140 个，比 2020 年、2022 年分别增长了 169%、118%，共评选出示范地区 8 个、示范单位 3 个、示范项目22个，法治政府建设示范创建氛围不断浓厚。四是深入推进便民为民工作，打造法治化营商环境。召开全区推进民营经济高质量发展大会，出台全方位优化营商环境推动民营经济高质量发展“31条”、促进民营经济发展壮大“29条”、市场主体梯度培育提质升级行动计划“24条”、优化法治化营商环境“32条”等组合政策17个，全力打造稳定、公开、透明、可预期的法治化营商环境。发布《宁夏回族自治区行政许可事项清单(2023年版)》，编制事项654项，不断提高行政审批规范化水平。首次发布《破产审判工作白皮书（2020—2022年)》，为解决企业投资、建设、运营、退出等全生命周期中的困难问题提供法律指导。严格落实市场准入负面清单制度，依法严厉打击影响民营经济发展和侵犯企业家财产权、创新权、经营自主权等违法犯罪活动和行为。完善“信用监管+联合惩戒+信用修复”闭环机制，依法依规将22.6万户经营主体列入经营异常名录，为近6万户失信经营主体开展信用修复。集中整治社会组织收费乱象，纠正9家行业协会商会违规问题，依托农民工工资支付监控预警平台，构建全链条监管闭环，为1.7万名劳动者追发工资待遇1.46亿元，有力维护社会和谐稳定。五是持续推进行政执法质效提升。制定《乡镇（街道）权力清单指导目录（2023年版)》，将涉及民生保障、城乡管理等基层管理迫切需要且能有效承接的22项审批服务执法事项下放乡镇（街道），大力推进市场监管、生态环境等领域综合执法改革。出台《自治区提升行政执法质量三年行动实施方案（2023—2025年)》，着力解决“一刀切”执法、过度执法、逐利执法等不作为乱作为问题。制定《宁夏回族自治区基层综合行政执法文书参考样式（试行)》，统一基层综合执法文书，提升行政执法效能。规范行政裁量权基准制定和管理，自治区各部门完成本领域行政裁量权基准动态调整。加大行政执法培训力度，全区各级执法部门先后开展行政执法人员培训2179次，受训人员达6.8万人次，切实增强执法队伍整体素质。六是强化行政权力规范化建设。出台《关于强化黄河流域生态保护和高质量发展先行区建设政治监督工作方案》，列出7项重点监督目标任务，保障先行区建设大局。坚持重大事项向党委请示报告、重大决策出台前向人大常委会报告，自治区政府提请自治区党委研究重大事项43件，办理人大代表建议案277件、政协提案546件，按期办结率、答复率均达100%。各级行政机关接收检察建议3440份，回复2929份，被采纳2913份，采纳率达99.45%。出台《关于进一步加强财会监督工作的实施方案》，细化17条财会监督体系建设措施，搭建起宁夏财会监督体系的“四梁八柱”。

4. 在公正司法上下功夫

司法被认为是维护社会公平正义的最后一道防线，司法公正不但关乎人民群众对司法公正的切实感受，而且是衡量一个地区营商环境的重要指标。2023年，宁夏司法机关贯彻落实习近平法治思想，在保障司法公正上迈出坚实的步伐。一是推进审判服务经济社会高质量发展。2023年1—10月，宁夏法院共受理各类刑事犯罪案件8205件，审结7157件，结案率87.23%。全力保障人民合法权益。充分发挥审判定分止争、惩恶扬善、良法善治司法职能，2023年1—10月，宁夏全区法院共受理各类民事案件146021件，审结122594件，结案率为83.96%。助力法治政府建设。与自治区政府联合召开府院联席会议，建立预防和化解行政争议联席会议制度，实现行政和司法良性互动。召开行政争议协调化解中心实质化运行现场观摩会，推动中心实质化运行。连续15年发布行政审判白皮书，为法治政府建设提供重要参考。深入推进行政机关负责人出庭应诉工作向“出庭出声”“出庭出彩”转变，2023年前三个季度，行政机关负责人出庭应诉率达到99.2%。深入开展“清积案提质效”专项活动。加大“涉党政机关”“涉民营企业”“涉民生”等案件执行力度，截至2023年10月12日，宁夏法院1154件执行积案中，已经执结936件，执行到位金额56.11亿元。2023年1—10月，宁夏检察机关办理民事生效裁判监督案件671件，提出抗诉和再审检察建议89件，抗诉改变率89.47%，再审检察建议采纳率64.29%。与法院、公安、司法行政部门共同完善预防和惩治虚假诉讼工作机制，办理虚假诉讼案件涉案金额达4000余万元。强化民事执行监督，提出检察建议542件，法院采纳率为91.51%。2023年1—10月，宁夏检察机关办理行政生效裁判监督案件201件，提出监督意见41件。实质性化解行政争议案件111件，1件案件获评“2022年度行政检察优秀案例”。2023年1—10月，宁夏检察机关立案办理公益诉讼案件1718件。办理的3件案件分别入选最高人民检察院水利部检察监督与水行政执法协同保护黄河水安全典型案例、最高人民检察院国家文物局长城保护检察公益诉讼典型案例、最高人民检察院荒漠化防治检察公益诉讼典型案例。7件案件分别入选长城保护、荒漠化防治、安全生产等领域典型案例。二是贯彻能动司法理念，切实做到司法为民。2023年宁夏法院强化能动司法意识，出台了《关于服务保障优化营商环境　推动民营经济高质量发展的实施意见》，依法保障市场在资源配置中的决定性作用，尊重和保护市场主体的意思自治。建立企业司法“点对点 ”服务机制，开辟涉企案件“绿色通道”，快立快审快结民营经济发展过程中涉及重点企业、重点项目、重点工程的案件，确保民营企业合法权益得到及时救济。宁夏检察机关依法办理生态环境和资源保护领域公益诉讼案件729件，依法起诉破坏生态环境和资源保护犯罪74人。部署开展黄河（宁夏段）保护综合治理专项行动，充分发挥“河长+检察长+警长”“林长+检察长”等机制作用，累计恢复被损毁的国有林地1.85万亩、整治保护被污染土壤54.3万亩、清理污染和非法占用河道441公里，助推黄河水资源及宁夏九条渠系保护。深入开展打击危险废物环境违法犯罪和重点排污单位自动监测数据弄虚作假违法犯罪专项行动，牵头西北省区、内蒙古检察机关签订服务保障黄河流域及“丝绸之路经济带”（国内西北段）生态环境和资源保护检察工作协作机制，凝聚跨区域、跨部门、跨领域保护合力。举办首届“全面履行法律监督职能，保障黄河保护法统一正确实施”检察理论研讨会，设立宁夏法学会公益诉讼法学研究会，积极探索检察理论和检察实践的研究。细化“检察为民办实事”29项重点任务，部署开展以“检察蓝”守护人民群众美好生活专项监督活动，涵盖打击医保诈骗、守护食药安全等9个方面法律监督工作。深入开展“强化支持起诉维护弱势群体权益”专项监督和行政检察监督依法护航民生民利专项活动。办理的案件入选“3·15”检察机关食品药品安全公益诉讼典型案例和个人信息保护检察公益诉讼典型案例。全面落实“群众信访件件有回复”，全部做到7日内程序回复、3个月内办理过程或结果答复。积极开展信访矛盾源头治理三年攻坚行动和重复信访积案实质性化解三年“清仓”行动，部署开展涉法涉诉领域信访突出问题专项整治。坚持领导带头办理疑难复杂信访案件，常态化落实院领导包案责任制，实现重大疑难复杂“三类案件”包案率100%。三是深化司法改革和智慧司法建设，为公正司法提供制度保障与技术支撑。深化以审判为中心的刑事诉讼制度改革，自治区高院和自治区检察院联合出台量刑指导意见的实施细则，80%的一审刑事案件适用该细则审理，试行情况平稳、效果良好。宁夏法院持续推进四级法院审级职能定位改革试点，研究制定实施意见规范提级管辖案件办理程序。优化人员分类管理，完成聘用制书记员薪酬保障标准印发、套改工作。首批326名聘用制辅警全部到岗，聘用制司法辅助人员队伍的保障水平、稳定性和活力得到极大提升。创新机制从全区选派法官到人案矛盾最集中的金凤区法院挂职办案，首批13名挂职同志已经全部到位工作，探索形成破解案多人少顽疾的宁夏经验。宁夏检察机关建立自治区检察院与市、县（区）检察院互派优秀年轻干部挂职锻炼机制，深化下级检察院派员到上级检察院跟班学习机制，提升检察队伍素质。在智慧司法建设方面，宁夏法院推动大数据、人工智能等先进技术与司法审判深度融合，强化宁夏法院数据中心建设，开展审判质效数据分析及可视化展示系统方案设计，构建精准规范的司法质量智能化控制机制，推进“一站式”多元解纷和诉讼服务体系建设。1—10月，全区法院网上立案55125件，作为管辖法院跨域立案1758件；电子送达案件149257件，电子送达率91.99%；使用律师服务平台申请网上立案39337次。宁夏检察机关制定《宁夏检察机关大数据赋能新时代法律监督实施方案》，构建“业务主导、数据整合、技术支撑、重在应用”的以数字检察赋能法律监督新模式。

5. *在法治社会建设上上台阶*

法治社会建设是法治国家、法治政府建设的基础，没有法治社会，不可能建立起法治国家、法治政府。2023年，宁夏各级党委政府贯彻法治国家、法治政府、法治社会一体建设的理念，在法治社会建设中取得了较好的成果。一是夯实基层法治根基。制定法治社会实践站建设工作的指导意见，指导建设20个宁夏法治社会实践站。深入开展“民主法治示范村（社区）”创建活动，12个村（社区）被评为第九批“全国民主法治示范村（社区）”，累计建成35个全国民主法治示范村（社区），公布50个宁夏民主法治示范村（社区），各市、县（区）创建市县民主法治示范村（社区）110个。实施“法律明白人”精准培养工程，累计培养“法律明白人”7.7万名。充分发挥司法所服务基层治理作用，实施司法所规范化强基创优三年行动，开展司法所“一所一品牌”创建活动和司法协理员制度试点工作，命名标准化司法所201个，新配备司法协理员260名，宁夏被司法部列为全国司法协理员制度试点工作6个试点省区之一，试点工作在全国司法协理员试点工作推进会上做经验交流。中央政法委书记陈文清同志在宁夏调研闽宁司法所工作时，给予高度好评和充分肯定。宁夏司法所工作经验受到司法部贺荣部长肯定性批示。二是公共法律服务再创佳绩。推进“云公共法律服务中心”建设项目，打造集远程视频咨询、智能咨询、信息查询、在线办理为一体的公共法律服务“旗舰店”，科技赋能现代公共法律服务体系建设工作被评为宁夏十大政法创新亮点工作。持续深化公证体制改革，将“最多跑一次”公证事项范围从70项扩大至180项，居全国前列，7家公证机构被司法部确定为海外远程视频试点。法律援助提升工程暨“八个一”专项行动，加强军人军属、残疾人、农民工、未成年人、老年人等特殊群体法援工作，健全法援补贴免税政策，建立宁夏首家新业态就业群体法律服务工作站。截至11月，共办理法律援助案件15273件，受援人数20949人次，挽回经济损失1.7亿元。增设国家统一法律职业资格考试中卫考区，实现宁夏5个地级市法考考区全覆盖。三是坚持和发展“枫桥经验”，建立多元纠纷解决机制。牢牢把握新时代“枫桥经验”的科学内涵和实践要求，将“深、准、狠”总要求和“防、查、改、教、强、技、制、督、调、究”重点任务转化为推进基层法治的理念思路和预防化解社会矛盾纠纷的方法路径，研究制定《关于坚持和发展新时代“枫桥经验”提升社会矛盾纠纷预防化解能力的实施意见》，系统构建调解优先、分层递进、司法托底的多元化解工作体系，推动社会矛盾问题依法就地解决。重点推动道路交通、医疗、婚姻家庭、知识产权、物业、劳动争议等领域调解工作，宁夏调解组织同比增长2.6%，排化解矛盾纠纷32628件，成功率96.7%。2023年以来，累计排查各类矛盾纠纷52936件，化解52728件，化解率99.6%。四是社会征信体系稳步推进，公民诚信意识明显提升。社会征信是社会良性运作的一个重要条件，也是法治社会建设的核心指标。2023年，经过多年的努力，宁夏初步建立起以政府征信、市场征信、公民征信为主要内容的征信体系，推动整个社会征信意识明显提升，注重自身的征信，日益成为各级政府、各市场主体和公民的自觉意识。

（二）2023年宁夏法治建设成效——一种外部视角的审视

法治建设具有明显的外部性，会对经济社会发展和人民群众生产生活产生影响。评价一个地区的法治建设状况，仅从公权力内部进行梳理和评判是远远不够的，要客观评价法治宁夏建设现实状况，还需要从更为广阔的视角进行分析，特别是外部视角，只有社会感受到的法治，才是真正的法治。要解决人民群众对法治的“从无感到有感”问题，只有立足外部视角，才能得出较为公正、客观的结论。

1. 从经济高质量发展看宁夏法治建设的质效

经济与法治的关系是学界、政界都比较感兴趣的话题。在传统社会，法治的功能较为单一，维护现行的社会秩序成为法治的唯一价值。随着社会的发展，法治开始深层次介入经济社会生活，成为经济社会发展的助推器，法治的社会性、经济性开始显现。考察世界上的主要经济体，我们会发现，凡是经济发达的国家，基本上都是法治建设搞得比较好的国家。法治化营商环境的提出，更是在法治与经济发展之间建立了一种正相关关系，所以，从一个地区的经济发展及其质效中也可以窥见一个地区法治建设的成效，考察2023年宁夏法治建设状况，经济发展是一个非常重要的考量指标。2023年，在经济形势下行压力较大的背景下，宁夏经济发展仍然取得较好成绩。根据自治区统计局统计，2023年1—10月，宁夏规模以上工业增加值同比增长10.7%，其中制造业同比增长13.2%。主要行业增长较快，其中煤炭行业增长11.4%，石油化工增长11.7%，冶金增长9.0%，机械增长6.7%，电子增长52.5%。1—10月，全区规模以上国有控股企业增加值同比增长4.9%。投资规模稳步扩大，1—10月，全区固定资产投资同比增加6.9%，民间投资增长5.3%，全区社会消费品零售总额1128.79亿元，同比增长0.6%，新增就业8.1万人。这些成绩的取得，在当前经济发展形势下，实属不易，它凝聚着全区728万人民的辛劳和汗水，也同时与宁夏法治建设取得的成绩密不可分，正是各级政府和全区人民的共同努力，在法治宁夏的加持下，宁夏的经济才能在困难的环境下逆势增长。

2. 从社会和谐稳定看宁夏法治建设的质效

虽然法治在发展过程中被附加了许多价值和功能，但法治的基本价值在于维护社会稳定，社会的和谐问题也是衡量法治建设成效的最为直接的指标。2023 年，在宁夏党委的坚强领导下，宁夏社会长期保持和谐稳定，民族团结、宗教和顺成为宁夏亮丽的名片，为经济社会全面发展奠定了良好的发展环境。没有社会的稳定，就没有发展，更谈不上创新。多年来，宁夏各族人民像珍惜自己的眼睛一样呵护民族团结、社会稳定的大局，使得宁夏成为社会稳定、生态宜居、适宜创业、和谐幸福的投资沃土。自治区党委、政法委委托国家调查总队对宁夏公民安全感进行测评，多年来，人民群众的满意度均在 95%以上。如果说经济发展与法治建设的关系还是一种间接关系的话，法治建设的成绩，直接会通过社会稳定和和谐反映出来，宁夏社会和谐稳定的大局，最为直观地反映了宁夏法治建设所取得的成就。

3. 从腐败案件发生率看宁夏法治建设质效

腐败问题既是一种历史现象，也是一种社会现实，世界上 200 多个国家实体，均不同程度存在腐败问题。腐败问题是国家治理问题，反映了国家治理的绩效，与法治建设的水平、质量有密切的关系。从当前世界腐败现象和治理看，虽然还没有一个国家宣称根除了腐败问题，但客观讲，在不同国家，腐败现象的程度还是有较大的差异。一般来说，越是相对落后的国家，腐败现象由于法治不彰而显得更加突出，发达国家虽然也存在许多腐败问题，但已经不构成社会关注的重点话题。党的十八大以来，在以习近平同志为核心的党中央坚强领导下，依宪执政、依法执政共同推进，法治国家、法治政府、法治社会一体建设，反腐败斗争取得压倒性胜利并持续推进，腐败案件增量持续下降，从一个侧面反映了法治建设取得的成就。在自治区党委的领导下，宁夏纪检监察工作取得了较大成绩。以 2021 和 2022 两个年度相关数字做对比，我们发现，2021 年，全区纪检监察机关处置问题线索 8928 件，立案 2158 件，2022 年全区纪检监察机关处置问题线索 7040 件，初核 4831 件，立案 1937 件，问题线索数和立案数均有不同程度下降，这些数字的背后，既有纪检监察部门的付出，也是法治宁夏建设成绩的一种体现，正是最为严格的法治，在预防腐败现象、遏制腐败增量上发挥了重要作用。

4. 从行政案件败诉率看法治宁夏建设质效

政府行为是具有外部性的，会对公民、法人的权益产生重大影响，法治政府建设的成效，一方面体现为政府对人民利益诉求的关心、民生工作的关注、行政执法的公平公正，同时，也体现在公民对政府违法行为的合法抗争上，行政案件中政府的败诉率和行政复议案件中的变更率就能够很好反映法治政府建设的实效。一段时期以来，行政案件数量增加较为明显，虽然导致行政案件数量上升的原因是复杂多样的，但政府行政行为的违法性是产生行政诉讼的重要因素。但从近两年的统计数据看，行政诉讼案件数量呈下降趋势。以行政审判为例，2022 年，全区法院共受理各类行政案件 4562 件，比 2021 年（5232 件）下降 12.81%，比 2020 年（4624 件）下降 1.344%，受理案件数近三年来首次下降。行政案件受案数的下降，反映了各级政府行政执法水平的提升，也反映了法治政府建设取得了实实在在的成效。

5. 从人民群众满意度看宁夏法治建设的质效

人民群众满意不满意，是我们衡量一切工作的基准。从某种意义上说，我们所做的一切工作，都是在维护并发展最广大人民群众的根本利益，满足群众需求。因此，人民群众的满意与否，是衡量我们工作成效的试金石。近年来，宁夏各级政府以行政审批制度改革为契机，采取了大量便民措施，让数据多跑路、让群众少跑路，成为政府便民服务的工作理念，赢得了人民群众的广泛赞誉。人民群众的满意度是一个综合性的指标，既有物质需求，也有权利诉求和精神需要，因此，做好人民群众满意度是一项系统工程，需要多方用力，久久为功，但无论如何，法治建设无疑在其中扮演了非常重要的角色。

二、2023 年宁夏法治建设存在的问题与不足

2023 年，宁夏法治建设取得了实实在在的成果，为宁夏经济社会发展保驾护航，发挥了重大作用，特别是法治化营商环境的打造，成为推动宁夏经济发展的深层动力。但在看到成绩的同时，我们也切身感受到，受制

于多种因素的影响，宁夏法治建设还存在一些问题和不足，正视这些问题，是改进工作，推动法治宁夏建设上台阶的重要前提。

（一）学习贯彻党的二十大精神和习近平法治思想在理论深度和实践探索方面有差距

党的二十大报告是在全党全国各族人民迈向全面建设社会主义现代化国家新征程、向第二个百年奋斗目标进军的关键时刻召开的一次十分重要的大会。习近平总书记在二十大报告中，用专门一节对坚持全面依法治国，推进法治中国建设进行了全面部署，这在历届党的代表大会上还是首次，反映了以习近平同志为核心的党中央对法治国家建设的高度重视。习近平法治思想作为习近平新时代中国特色社会主义思想的重要组成部分，是法治宁夏建设的基本遵循和根本指南，对法治宁夏建设发挥着重要的指导作用。一是在学深悟透上有距离，在贯彻落实上存在不足。习近平法治思想是马克思主义法治理论与中国实际、与中华传统优秀法律文化相结合的产物，是新时代的马克思主义法治理论。习近平法治思想博大精深，具有深邃的思想性和创新性，我们需要深思渐悟，用心体会，才能把握其精髓要义。但也毋庸讳言，由于各方面的条件限制，我们在学习中还存在不足，照本宣科学的多，阐释理解学的少，相关知识学的多，创新研究做的少，高水平的研究文章不多，与东部发达地区相比，还有较大的差距。二是法学学科建设存在短板，导致高素质法治人才不足，直接影响到对习近平法治思想学习的质量。宁夏法学学科建设起步较晚，基础薄弱，在宁夏哲学社会科学发展中，法学学科的地位没有得到应有的重视，导致优秀法治人才不足，是长期影响宁夏法治人才队伍建设的重要原因。领军人才匮乏，人才青黄不接的现状，也影响到学习习近平法治思想的高度和效度。三是习近平法治思想“三进”工作发展不平衡，进课堂、进教材易，但进头脑工作还需要下大力气，在教师培养、课程建设上下功夫。四是在贯彻落实习近平法治思想上存在不足，还需要进一步努力。法学是实践性学问，习近平法治思想也是一个开放型体系，具有较高的实践性特征。学习习近平法治思想，不是为学而学，而是要学以致用，在贯彻落实上下功夫、出实招，要从实践上进一步丰富发展习近平法治思想的实践伟力，在这方面，虽然我们也做了大量工作，但与法治宁夏建设的要求还有一定的距离。

（二）地方立法水平和能力存在不足，影响地方立法质效

赋予地方立法权是推进国家治理体系现代化的重要环节，特别是设区市立法权的赋予，对地方法治建设发挥了重要作用。一是地方立法水平有待进一步提升，特别是设区市立法，需要进一步提高立法质量。在全面提高法规草案质量的几个关系上还需要找准突破口、把好关键点。如，细化上位法条款和突显地方特色的关系、完善法规原则性指导性条款和操作性实用性条款的关系、法规体例结构完整和“小切口”“小快灵”立法新模式的关系等，还需要持续发力，结合地方实际，推动地方立法经验的探索和总结及转化。二是地方立法中还没有建立规范体系的理念，地方立法与部门规章、规范性文件之间、系统性、整体性、协调性存在一定张力。三是地方立法由于授权不充分，突破创新不够，对经济社会发展的引领带动作用不强。上海自贸区、海南自由贸易港建设均采取国家授权立法形式，力图在规范制度层面实现突破。国内试验区、自贸区的这些做法，对宁夏建设黄河流域生态保护和高质量发展先行区无疑具有重要的启发意义。四是地方立法特别是设区市立法存在重立轻用的问题，把立法任务简单化为立法数量，不同程度忽视了对地方立法实施效果的评价和关注，存在立法与用法两张皮现象。设区市人大一般都会在工作计划中把立法任务纳入工作计划，但缺少法律实施过程的检查和评估，不能及时发现立法中的问题，修正不足，需提高立法质量。五是地方立法联系点的作用发挥不够。为了贯彻落实全过程人民民主特别是立法民主，地方各级人大建立了许多立法联系点，自治区人大常委会高度重视立法联系点的建设和作用发挥，常委会领导多次带队检查督导，但从这些联系点运作情况看，一定程度存在重视建设，忽视作用发挥的问题，还没有建立起推动基层立法联系点发挥作用的长效体制机制。

（三）法治政府建设任重道远，行政执法领域存在问题较多

党的二十大报告指出，全面依法治国是国家治理的一场深刻革命，关系党执政兴国，关系人民幸福安康，关系党和国家长治久安，并从转变政府职能、深化事业单位改革、深化行政执法体制改革、强化行政执法监督、完善基层综合执法体制改革等几个方面对法治政府建设做出全面部署。

《法治政府建设实施纲要（2021—2025年）》从十个方面提出具体要求，明确到2025年，政府行为全面纳入法治轨道，职责明确、依法行政的政府治理体系日益健全，行政执法体制机制基本完善，行政执法质量和效能大幅提升，突发事件应对能力显著增强，各地区各层级法治政府建设协调并进，更多地区实现率先突破，为2035年基本建成法治国家、法治政府、法治社会奠定坚实基础。从党的二十大报告对法治政府部署和《法治政府建设实施纲要（2021—2025年）》的要求看，宁夏法治政府建设在取得较大成绩的同时，也存在一些问题。一是政府职能转变还不到位，服务型政府建设还不能满足经济社会发展的需要，行政效率和政府公信力还不高，存在推诿扯皮现象，特别是政府公信力，越是基层政府公信力越弱的现象还不同程度存在。二是在行政执法领域一定程度存在违法执法现象，特别是对行政执法程序把控不严，程序型违法在整个行政违法行为中占比过高，说明存在"空转"现象。据不完全统计，去年以来，全国行政复议共纠正违法或不当行政行为4.2万起，纠错率为13.3%。2023年1月至11月，宁夏各级行政复议机关通过撤销、确认违法、责令履行等直接纠错166件，占结案总数的16.1%，同比增加0.5%。以上数据说明，在行政执法领域，有法不依、执法不严问题时有发生。三是行政执法监督机制和能力建设存在短板，个别执法人员法治素养不高，行政执法监督机制在实际工作中发挥作用不够好，一些行政执法人员存在简单执法、粗暴执法、拉偏架式执法问题，引起人民群众不满，柔性执法、带着温度的执法还没有形成规模，执法质量与人民群众需求有较大距离。四是重点领域行政执法力度不够。食品药品、公共卫生、自然资源、生态环境、安全生产、劳动保障、城市管理、交通运输、金融服务、教育培训等领域都关乎群众切身利益和生命财产安全，需要加大执法力度。但从宁夏近期暴露出的问题看，许多监管措施不到位或流于形式，特别是对潜在风险大、可能造成严重后果的，监督不到位或疏于监督。同时，相关监管制度还不够健全，特别是惩罚性赔偿和巨额罚款制度、终身禁入机制等有待进一步完善，对人民群众参与监督还没有建立常态化的监督制度机制。

（四）司法不公时有发生，与人民群众在每一个司法案件中感受到公平正义的目标还有差距

党的二十大报告指出，公正司法是维护社会公平正义的最后一道防线。2023 年，宁夏司法机关以司法体制综合配套改革为抓手，全面落实司法责任制，取得了较好成绩，但也有一些问题亟待解决。一是在落实法官责任制、规范司法权力运行方面还存在一些体制机制性障碍，实践探索还在不断深化，司法监督机制还有待进一步完善。二是法院案多人少的矛盾仍然突出，法官办案压力较大，心理负荷较重，长期处于亚健康状态。随着经济社会发展以及复杂性的增强，案件数量上升是一个正常现象，从某种意义上看，也反映了一个社会的活跃度。但案件持续涌向法院，反映出我们建立的多元纠纷解决机制更多只是发挥了引流作用，并没有在实体层面将矛盾纠纷彻底化解。三是司法机关公益诉讼制度有待于进一步加强，公益诉讼“无法可依”的问题较为突出。随着公益诉讼监督范围的逐渐拓展，一些法律问题将会更加突出，对制度建设的需求会更加迫切。四是司法腐败、司法不公现象时有发生，引起人民群众的不满。司法公正关乎社会公平正义，杜绝司法腐败是树立司法权威的重要环节。大量的冤假错案，无时无刻不在损害司法的权威。现实生活中涉法涉诉信访案件数量也在持续增长，影响了司法公信力。司法腐败现象长期存在，久禁不绝，除了我们对司法权的运行规律把握不够、外部监督缺失外，一个很重要的原因是法官、检察官思想的蜕变，学习不够深入是其中的重要原因。

（五）法治社会建设存在薄弱环节

党的二十大报告指出，法治社会是构筑法治国家的基础。没有法治社会，就不可能建立起法治国家。2023 年也是宁夏贯彻实施《法治社会建设实施纲要（2020—2025 年）》的重要年份，宁夏在法治社会建设上取得不错的成绩，为法治国家、法治政府建设打下坚实的基础。对照《法治社会建设实施纲要（2020—2025 年）》的要求，宁夏法治社会建设也存在一些问题和不足。一是与引导全体人民做社会主义法治的忠实崇尚者、自觉遵守者、坚定捍卫者还有距离。法治观念还没有完全深入人心，现实生活中，信权不信法、信钱不信法、信访不信法的现象还较为普遍，社会主义核心价值观融入法治建设和社会治理的成效还不够明显，关键少数发挥作用不明显，说明法治的权威还没有建立起来，法治信仰还需要进一步培养。二是公共法律服务资源覆盖还需进一步延伸。宁夏公共法律服务资源总量不足、配置不均衡，相对优质的资源主要集中在市区，农村地区相对薄弱，损害公民、法人和其他组织合法权益的事件时有发生。三是普法责任制还需进一步压实。“谁执法谁普法”普法责任制还需全面落实，普法针对性和实效性有待提高、创新性还需增强。四是法治人才培育还需进一步加强。法治队伍人员数量和能力素养与法治建设工作需求还不匹配，新兴行业专门法律人才短缺，涉外法治人才匮乏。五是法学教育和法学基础理论研究相对薄弱，存在基础理论研究能力不强，应用对策研究质量不高，法学教育层级和水平与东部发达地区差距越拉越大等亟须解决的问题，与“意见”要求还有较大距离。

三、2024 年宁夏法治发展展望

2024 年，是全面推进依法治国的重要年份，也是贯彻落实《法治中国建设规划（2020—2025 年）》《法治政府建设实施纲要（2021—2025 年）》《法治社会建设实施纲要（2020—2025 年）》的关键之年，面对百年未有之大变局和中华民族伟大复兴的关键时期，面对人民群众对民主、法治、公平、正义、安全、环境等方面的新需求、新期待，法治中国建设将会持续推进并取得巨大成绩。我们相信，在习近平法治思想的指导下，在自治区党委的领导下，宁夏法治建设在 2024 年一定会沿着中国特色社会主义法治道路不断前进并取得较大发展，在经济社会发展中的作用会进一步强化。

（一）2024 年宁夏经济社会发展对法治宁夏建设的需求会更加迫切

刚刚闭幕的中央经济工作会议对当前经济形势做出预判，提出当前经济面临的主要问题是有效需求不足、部分行业产能过剩、社会预期偏弱、风险隐患仍然较多，国内大循环存在堵点，外部环境的复杂性、严峻性、不确定性上升。解决经济发展中存在的问题，不能简单从经济中看问题，要树立系统思维，要看到法治在恢复国民发展信心，维护市场公平秩序，保障人民合法权益等方面的重要价值。习近平总书记指出，法治是最好的营商环境。这充分说明，经济发展离不开法治，没有脱离法治的经济，也没有脱离经济的法治。新政策、新思维、新要求是更好地发挥政府作用的重要体现，要发挥市场在经济发展中的决定作用，还需靠法治，市场经济就是法治经济，越是经济发展的困难时期，越是离不开法治，越是要发挥法治固根本、稳预期、利长远的作用。

（二）深入学习宪法，维护宪法权威将会更加自觉

宪法是治国理政的总章程，是国家的根本性法律，具有最高的权威。习近平总书记多次讲，依法治国，首先要依宪治国，依法执政，首先要依宪执政。深入宣传宪法、增强宪法意识，推动形成尊崇宪法、学习宪法、遵守宪法、维护宪法、运用宪法的社会氛围，是发挥宪法治国理政总章程的前提和基础。2024 年，宁夏将在学习宣传宪法上出实招，迈出新的步伐，把宣传宪法和“八五”普法紧密结合起来，让宪法的精神、宪法的内容入城入乡、入校入园、入村入户、入脑入心。将在维护宪法权威，遵守宪法上取得更大成绩。法律的生命在于实施，宪法的生命也在于实施。要加快社会主义核心价值观入法入规步伐，加强法律、政府规章和规范性文件备案审查，坚决杜绝违反宪法的现象，坚决打击各种违反宪法的行为，维护宪法权威。将在宪法实施上采取更加有力的措施，重点加强领导干部、高校学生等重点人群学习落实宪法工作，全面落实宪法宣誓制度，采取更加灵活多样的形式，推动 12·4“国家宪法日”和“宪法宣传周”等活动制度化、常态化。将在建设更多宪法宣传平台和载体上取得突破。当前，宁夏建立了许多宪法文化公园，对宣传宪法和法治文化发挥了重要作用。为了适应信息化时代人们的阅读习惯和要求，我们还需要在宣传宪法的平台和载体上做大量工作，变传统静态宣传为动态宣传，变传统平面宣传为立体宣传，变传统宣教为理性教育加故事情节，只有如此，才能达到宣传的效果。2024 年，随着信息化工作的全面推进，以宪法为核心的法治宣传教育一定会在原有的基础上，通过平台建设、载体多样、内容创新，把宁夏的宪法宣传教育推向新的高度，以宪法宣传教育、以推动宪法实施、以维护宪法权威为工作重点，打造宁夏宪法宣传教育新高地，为法治宁夏建设做出贡献。

（三）全面推进科学立法、严格执法、公正司法、全民守法，为高水平完成《法治中国建设规划（2020—2025年）》《法治政府建设实施纲要（2021—2025年）》《法治社会建设实施纲要（2020—2025年）》规定的任务奠定坚实的基础

一是学习贯彻落实习近平法治思想更加深入、更加自觉。不但在深学上下功夫，而且善于系统总结运用新时代中国特色社会主义法治建设的鲜活经验，不断推进宁夏法治理论与法治实践创新，为丰富习近平法治思想做出宁夏贡献。二是进一步落实中办、国办印发的《关于加强新时代法学教育和法学理论研究的意见》（以下简称《意见》），宁夏的法学教育和法学基础理论研究水平将会不断提高。《意见》从总体要求、坚持正确政治方向、改革完善法学院校体系、加快完善法学教育体系、创新发展法学理论研究体系、加强组织领导等方面做了总体部署。2024年，宁夏通过扎实推进《意见》所提出的要求，法学教育与法学理论研究水平将会得到较快提升，也将会为宁夏法治建设培养更多法治人才。三是践行全过程人民民主，破解科学立法、严格执法、公正司法中存在的问题，推进良法善治。全过程人民民主是中国特色社会主义民主政治的本质特征，是中国人民在民主政治道路上对人类社会做出的一项重要贡献，极大丰富了人类政治文明的丰富内涵。2019年11月2日，习近平总书记在上海考察期间，与参加法律草案意见建议征询会的居民交谈时，指出："我们走的是一条中国特色社会主义政治发展道路，人民民主是一种全过程的民主，所有的重大立法决策都是依照程序、经过民主酝酿，通过科学决策、民主决策产生的"。习近平总书记关于"全过程人民民主"的重要论述，虽然是针对民主立法而言，但准确把握了我国人民民主的特质，揭示了人民民主的真谛，是对中国特色社会主义民主政治最为精当、准确的阐释。全过程人民民主除民主选举外，还包括协商民主、决策民主、管理民主、监督民主等制度安排，有效保证了公民对政府施政从规范、决策到执行的全过程、多方位的监督，实现了各层级各领域的公民有序参与。2024年，宁夏立法机关将通过立法联系点建设，为科学立法夯实民意基础。通过行政决策程序规定和有效落实重大行政决策听证制度，切实解决行政决策人民群众参与不足和形式化问题，杜绝程序空转。通过全面落实人民陪审员制度，充分发挥人民陪审员在事实认定和法律适用中的重要作用。历史与现实一再证明，对权力的监督，仅仅从内部监督是远远不够的，只有强化外部监督，提高外部监督的实效，才是解决上述问题的根本之策，践行全过程人民民主，无疑是解决长期困扰我们的一些问题的正确途径。四是法治社会建设水平不断提高。首先，关键少数在法治宁夏建设中的头羊效应更加显现。2023 年，宁夏在行政审判中被诉行政机关领导出庭率不断上升，从一个侧面反映了领导干部的法治理念在转变，法治信仰在成长。2024 年，随着全面依法治国向纵深推进，关键少数在法治建设中的作用将会得到进一步体现。其次，社会诚信意识会进一步增强，人民群众会像珍惜自己眼睛一样，呵护自己的诚信记录。古人云：人无信不立。2024 年，是《宁夏回族自治区社会信用条例》开始实施的一年，推进法规全面实施，提升公民诚信水平，是 2024 年法治社会建设的重点任务。市场经济的发展对社会诚信提出了更高要求，作为社会资源流动的润滑剂，诚信将会成为一个社会最为珍贵的资源，也将为宁夏经济社会发展发挥重要作用。最后，人们的法治意识将会进一步增强，有事找法、解决问题靠法将会成为一种自觉和理性的选择，在不远的将来，法治将会成为人们的一种生活方式，也必将成为未来宁夏核心竞争力的重要标志。

（四）统筹推进国内法治和涉外法治，加大法学研究走出去步伐，推进宁夏法学研究对外交流不断深入

一是强化习近平法治思想的国际传播，全面展示新时代中国特色社会主义法治建设取得的历史性成就、发生的革命性变革，充分彰显习近平法治思想的理论伟力、真理伟力、实践伟力。二是加强国际和国内法学学术交流，充分利用好自治区人民政府与中国社会科学院科研合作和人才培养机制，特别是加强与共建“一带一路”国家法治学术交流合作，通过人员往来、外派学习、共同举办论坛等渠道，着力培养涉外法律人才，为宁夏的改革发展提供法治人才支撑。三是充分挖掘宁夏红色法治文化，讲好宁夏法治故事。宁夏红色文化资源富集，特别是作为陕甘宁边区政府管辖地的宁夏盐池县，有着非常丰富的红色法治文化资源，深入挖掘这些红色法治资源，对于讲好宁夏法治故事，增强对中国特色社会主义法治理论与实践的理解具有重要的作用。本年度法治蓝皮书，特推出革命根据地法制史专题，就是想在这方面做一些工作，推进宁夏法治文化特别是红色法治文化的系统化整理和应用性研究。

（五）法治、德治、自治相结合的社会治理共同体建设将取得显著进步

全面落实习近平总书记关于加强和改进新时期民族工作的重要论述，铸牢中华民族共同体意识，是2024年宁夏所有工作的一条主线，我们所做的一切工作，都要围绕铸牢中华民族共同体意识展开。自治区第十三次党代会提出要建设铸牢中华民族共同体意识示范区（以下简称示范区），在已有工作的基础上，示范区工作将会取得扎扎实实的成绩。共同体是人类社会存在的形式，是由人的动物性和社会性决定的，人类最先接触到的是家庭共同体、家族共同体、氏族等血缘共同体，后来逐渐延伸到地域共同体、行业共同体、文化共同体、国家共同体等，在所有的共同体中，国家共同体是最高层级的共同体，对国家共同体的尊奉和忠诚，在现代社会，也是一个民族、一个国家进入现代化的重要体现。在国家共同体中，虽然也不排除家庭、职业、文化等多种共同体，但国家共同体无疑是最高层级的，当不同共同体的利益发生冲突时，国家共同体的利益居于优先考虑的位置。国家共同体打造的是公民，是一个逐渐减少人的自然属性和文化属性的过程。十三次党代会以来，宁夏在“先行区”方面取得了骄人的成绩，在许多方面走在了全国的前列，是民族团结、宗教和顺的典范。铸牢中华民族共同体意识是一项复杂的系统工程，经济发展、政治参与、社会建设、文化认同、组织权威等都会对铸牢中华民族共同体意识产生重大影响，其中，社会治理共同体的形成会对铸牢中华民族共同体意识产生重要的促进作用。2024年，在先行区建设中，宁夏将在系统思维、整体思维、历史思维的指导下，从以前较为关注历史文化对铸牢中华民族共同体意识进而对先行区建设的影响，转而在社会治理层面通过打造社会治理共同体，为先行区建设筑牢政治基础、组织基础和认同基础。法治既是一种秩序形态，也是一种政治认同，作为法治基础的法律，更是体现了社会共识的最大公约数，是全体人民意志的集中体现。道德作为一种治理规范，它深深扎根中华土壤，是中华民族优秀传统法律文化的集中体现，德治体现了中华文化的特征，也是支撑中国人家国情怀的文明密码，是深入中国人骨髓的价值观、秩序观。自治是国家治理体系的一种安排，是人民群众自我教育、自我管理、自我发展的重要形式，也是实现人民群众参与的主要途径。没有参与，也就没有认同，认同绝不仅仅是历史文化意义上的，还包括利益的获得、权利的实现、政治的参与等多种因素。因此，坚持法治、德治、自治相结合，坚持社会治理共建、共治、共享，不但是实现社会稳定的需要，也是铸牢中华民族共同体意识，建设“先行区”的重要内容。2024 年，宁夏党政机关和社会团体、人民群众，在深入学习习近平新时代中国特色社会主义思想的基础上，将不断深化学习成果，充分尊重人民群众主体地位，社会治理共同体建设一定会结出丰硕的果实。

（六）人民群众的安全感持续上升，对法治宁夏建设的满意度不断增强

坚持以人民为中心是习近平法治思想的重要内容，法治建设的根本目的在于保障人民群众合法权益，服务人民群众生产生活。在现实生活中，人民群众的需求是多种多样的，既有经济利益需求，也有政治权利、社会权利、文化生活等需要，因此，人民群众满意度是一个综合性的概念指标，而且满意度又是不断发展变化的，带有较强的个人主观性。同时我们也要看到，人民虽然是一个整体，但其内部结构复杂多变，不同阶层、不同群体的利益诉求都不一致，并不存在一个抽象的人民利益。所以，要满足人民群众的满意度，并不是一件轻轻松松就能完成的工作。法治是人类社会治理成果的集中体现，是人类社会找到的最好的一种治理形式，这也是虽然各国法治实践不一，但都奉行法治的重要原因。法治是人民群众意志的集中体现，从法治所具有的这个特性而言，也只有法治，才能在复杂多变的社会中，维护人民群众的利益和诉求，所以，不论是人民群众的安全感还是满意度，只有在法治的框架下才能实现。2024 年，是法治国家、法治政府、法治社会建设的关键年份，也是法治宁夏建设的重要一年，我们相信，随着习近平法治思想的学习实践，宁夏在科学立法、严格执法、公正司法、全民守法上会取得更大进步，人民群众做社会主义法治的忠实崇尚者、自觉遵守者、坚定捍卫者会更加自觉。我们相信，在自治区党委的坚强领导下，人民群众对法治的安全感、满意度会持续上升，法治社会建设的根基会更加牢固，宁夏法治建设的明天会更加美好。

（本文在撰写过程中参考了本书有关篇章内容，特此说明）

法治领域篇

FAZHI LINGYU PIAN

2023年平安宁夏建设报告

宁夏回族自治区党委政法委课题组

2023年，在宁夏回族自治区党委的坚强领导下，宁夏各地各部门坚持以习近平新时代中国特色社会主义思想为指导，紧紧围绕自治区第十三次党代会和历次全会部署，坚持法治化根本路径，严格执法，维护社会稳定，持续推进基层法治建设，平安宁夏建设取得新成效。宁夏创新的矛盾纠纷多元化解机制得到中央政法委肯定，矛盾纠纷多元化解系统被评为“2022年全国政法智能化建设智慧治理创新案例”，在法治轨道上推进基层治理经验被中央依法治国办公室通报表扬，银川市、石嘴山市、吴忠市获评“全国市域社会治理现代化试点合格城市”，银川市永宁县闽宁镇劳动人事纠纷“预防、定责、化解、巩固”四步工作法、中卫市沙坡头区滨河镇“红色物业联盟”化解物业纠纷工作法、固原市西吉县公安局吉强镇派出所“一警五联”化解婚恋家庭矛盾纠纷工作法，入选全国“枫桥式工作法”，宁夏全区公众安全感满意率连续13年保持在90%以上。

作者简介 课题组成员：孙健嵘，宁夏回族自治区党委政法委综治督导处处长；罗薇，宁夏回族自治区党委政法委综治督导处副处长；程国新，宁夏回族自治区党委政法委综治督导处副处长。

一、注重统筹协调，持续推进平安宁夏建设提质增效

（一）系统提升矛盾纠纷预防化解能力

牢牢把握新时代“枫桥经验”的科学内涵和实践要求，将“深、准、狠”总要求和“防、查、改、教、强、技、制、督、调、究”重点任务转化为推进基层法治的理念思路和预防化解社会矛盾纠纷的方法路径，研究制定《关于坚持和发展新时代“枫桥经验” 提升社会矛盾纠纷预防化解能力的实施意见》，系统构建调解优先、分层递进、司法托底的多元化解工作体系，推动社会矛盾问题依法就地解决。2023 年以来，累计排查各类矛盾纠纷 52936 件，化解 52728 件，化解率 99.6%。

（二）努力营造法治化营商环境

出台《优化法治化营商环境若干措施》，部署开展“护企安商”“护航法治化营商环境”“打虚打骗”等专项行动。2023 年以来，公安机关侦破各类经济犯罪案件 303 起，挽回经济损失 4.19 亿元；检察机关启动涉案企业合规改革 27 件，推动企业依法守规经营；人民法院建立企业司法“点对点”服务机制，银川市中级人民法院执行合同指标经验在全国优化营商环境现场会上做交流，牵头的执行合同、保护中小投资者两项指标获评全国标杆。

（三）推动提高生态环境治理法治化水平

认真贯彻落实宁夏回族自治区党委十三届五次全会精神和“1+4”系列文件，研究制定系统推进生态环境治理法治化的实施意见，围绕依法维护国土空间规划、保障“几字弯”攻坚战等 8 项重点目标任务，着力构建适应山水林田湖草沙系统保护的最严密生态法治新安全格局。深化“丝绸之路经济带”（国内西北段）生态环境检察对接协作，2023 年检察机关已办理生态环境和资源保护领域公益诉讼案件 717 件，人民法院集中管辖审理环境资源类案件 2016 件。

（四）扎实推进信访工作法治化建设

弘扬“四下基层”优良作风，进一步推动领导干部接访下访、下基层解决信访问题。持续完善预防、受理、办理、监督追责、维护秩序法治化

"路线图"，在西夏区、大武口区、盐池县、西吉县、中宁县五个县（区）先行试点，推动信访问题源头预防、依法化解。聚焦涉法涉诉信访领域突出问题专项整治，排查起底7类突出问题和案件906件，整改化解902件，化解率99.6%；组织开展信访问题源头治理三年攻坚行动，以自治区领导带头包案，带动各地各部门包案1167件、化解921件；清理长期未结诉讼案件580件，清理执行积案936件，执行到位金额56亿元。受理劳资纠纷类信访事项3197件，化解2923件，办理法律援助案件14510件，让人民群众切身感受到主题教育带来的法治变化和政法成效。

二、着眼常治长效，着力构建安全稳定防控体系

（一）完善涉稳风险隐患防范化解工作机制

探索对宁夏涉稳矛盾风险实行清单化管理，推动区、市、县、乡四级建立风险清单、措施清单、责任清单，实现清单式管理、对账式销号。坚持源头预防，已对部门出台的87项重大政策措施进行社会稳定风险评估。建立全区防汛救灾维护稳定工作机制，针对可能发生涉稳风险的12类场景开展桌面推演、实战演练，宁夏汛期平稳渡过。建立宁夏回族自治区涉险公共区域安全防护工作联席会议制度，督促落实"三管三必须"要求，严防涉险事故发生。

（二）强化经济金融领域涉稳风险防范化解

依托宁夏回族自治区重大安全风险研判防控工作机制，紧盯经济金融领域重大涉稳风险防范化解，采取重大活动及重要节庆每日调度、书面交办、风险提示、回访督导等方式，动态跟踪掌握相关风险，依法指导属地和行业部门落实防范化解稳控措施，组织对5个地级市、22个县（区）维稳安保工作进行6批次集中督导，印发风险提示、督办函10份，推动问题即知即改、立行立改，严防禁绝经济金融等其他领域风险向政治安全领域传导。

（三）筑牢防范安全稳定风险隐患法治防线

银川市兴庆区富洋事故发生后，认真吸取教训、举一反三整改，立即部署开展宁夏安全稳定风险专项整治，聚焦重点部位、重点行业、重点领

域、重点人员，督促推动各级平安建设领导（协调）小组和成员单位迅速开展大排查、大起底。牵头推进落实道路交通安全、电动自行车、民用爆炸物品、大型群众性活动、公安监所、监狱及司法行政强制隔离戒毒场所等6项安全管理重点任务，统筹推进火灾事故、道路交通、校园医院等重点风险隐患排查整治，依法整改整治“九小”场所火灾隐患7618处、交通安全隐患1369处、校园医院安全隐患376个。

（四）建立涉法舆情协同应对工作机制

宁夏各级政法委协同宣传、网信及政法各单位组建涉法舆情应对处置工作机制，统筹协调开展每日侦测预警、信息互通共享、负面舆情管控、线下稳控化解、依法核查处置、总结复盘评估、督责追责问责等一件事全流程工作，压实涉事主体第一责任，强化线上回应引导和底线管控，及时回应社会关切的问题，以线下问题解决促进线上舆情平稳，严防涉事矛盾风险化解不力引发次生舆情，有效提升涉法舆情发现力、研判力、掌控力。

三、强化治安防控，不断提升人民群众获得感、幸福感和安全感

（一）纵深推进扫黑除恶斗争常态化

常态化开展扫黑除恶斗争以来，公安机关打掉涉黑涉恶团伙15个、破获刑事案件308起；检察机关起诉涉黑涉恶案件15件330人；人民法院办理一审涉黑涉恶案件20件，处置财产45.44亿元。截至目前，全区123起判决生效的涉黑涉恶案件，119起财产已全部处置到位。先后对18条涉黑涉恶重点线索、2起重点案件挂牌督办，对涉黑涉恶线索案件查办开展“点穴式”督导，面对面会商重点线索核查33条、办理重点案件10件，以及“黑财”处置，现场反馈问题39条，提出整改意见。对5个地级市、5个县（区）和相关成员单位在自查的基础上，开展交叉实地特派督导，推动常态化扫黑除恶斗争向纵深发展。

（二）坚决打击电信网络诈骗犯罪

紧紧抓住集中打击治理的有利态势，印发了《关于进一步完善打击治理电信网络诈骗犯罪工作机制的通知》，针对电信网络诈骗犯罪已经成为发

案率最高、造成损失最大、群众反映最强烈的突出问题，推动宁夏16家商业银行、4家电信运营商入驻自治区反诈中心，建立涉诈高危号码监测模型和涉诈网址域名“黑样本”库，会同陕西、安徽、广东、江苏、湖南、浙江6地公安机关开展全国跨区域集群打击，宁夏电信网络诈骗案件发案数连续24个月同比下降，财损数和查处违法犯罪人数、挽损率连续10个月“一降两升”。

（三）依法严惩各类突出违法犯罪

部署开展夏季治安打击整治行动，挂牌整治5个重点县（区）突出治安问题，创新网上网下一体化打防管控模式，集中攻坚群众反映强烈的突出违法犯罪，全区刑事案件同比下降11.7%，42起现发命案全部侦破，传统盗抢骗案件同比下降24.7%，抓获盗抢犯罪嫌疑人排名全国第2，枪爆物品连续6年实现“不打响”“不炸响”。深入开展“清源断流”、禁吸戒毒攻坚行动和“十镇百村”毒品问题专项治理，国家禁毒办向全国推广宁夏经验。

（四）健全完善社会治安防控体系

大力开展社会治安防控体系建设“示范城市”创建活动，银川市被命名为首批全国社会治安防控体系建设示范市。完善跨部门和军地协作机制，严密落实公安武警联勤武装巡逻和“1、3、5分钟”快速响应机制，46%的警力下沉基层一线，接处警速度提升12.3%，八类主要刑事案件破案率达94%。全面开展重点目标安全隐患联合排查整治行动，落实落细安全警卫措施，确保重点目标绝对安全。深入推进“雪亮工程”，不断加强城市中心区、社区小区、农村重点部位视频监控建设，新建视频监控40000余路，农村重点部位覆盖率达70%，乡村雪亮工程覆盖面达100%。

（五）加强安全稳定风险防控督导

紧盯社会治安、交通安全、校园安全、医院安全、火灾事故等重点领域专项整治和政法单位6个专项工作落实情况，开展全覆盖、常态化督导，督促推进各类安全稳定风险隐患整治工作落地落实。依托平安建设协调机制，先后对5个地级市、6个县（区）和宁夏政法各单位专项整治情况进行督导，下发风险提示函16份，反馈问题98条，并将督导发现的问题报告自治区党委“四防”督导组，推动安全稳定突出风险隐患立整立改、真改实改。

四、加强基层法治，切实夯实平安宁夏基石

（一）统筹基层法治力量

贯彻落实中央“枫桥经验”纪念大会和全国调解工作会议精神，依托乡镇（街道）综治中心和村（社区）“塞上枫桥”基层法治工作机制，持续整合司法所、派出所、法庭、公共法律服务中心、武装部、退役军人服务站等基层法治力量，按照“事心双调”要求，构建形成以人民调解为基础，行政调解、司法调解、行业性专业性调解协调联动的矛盾纠纷调解化解法治体系。2023 年 8 月 29 日，《人民日报》刊发固原市整合多方力量、协同化解矛盾的“1+1+3”基层法治经验做法。宁夏 15 项典型经验入选由中央政法委主办的“小事不出村、大事不出镇、矛盾不上交”分片研讨班论文集，5 项做法在研讨班上做重点交流。

（二）推动基层法治文化建设

广泛宣传习近平法治思想、习近平文化思想，全面推进村（社区）以建设法治家园为载体，传承弘扬中华优秀传统法治文化，推动形成办事依法、遇事找法、解决问题用法、化解矛盾靠法的思维习惯和行为方式。充分利用黄河工程设施、休闲广场、沿黄生态廊道等，建设黄河法治宣传教育阵地 73 个，广泛宣传黄河文化、法治文化。建立全区政法系统领导干部应知应会党内法规和国家法律制度清单，作为政法队伍教育整顿的必修课、常修课，推动政法干警坚定法治信仰、增强法治观念、树牢法治思维、提升法治能力，积极引领社会治理共同体法治文化建设。

（三）压实基层平安责任

树立和践行正确政绩观，将平安建设工作纳入自治区效能目标管理考核体系，作为各级领导班子和领导干部业绩评价的重要依据。加强日常督导检查，推动各级党委和政府将平安建设纳入工作督促检查范围。2023 年以来，先后对常态化扫黑除恶、安全稳定重大风险隐患、“十四五”平安宁夏建设规划推动落实、重点人群服务等工作多次开展实地督导调研，及时提出对策建议，推动各类风险隐患立整立改、真改实改，影响政治安全和社会稳定的风险隐患及时有效化解，各地各部门平安建设责任进一步压紧压实。

（四）加强平安建设宣传

开展“学习贯彻习近平新时代中国特色社会主义思想主题教育宣传”“新时代新征程·‘枫桥经验’宁夏新实践”等一系列主题宣传和平安宁夏建设集中宣传月活动，通过“平安常识五进”“平安提示短信”等宣传方式，将自治区党委提出的“抓好全员安全常识教育，提高广大群众安全素养，增强全社会安全意识”工作要求落实到各个细胞网格，实现了全区720余万群众平安法治宣传全覆盖。组织各地认真总结提炼基层一线排查化解矛盾纠纷的成功做法和典型经验，选定38篇形成《宁夏“枫桥式”工作法典型经验汇编》。开展宁夏政法优秀新闻作品评选活动，鼓励引导广大政法新闻工作者创作出《法治宁夏幸福塞上山川——宁夏政法工作综述》《共奏和谐曲　山海情更长——宁夏永宁县闽宁镇创新发展“塞上枫桥”》等一大批深耕平安建设题材的精品力作。

（五）开展政法干警常态素能训练

把常态化加强素质能力训练作为提升政法队伍法治素养的“强基工程”，贯穿政法干警成长全周期，研究制定《关于常态化加强新时代政法干警素质能力训练的实施意见》，建立完善“教、学、练、战”一体化训练机制，综合运用专业训练、实战演练、案件评查等方法，系统提升政法干警政治能力、思维能力、法治能力、实践能力。组织实施全区政法系统2023年教育培训项目计划，明确政治建设、平安建设、维护社会安全稳定等5类培训方向、71个培训项目，统筹推进全区政法干警学习教育培训规模化、全覆盖。组织全区100名平安建设领导干部分2批次，围绕“平安宁夏建设”和“新时代新征程政法工作现代化”专题，分别赴浙江大学、中国政法大学举办专题培训班2期。

五、平安宁夏建设存在的主要问题和展望

面对新形势新要求，对照党中央关于建设更高水平的平安中国的重大决策部署，对照自治区党委工作要求，对照人民群众的新期待新需求，平安宁夏建设还存在一些短板和问题：对社会稳定风险发现感知、分析研判不够，应对风险的前瞻性和防范化解能力有待提高，预测预警预防的机制

有待进一步完善；系统推进经济金融领域风险防范化解的法治化政策策略还不完备，对经济金融领域犯罪研究不够深入，依法精准拆弹能力还不强；执法办案能力和质效还有待进一步提升；常态化扫黑除恶斗争需进一步加力。

（一）坚持和发展“枫桥经验”

深刻把握新时代“枫桥经验”的科学内涵和实践要求，扎实推动《关于坚持和发展新时代“枫桥经验”提升社会矛盾纠纷预防化解法治化水平的实施意见》落实，持续完善社会矛盾纠纷源头预防、排查预警、多元化解工作机制，系统构建“10+3”社会综合治理体系，实现“小事不出村、大事不出镇、矛盾不上交”，为全面建设社会主义现代化美丽新宁夏提供更加有力的基层法治保障。

（二）始终坚持严格执法

坚持以严格执法保障铸牢中华民族共同体意识工作主线，持续学懂弄通做实习近平法治思想和习近平文化思想，积极弘扬礼法并用、审慎用刑、调解协商等中华优秀传统法治文化，形成办事依法、遇事找法、解决问题用法、化解矛盾靠法的法治文化氛围。

（三）更好统筹发展和安全

统筹推进立法、执法、司法和法治宣传工作，积极营造公正、透明、可预期的法治化营商环境，坚持用最严格制度、最严密法治，更好服务保障黄河流域生态保护和高质量发展先行区建设。严密防范、严厉打击敌对势力渗透颠覆破坏活动，深入开展反恐怖反分裂斗争，切实筑牢维护国家安全的铜墙铁壁。

2023年宁夏立法工作发展报告

陈志科

宁夏地方立法工作以习近平法治思想为指导，坚持守正创新、先行先试工作作风，稳步推进新时代宁夏地方立法工作高质量发展。

一、宁夏立法工作成效

深入学习贯彻习近平法治思想，积极推动宁夏地方立法工作与时代同步、与发展同行，以良法促发展保善治。截至2023年11月底，共审议法规和法规性决定19件，其中，制定法规4件、修改9件、废止2件，制定法规性决定4件。

（一）统筹推进地方立法高质量发展

坚持把党的全面领导贯彻落实到地方立法工作全过程各方面，始终保证立法工作与党委的部署要求同步同调同向，做到立法规划、立法计划、法规起草等全流程向同级党委请示汇报。

加强立法调研，做实做细调查研究、基层走访，召开座谈会、论证会、评估会等立法调研工作，在反复研究论证的基础上，报请自治区党委全面依法治区委员会和自治区党委常委会审定了《宁夏回族自治区人大常委会2023—2027年立法规划》和《宁夏回族自治区人大常委会2023年度立法

作者简介 陈志科，宁夏回族自治区人大常委会法制工作委员会办公室副主任。

计划》，为宁夏地方立法工作开展提供明确依据。

按照地方立法的“任务、时间、组织、责任”四落实的要求，做到年度立法任务明确、按照时间表、路线图积极有序推进，保障立法各项工作责任到人，抓细抓好各项法规起草工作，提高起草质量，保证及时提请审议。

（二）围绕自治区经济社会发展强化立法供给

1. 加强重点领域立法

聚焦国家和自治区关于“三农”工作的大政方针，积极推动自治区乡村全面振兴样板区立法支撑建设，起草制定了《宁夏回族自治区乡村振兴促进条例》。把铸牢中华民族共同体意识作为主线，起草制定了《宁夏回族自治区宗教事务条例》。认真贯彻党中央在粮食安全领域的方针政策和决策部署，修改了《宁夏回族自治区地方储备粮管理条例》，补齐宁夏地方储备粮管理短板。

2. 加强安全领域立法

深入贯彻落实习近平总书记关于安全生产重要论述和重要指示，以及自治区党委十三届四次全会精神，全面梳理宁夏涉安全生产领域地方性法规和规章，统筹推进立改废，修订了《宁夏回族自治区燃气管理条例》《宁夏回族自治区电动自行车管理条例》等相关法规，要用最严格、最严密的法规制度防风险、除隐患、保平安。

3. 强化生态环保立法

制定了《宁夏回族自治区机动车和非道路移动机械排放污染防治条例》，强化污染源头控制，有力保护宁夏人引以为豪的“宁夏蓝”。围绕促进特色优势产业振兴，贯彻绿色发展理念，修订《宁夏回族自治区贺兰山东麓葡萄酒产区保护条例》，助力宁夏葡萄酒产业提质增效、做实做强。为全面推进新征程生态文明建设和生态环境保护工作，打包修订了《宁夏回族自治区生态保护红线管理条例》等法规。

4. 加强社会领域立法

坚持人民主体地位，保障和改善民生，制定出台了《宁夏回族自治区社会信用条例》，进一步推进社会信用体系建设高质量发展，提高社会诚信意识和信用水平。为规范司法鉴定活动，维护司法公正和当事人合法权益，修订了《宁夏回族自治区司法鉴定管理条例》。推动以科技创新为核心的全面创新，修订了《宁夏回族自治区科学技术进步条例》，推动科技创新支撑和引领经济社会发展。服务“放管服”改革立法，打包修订了涉及“放管服”等方面的法规，确保改革于法有据，为建设美丽新宁夏提供法治保障。

（三）积极探索提高立法服务质效的机制和方式

1. 全面实行“双组长”立法专班机制

制定了《宁夏回族自治区人大常委会立法专班工作规则和常委会2023年度立法工作专班分工方案》，将2023年的立法项目全部成立立法专班，由自治区人大常委会分管副主任、自治区政府分管副主席共同担任立法专班组长，并明确具体责任领导、责任人、责任部门和完成时限。立法专班对年度立法项目加强协同配合和督促指导，将立法中的重点难点问题解决在前端，使立法项目各阶段各环节衔接更加顺畅，立法工作效率明显提高。

2. 深入践行立法全过程人民民主

始终把全过程人民民主理念贯穿到立法工作的全过程，丰富和拓展公众有序参与立法的途径，制定了《关于立法工作践行全过程人民民主的实施意见》和《自治区人大常委会基层立法联系点工作规定》《自治区人大常委会基层立法联系点规范化建设指导意见》，充分发挥基层立法联系点工作“民意直通车”作用，不断放大职能优势，把基层立法联系点建设成为立法机关与人民群众的连心桥、社情民意的直通车、法律实施的检测器、普法宣传的广播室、践行全过程人民民主的主阵地。

（四）备案审查工作争先领跑取得实效

1. 备案审查工作基础不断夯实

建立规范性文件备案审查工作通报制度，确保将“有件必备”的要求全面落实。赵乐际委员长在2023年全国地方立法工作座谈会上对宁夏将报备主体的报备率、报备及时率、报备规范率和审查意见处理等纳入监督范围给予充分肯定。2023年以来，按照全国人大常委会法工委部署，会同浙江、广东、重庆共同开展“完善和加强备案审查制度”创新试点探索任务，为其他省区提供可复制可借鉴的经验。

2. 备案审查工作水平不断提升

严格落实“有件必备、有备必审、有错必纠”的总要求，全面落实设区的市、县备案审查工作报告制度，实现了三级人大备案审查工作报告常态化、制度化。将宁夏回族自治区监察委员会、宁夏回族自治区高级人民法院、宁夏回族自治区人民检察院制定的规范性文件纳入备案审查范围，不断拓展规范性文件备案审查的覆盖面，实现备案审查的范围纵向涵括自治区、市、县、乡四级，横向涵括人大、政府、监察委、法院、检察院五大系统。2023 年以来，向全国人大常委会、国务院报备地方性法规 25 件，报备宁夏回族自治区人民政府和设区的市人大、政府规范性文件 24 件，报备审查率达到 100%。

3. 备案审查信息化建设取得成效

宁夏人大备案审查信息平台一次性将平台使用范围拓展配置到自治区、设区的市、县、乡（镇）四级人大、政府，在全区范围内实现人大系统规范性文件备案审查工作电子全覆盖，是全国率先将自治区、市、县、乡四级备案审查工作一步到位纳入信息平台。将备案审查信息平台“四级建设”的成果转化为基础数据资源，归集自治区、市、县、乡四级人大、政府，以及县级以上监委、人民法院、人民检察院等 530 个主体制定的地方性法规规章规范性文件，“发挥了第一梯队探索、开拓、引领的重要作用”。截至 2023 年 10 月，数据库已收录各级各部门现行有效法规、规章、规范性文件 2612 件，其中地方性法规 268 件、政府规章 170 件、人大、政府及其部门行政规范性文件 2153 件、“一委两院”规范性文件 21 件。

（五）扎实开展法规清理和审查工作

1. 切实做好地方性法规清理工作

根据宁夏回族自治区党委十三届四次、五次全会部署要求和常委会工作安排，组织人大相关委员会、政府有关部门对宁夏涉及安全生产领域的 61 件地方性法规和涉及生态环境保护领域的 49 件地方性法规进行集中清理，对清理出的法规将全部纳入修订和废止计划，统筹安排，分步实施，维护法治统一。按照全国人大常委会法工委的要求，组织开展涉及黄河保护的法规规章规范性文件进行专项清理，对清理出的 6 件地方性法规、2

件政府规章、8件规范性文件，提出清理意见。同时，开展涉及行政复议地方性法规的专项清理，确保新修订的行政复议法全面有效实施，更好发挥便民为民的制度优势、化解行政争议的主渠道作用。

2. 切实做好设区的市报批法规审查工作

对设区的市报批的地方性法规坚持合法性审查原则，严格把握合法性审查标准，提高审查质量。将审查工作前置，把问题解决在基层，既注重合法性审查，也从体例结构、技术规范等方面给予指导，及时提出意见建议，将规范性、合理性等问题解决在法规报批之前，2023年度批准设区的市地方性法规11件、废止2件。加强对设区的市人大立法工作培训，通过组织参加全国、自治区人大常委会举办培训班、调研论证、座谈交流等形式，提高立法能力和立法水平，设区的市人大地方立法质量和效率不断提高。

二、宁夏立法工作面临的问题

虽然宁夏地方立法工作取得了一定成效，但随着立法工作的逐步深入和地方立法任务逐渐加重，立法涉及许多深层次的制度调整和利益调整，立法的难度越来越大，人民群众和社会治理工作对立法的精细化要求越来越高，立法工作如何适应深化改革、适应经济社会发展的需要，是当前要认真思考的问题。

（一）立法工作的体制机制还需进一步完善

实践中，宁夏和五市地方立法从立法项目征集、立法计划和规划拟定等各项立法工作推进，仍然存在立法各项工作的协调沟通机制运行不顺畅、全过程人民民主参与立法质量不高、立法形式不够创新等诸多问题，需要持续健全和完善地方立法体制机制建设，拓宽全过程人民民主立法渠道，扭转重立法、轻实施工作局面。

（二）法规草案质量有待进一步提高

在全面提高法规草案质量的几个关系上还需要找准突破口、把好关键点。如细化上位法条款和突显地方特色的关系、完善法规原则性指导性条款和操作性实用性条款的关系，法规体例结构完整和“小切口”“小快灵”立法新模式的关系等，还需要持续发力，结合地方实际，推动地方立法经验的探索和总结及其转化。

（三）立法人才队伍建设有待进一步加强

随着经济社会快速发展和法治国家建设深入推进，宁夏及其五市的地方立法工作任务也日益加重，新业态、新领域和重点行业领域的立法需求不断增加，现有的立法人才队伍工作负荷和压力非常重，亟待补充高素质、专业化立法人才，为宁夏经济社会发展和法治建设提供强有力立法人才支撑。

三、对宁夏立法工作的思考与建议

未来宁夏地方立法工作仍要深入贯彻落实党的二十大精神和习近平总书记视察宁夏重要讲话指示批示精神，紧紧围绕自治区党委的重大决策部署，深入推进科学立法、民主立法、依法立法，加强重点领域、新兴领域等领域立法，切实提高立法质量和效率，为实现经济繁荣、民族团结、环境优美、人民富裕的美丽新宁夏做出新的更大贡献。

（一）健全和完善立法工作体制机制

结合立法实际需要，不断探索立法工作新形式新模式，特别是注重发挥“小切口”立法的“小快灵”优势，增强地方立法的针对性、可操作性，积极开展地方协同立法的探索和实践，不断积累立法工作的经验。进一步完善立法专班工作机制，发挥立法专班的优势和作用，切实增强立法的系统性、整体性、协同性、时效性，不断提高地方立法工作质量和效率。坚持立法为了人民、依靠人民、问计于民、问需于民，丰富和拓展公众有序参与立法的途径，进一步加强基层立法联系点建设，用好征求意见、座谈、论证、评估等机制和平台，扩大人大代表对立法工作的参与，加强立法全过程宣传解读，使立法过程成为满足人民需要、扩大人民参与、接受人民监督的生动民主实践。

（二）聚焦实际，切实提升地方立法质量

紧扣自治区第十三次党代会确定的经济社会重大改革任务和重点工作，围绕贯彻落实自治区党委十三届四次、五次全会精神，从自治区经济社会发展实际需要出发，围绕自治区党委中心工作，做好常委会 2024 年立法计划的意见征求、筛选、论证、编制工作。切实抓好年度立法计划任务的贯彻实施，特别是抓好安全生产、生态环保、基层治理等重点领域立法工作，进一步发挥人大在地方立法工作中的主导作用，把好立项关、起草关、审议关，切实落实立法工作责任制度，保证各项立法任务顺利实施。在做好备案审查基础性工作的同时，按照全国人大常委会法工委和自治区人大常委会的工作部署，进一步做好宁夏备案审查条例修订工作，切实总结宁夏备案审查工作的可行经验，充分体现宁夏备案审查工作特色，为其他省区提供可借鉴的经验。继续完善备案审查专项报告制度，加大备案审查制度与相关工作的宣传力度，不断提升备案审查工作的社会知晓度和参与度。

（三）多措并举，强化立法人才队伍建设

整合全区上下立法资源，加强立法人才智库平台建设，通过立法智库平台，整合立法、执法、司法、教育、科研等各类法律专业人才力量，构建一支业务精准、专业化立法人才队伍。加强立法人才培养体制机制建设，建立立法人才队伍长效机制，为五市乃至全区立法工作规范化、科学化、专业化提供强有力的人才支撑。加大加强现有立法人才队伍培养、培训力度，通过交流学习、集中培训等多种形式提升队伍立法能力。

2023年宁夏法治政府建设报告

马　姣　焦鸿飞

2023年，宁夏坚持以习近平新时代中国特色社会主义思想为指导，认真落实习近平法治思想和党中央、国务院关于法治政府建设的决策部署，将法治政府建设作为全面依法治区的重点任务和主体工程，以“率先突破”为目标，以示范创建为牵引，推动政府工作在法治轨道上高效运行，为美丽新宁夏建设提供坚强有力的法治保障。

一、坚持高位推动法治政府建设

（一）切实落实法治建设第一责任人职责

严格落实《党政主要负责人履行推进法治建设第一责任人职责规定》，宁夏回族自治区党委和政府主要负责同志对法治建设重要工作亲自部署、重大问题亲自过问、重点环节亲自协调、重要任务亲自督察，先后对法治政府建设相关工作做出批示6次。2023年宁夏回族自治区党委书记、人大常委会主任梁言顺主持召开依法治区委员会会议，将法治政府建设列入2023年自治区党委依法治区委员会工作要点，并率队开展安全生产“一法两条例”执法检查。宁夏回族自治区主席、全面依法治区委员会副主任张

作者简介　马姣，宁夏回族自治区司法厅法治调研与督察局副局长；焦鸿飞，宁夏回族自治区司法厅法治调研与督察局三级主任科员。

雨浦实地调研督导国道 312、344 泾源县段等地道路交通安全和运输执法情况，督促问题隐患整改。宁夏回族自治区人民政府坚决落实自治区党委部署要求，先后 12 次研究法治政府建设相关工作，专题听取近 5 年全区法治政府建设情况，召开全区法治政府建设推进会，出台《关于推进法治政府建设“八大提升行动”的实施方案》，全面部署法治政府建设工作。各地各部门党政主要负责同志切实履行法治建设第一责任人职责，党委常委会、政府常务会议、部门党委（党组）会议定期听取法治政府建设工作情况 1399 次，市、县（区）召开法治政府建设部署会、推进会 42 次，32 个区直部门（单位）将法治政府建设示范创建指标体系列入党委（党组）和厅务会学习内容，做到同谋划、同部署、同推进、同督促、同考核。

（二）管好“关键少数”示范带动“绝大多数”

严格落实领导干部应知应会党内法规和国家法律清单制度，出台《关于进一步加强国家工作人员学法用法考法工作的意见》，通过加强集体学法、日常学法、法治培训等举措，引导领导干部树牢法治观念，提高法治素养和依法办事能力。宁夏回族自治区人民政府将“落实政府常务会议会前学法制度”写入《宁夏回族自治区人民政府常务会议工作规则》，2023 年以来，开展会前学法 6 次，政府部门（单位）负责人在各级政府常务会议、部门会议上讲法 3322 次。宁夏全区各地各部门开展法治专题讲座 2602 次，参训人数达 12.22 万人，领导干部学法用法实现由“普及法律法规”到“培育法治思维”的逐步转变。探索领导干部年终述法新模式，区、市、县、乡领导干部述法工作实现全覆盖，宁夏回族自治区党委依法治区办公室派员列席宁夏回族自治区党委政法委、公安厅、银川市等 24 个地区（部门）年度述职述责会议，将领导干部“坚持全面依法治国，提高制度执行力和治理能力”列入年度考核测评表并进行现场评议。组织开展全区国家工作人员法律知识考试，24.14 万人参与答题考试。将考法作为法治督察重要一环，在 2023 年法治督察中，组织 1200 名领导干部进行现场考法，确保以督促学、学以致用。

（三）不断完善依法处置突发事件应急体系

健全自治区“1+41”应急预案（1 个总体应急预案，41 个专项应急预案），完善突发事件应急响应处置程序和协调联动机制，常态化开展突发事件预演。银川市兴庆区富洋事故发生后，宁夏回族自治区党委召开十三届四次全会，专题研究部署安全生产工作，出台《宁夏回族自治区关于深入学习贯彻习近平总书记重要指示精神、统筹发展和安全、提高安全生产工作水平、切实保障人民群众生命财产安全的意见》和“1+37+8”安全生产领域系列文件，细化完善地方、行业团体安全生产技术标准和管理规范，推动法规标准执行落实。银川市政府 24 小时内召开新闻发布会，通报爆炸事故发生后搜救、抢救全过程，组建 65 个工作专班，精准开展家属心理安抚、情绪疏导和法律咨询。全面开展安全生产大排查大整治专项行动，宁夏 29 家液化石油气瓶充装单位全部建立气瓶质量追溯系统，19 家气瓶检验机构建立信息化监管平台，对 11 类 111 种工业产品实施重点监管，督促 78 家危化品生产企业整改问题 356 个，集中清理不合格燃气用品 1138 件，最大限度把风险隐患消除在萌芽状态，全力保障人民群众生命财产安全。

（四）不断健全法治政府建设推进机制

宁夏回族自治区党委依法治区办公室以示范创建和责任督察“两手抓”的推进机制，全力推进法治政府建设，印发《关于开展全区法治政府建设示范创建提升行动（2023—2025 年）的实施方案》。2023 年，宁夏各地各部门（单位）申报示范地区、示范单位、示范项目 140 个，比 2020 年、2022 年分别增长了 169%、118%，共评选出示范地区 8 个、示范单位 3 个、示范项目 22 个，法治政府建设示范创建氛围不断浓厚。推荐银川市、石嘴山、青铜峡市 3 个示范地区，“中卫市‘小试点’撬动‘大改革’行政复议体制改革蹚出新路子”等 5 个示范项目申报全国法治政府示范创建。加大法治督察力度，紧盯督察问题整改情况。宁夏回族自治区党委依法治区办公室对固原市、中卫市等 15 个市、县（区），宁夏生态环境厅等 11 个部门（单位）开展现场评查，重点抽查了 15 个市、县（区）应急管理、文化旅游、人力资源和社会保障、住房城乡建设 4 个重点领域的法治建设和执法情况，发现问题 200 余个。宁夏及其 5 个设区的市将领导干部履行推进法治建设第一责任人职责情况纳入巡视巡察工作的重要内容，实现巡视巡察与法治督察深度融合。

二、聚焦目标任务，着力推进法治政府建设提质增效

（一）深化推进便民为民工作

召开宁夏推进民营经济高质量发展大会，出台全方位优化营商环境，推动民营经济高质量发展“31条”、促进民营经济发展壮大“29条”、市场主体梯度培育提质升级行动计划“24条”、优化法治化营商环境“32条”等组合政策17个，全力打造稳定、公开、透明、可预期的法治化营商环境。发布《宁夏回族自治区行政许可事项清单（2023年版）》，编制事项654项，不断提高行政审批规范化水平。首次发布《破产审判工作白皮书（2020—2022年）》，为解决企业投资、建设、运营、退出等全生命周期中的困难问题提供法律指导。严格落实市场准入负面清单制度，依法严厉打击影响民营经济发展和侵犯企业家财产权、创新权、经营自主权等违法犯罪活动和行为。完善“信用监管+联合惩戒+信用修复”闭环机制，依法依规将22.6万户经营主体列入经营异常名录，为近6万户失信经营主体开展信用修复。集中整治社会组织收费乱象，纠正9家行业协会商会违规问题，依托农民工工资支付监控预警平台，构建全链条监管闭环，为1.7万名劳动者追发工资待遇1.46亿元，有力维护社会和谐稳定。加快推进一体化政务大数据体系建设，政务服务全程网办率达到50%以上，有效解决了重复录入的难题。探索“黄河流域省会城市通办”、闽宁两省区“跨省通办”，有力促进经济协同发展。持续深化“证照分离”“一业一证”改革，全面实行登记注册“一网通办”，企业开办实现半日办结，工作经验在全国复制推广。全区实有经营主体总量达80.7万户，同比增长7.3%，活力持续迸发，10项主要经济指标高于全国平均水平，8项进入全国前10位，城镇居民、农村居民人均可支配收入分别增长6.2%、8%，比全国高1%、0.4%，分别位居第4、第5位。

（二）健全和完善依法行政制度体系建设

紧扣宁夏回族自治区第十三次党代会提出的目标任务，编制五年立法规划和年度立法工作计划，2023年，自治区人民政府共安排立法项目38件，制定、修订、废止地方性法规15件、政府规章7件，调研论证地方性

法规和政府规章16件。修订《宁夏回族自治区法治政府建设指标体系》，完善政府评价指标，为法治政府建设提供全面指南。修订《宁夏回族自治区燃气管理条例》《宁夏回族自治区安全生产风险管控与安全生产事故隐患排查治理办法》，不断提高安全生产法治化水平。出台《宁夏回族自治区乡村振兴促进条例》，为加快建设乡村全面振兴样板区提供坚实法治保障，得到农业农村部充分肯定。严格落实重大行政决策程序事项目录编制指引、咨询论证工作规则、社会稳定风险评估实施办法等制度，自治区政府连续4年编制重大行政决策事项目录，2023年，各市、县（区）、区直各部门（单位）确定重大行政决策事项210项，完成84项，均经过了公众参与、合法性审查和集体讨论决定程序。组建新一届自治区政府法律专家库，166名法学专家、资深律师入选。2023年，政府法律顾问、法律咨询委员参加各级政府常务会议、专题会议1763次，参与立法论证会及案件评查、审查框架协议及其他服务事项4500余次，有效发挥起法律参谋助手作用。

进一步规范合法性审查程序、流程、责任，出台《宁夏回族自治区行政规范性文件合法性审核办法》。安全生产“1+37+8”及全面推进新征程生态文明建设“1+4+X”系列制度文件，合法性审查率达到100%。落实行政规范性文件“四级政府、三级监督”备案监督制度，2023年，自治区人民政府对收备的7件政府规章、146件行政规范性文件，各市、县（区）对180件行政规范性文件进行严格审查，切实做到有件必备、有备必审、有错必纠。加大清理力度，自治区修改政府规章4件，修改、废止、宣布失效行政规范性文件17件，各市、县（区）修改、废止、宣布失效行政规范性文件645件，切实维护了法治统一。

（三）持续推进行政执法质效提升

制定《乡镇（街道）权力清单指导目录（2023年版）》，将涉及民生保障、城乡管理等基层管理迫切需要且能有效承接的22项审批服务执法事项下放乡镇（街道），大力推进市场监管、生态环境等领域综合执法改革。出台《自治区提升行政执法质量三年行动实施方案（2023—2025年）》，着力解决“一刀切”执法、过度执法、逐利执法等不作为乱作为等问题。制定《宁夏回族自治区基层综合行政执法文书参考样式（试行）》，统一基层综合执法文书，提升行政执法效能。规范行政裁量权基准制定和管理，自治区各部门完成本领域行政裁量权基准动态调整。加大行政执法培训力度，全区各级执法部门先后开展行政执法人员培训2179次，受训人员达6.8万人次，切实增强执法队伍整体素质。加大食品药品、公共卫生专项执法力度，先后检查药品生产经营企业1.17万余家次，查办各类行政违法案件400起，收缴罚没款678.7万元。实施“你点我检”民生实事进校园、进社区、进市场活动，完成食品安全抽检1.8万批次，守护群众食品安全。全区各级执法部门开展跨领域跨部门执法6471次，切实保障人民群众和市场主体的合法权益。开展全区道路交通安全和运输执法领域突出问题专项整治，截至10月底，全区各级公安交管、交通运输部门累计自查道路交通安全和运输执法领域突出问题1399个，受理群众投诉举报问题441个，目前全部查结整改处理，着力提升人民群众获得感、幸福感、安全感。宁夏回族自治区人大常委会采取“三级人大联动、五级代表参与”方式，分6个组对27个市、县（区）和宁东基地进行执法检查，压实安全生产责任，守护人民群众生命财产安全。加快宁夏行政执法监督平台数据标准化改造，积极对接“互联网+监管”，打通信息“壁垒”，提升监督质效，截至2023年10月底，宁夏共接入行政执法主体910家，录入执法人员19888人、执法案件28535件，实现了执法信息及时获取、执法活动有效监督。严格行政执法资格管理，全区共发放行政执法证件21053个，办理行政执法监督证件446个。开展宁夏全区集中行政处罚案卷评查评议，各地各部门共评查评议案卷753次，评查案卷72.54万本，评出优秀案卷20本，印发《宁夏行政执法案例汇编》，指导严格规范公正文明执法。

（四）进一步构建矛盾纠纷多元化解机制

开展宁夏“塞上枫桥”调解品牌提升行动，4个调解组织被司法部命名为“全国模范调委会”，12名调解员获得“全国模范调解员”称号，“塞上枫桥”调解经验在全国调解工作会上交流。建成“一站式”矛盾纠纷调解中心239个，着力做到“小事不出村、大事不出镇、矛盾不上交”。截至2023年9月底，全区共化解纠纷3.3万件，调解成功率达96.7%，筑牢维护社会和谐稳定的“第一道防线”。全区信访形势持续向好，全区信访总量15528件（人）次，信访事项及时受理率、按期受理率、群众满意率分别为99.98%、98.81%、95.59%。出台《关于加强行政复议行政应诉工作的意见》，深化府院联动，召开自治区人民政府与自治区高级人民法院联席会议，修订《宁夏回族自治区预防和化解行政争议工作联席会议制度》，全区行政复议、行政应诉、行政审判工作已初步形成全层级覆盖、宽领域联动、常态化运行的工作格局。建立行政复议案件“绿色通道”，坚持应收尽收、容缺受理。截至2023年9月底，宁夏共受理行政复议案件773件，同比增长25.7%，行政复议的“主渠道”日益增强。巩固行政应诉突出问题专项治理成果，2023年前三季度，宁夏76名正职出庭应诉，行政机关负责人出庭应诉率达99.15%。充分发挥行政争议协调化解中心实质性作用，截至2023年9月底，宁夏行政争议协调中心化解行政争议案件165件，化解成功率24.96%，同比上升8.59个百分点；调撤率18.22%，同比上升5.2个百分点，行政争议实质性化解明显提升。

（五）强化行政权力规范化建设

出台《关于强化黄河流域生态保护和高质量发展先行区建设政治监督工作方案》，列出7项重点监督目标任务，保障先行区建设大局。坚持重大事项向党委请示报告、重大决策出台前向人大常委会报告，自治区政府提请自治区党委研究重大事项43件，办理人大代表建议277件、政协提案546件，按期办结率、答复率均达100%。各级行政机关接收检察建议3440份，回复2929份，被采纳2913份，采纳率达99.45%。出台《关于进一步加强财会监督工作的实施方案》，细化17条财会监督体系建设措施，搭建起宁夏财会监督体系的“四梁八柱”。围绕推动绿色发展、防范化解重大风险、保障和改善民生等加大审计力度，组织实施审计项目31个，持续对工程建设和政府采购、医药耗材采购、土地与矿业权交易、国有资产交易等重点领域开展大数据分析，2023年以来，向有关部门移交问题线索及辅助数据2857件，形成有效的监督合力。加强政府网站和政务新媒体检查，做到监管全方位、检查全覆盖，宁夏1586个政务新媒体健康有序运行，94家政府网站纳入全国政府网站信息系统。升级自治区人民政府《政策解读》栏目，优化《政府公报》，多样化解读政策、多角度阐述政策，提升政策传播力和影响力，打造第六届中阿博览会宣传“第一窗口”，点击量超过300万人次，不断提高群众参与度，提升活动实效性。

三、宁夏法治政府建设面临的主要问题和思考

当前，宁夏法治政府建设仍存在以下短板和问题：一是一些领导干部推进法治政府建设的责任意识有待进一步增强，运用法治思维和法治方式推动工作、解决问题的意识、能力有待提高。二是合法性审查工作质效还需进一步提升，重大行政决策、行政规范性文件、行政执法中的合法性审查制度还需持续落实。三是一些地区和部门在行政执法活动中，“三项制度”落实不到位，存在随意执法、选择性执法，自由裁量权需进一步规范。四是乡镇（街道）法治政府建设水平需要进一步提升，乡镇（街道）政府工作人员法治观念不强，行政诉讼案件败诉率高等问题需高度重视、积极解决。2024年，宁夏将始终坚持以习近平新时代中国特色社会主义思想为指导，深入学习贯彻习近平法治思想，认真贯彻实施《法治中国建设规划（2020—2025年）》《法治社会建设实施纲要（2020—2025年）》《法治政府建设实施纲要（2021—2025年）》，主动作为，持续发力，高效有序推进法治宁夏各项工作任务落地见效。

（一）进一步压紧压实第一责任人职责

严格对照《党政主要负责人履行推进法治建设第一责任人职责清单》，各级党政主要负责人切实履行好法治建设重要组织者、推动者、实践者的职责，对重要工作亲自部署、重大问题亲自过问、重点环节亲自协调、重要任务亲自督办。落实并完善领导干部年终述法制度，把领导干部学法用法情况纳入考核评价干部和精神文明创建内容，强化考核结果应用，防止形式主义、官僚主义。

（二）进一步加强依法行政制度建设

抓好五年立法规划和年度立法工作计划的执行和推进，推动立法项目优质高效按时完成。完善常态化清理机制，全力维护国家法治统一和政令畅通。严格履行合法性审查程序，完善合法性审查机制，对拟做出的行政规范性文件、重大行政决策、重大行政执法决定、行政协议均开展前置审

查，凡未经合法性审查的事项不得提交审议、不得做出决定、不得对外公布。运用多种方式加强法治人才引进和培养，不断优化法律顾问参与政府法律事务工作机制，切实增强法律顾问的服务意识和履职能力。

（三）进一步加快提升行政执法质量

按照《提升行政执法质量三年行动计划（2023—2025年）》明确的时间表、路线图，全力提升行政执法水平。加大执法监管力度，从源头上预防和化解风险，持续规范行政裁量权的行使，解决处罚畸轻畸重、类案不同罚，推进跨领域跨部门联合执法，防止多头执法、重复检查，最大程度为经营主体和人民群众提供便利。加大“谁执法谁普法”力度，把每一次执法当作一堂生动的“法治课”，切实增强行政执法的权威和公信力，使法治成为全社会的普遍共识和行为自觉。

2023年宁夏审判工作发展报告

朱丽梅　康　莹

2023年，宁夏法院坚持以习近平新时代中国特色社会主义思想为指导，深入学习贯彻党的二十大精神和习近平法治思想，聚焦“公正与效率”主题，全面实施政治素养、司法业务、法治保障、群众服务、改革创新、科技应用“六项能力水平提升工程”，推动宁夏法院工作高质量发展，各项工作取得新进展。1—10月，宁夏法院共受理各类案件244107件，结案199864件，结案率81.88%。

一、以政治建设为统领，确保党对法院工作的绝对领导

2023年，宁夏全区法院把扎实开展学习贯彻习近平新时代中国特色社会主义思想主题教育作为首要政治任务，将实施“六项能力水平提升工程”作为捍卫“两个确立”、做到“两个维护”的具体抓手，深度融合、一体推进。主题教育期间，先后举办宁夏回族自治区高级人民法院领导班子主题教育读书班、宁夏法院交流研讨会，邀请宁夏宣讲团、全国人大代表等专题宣讲辅导28场次，建立清单15项和台账15项，领导班子成员、处级以上领导干部领题形成调研报告30篇，推动调研成果转化20余项，制定规

作者简介　朱丽梅，宁夏回族自治区高级人民法院研究室副主任；康莹，宁夏回族自治区高级人民法院研究室干部。

范性文件 15 项。

严守党的政治纪律和政治规矩，坚决做到重大部署、重点工作和重要情况第一时间向宁夏回族自治区党委和最高人民法院请示汇报。严格落实“第一议题”要求，第一时间学习传达习近平总书记重要讲话、重要指示批示和党中央重大决策部署、重要会议精神，落实自治区党委工作部署，实行工作任务台账式管理，切实跟进督导落实。统筹安全与发展。“6·21”银川市兴庆区富洋烧烤店爆炸事故发生以来，宁夏回族自治区高级人民法院党组先后 2 次召开党组会议传达学习习近平总书记重要指示精神和宁夏回族自治区党委、最高人民法院工作要求，认真传达自治区党委十三届四次全会精神，研究贯彻落实意见。第一时间召开全区法院安全隐患排查整治工作部署会，对各类安全隐患进行大排查、大起底，及时堵塞安全漏洞，确保法院系统安全隐患清仓见底、整改到位。

二、推进审判服务宁夏经济社会高质量发展

牢固树立总体国家安全观，依法及时高效审理危害国家安全、公共安全案件，常态化开展扫黑除恶斗争，依法审理赵维东等 90 人涉黑案，严防敏感案事件演变为网络热点、政治事件，切实筑牢安全防线、守住安全底线。1—10 月，宁夏法院共受理各类刑事犯罪案件 8205 件，审结7157 件，结案率 87.23%。

全力保障人民合法权益。充分发挥审判定分止争、惩恶扬善、良法善治司法职能，1—10 月，宁夏全区法院共受理各类民事案件 146021 件，审结 122594 件，结案率为 83.96%。

助力法治政府建设。与自治区政府联合召开府院联席会议，建立预防和化解行政争议联席会议制度，实现行政和司法良性互动。召开行政争议协调化解中心实质化运行现场观摩会，推动中心实质化运行。连续 15 年发布行政审判白皮书，为法治政府建设提供重要参考。

深入推进行政机关负责人出庭应诉工作向“出庭出声”“出庭出彩”转变，2023 年前三个季度，行政机关负责人出庭应诉率达到 99.2%。深入开展“清积案提质效”专项活动。加大“涉党政机关”“涉民营企业”

“涉民生”等案件执行力度，截至2023年10月12日，宁夏法院1154件执行积案中，已经执结936件，执行到位金额56.11亿元。深化环资案件集中管辖改革，联合宁夏回族自治区自治区检察院、公安厅印发了《关于环境资源刑事案件集中管辖的意见》，提升环境资源审判专业化水平。1—10月，全区法院新收一审环境资源案件2246件，审结2006件，结案率89.31%。优化法治化营商环境。

强化能动司法意识，出台了《关于服务保障优化营商环境　推动民营经济高质量发展的实施意见》，依法保障市场在资源配置中的决定性作用，尊重和保护市场主体的意思自治。建立企业司法“点对点 ”服务机制，开辟涉企案件“绿色通道”，快立快审快结民营经济发展过程中涉及重点企业、重点项目、重点工程的案件，确保民营企业合法权益得到及时救济。制定《开展保护中小投资者普法宣传方案》，联合宁夏回族自治区证监局、工商联等部门送法进企业。持续加强破产审判工作，印发《关于审理预重整破产案件的工作办法（审议稿）》，充分运用股权转让、资产出售等资产处置方式，推动企业涅槃重生，成功审理宁夏首例预重整转重整案。

三、全面深化司法体制改革和智慧法院建设

深化以审判为中心的刑事诉讼制度改革，联合自治区检察院出台量刑指导意见的实施细则，80%的一审刑事案件适用该细则审理，试行情况平稳、效果良好。持续推进四级法院审级职能定位改革试点，研究制定实施意见规范提级管辖案件办理程序。优化人员分类管理，完成聘用制书记员薪酬保障标准印发、套改工作，首批326名聘用制辅警全部到岗，聘用制司法辅助人员队伍的保障水平、稳定性和活力得到极大提升。创新机制从全区选派法官到人案矛盾最集中的金凤区法院挂职办案，首批13名挂职同志已经全部到位工作，探索形成破解案多人少顽疾的宁夏经验。

推动大数据、人工智能等先进技术与司法审判深度融合，强化宁夏法院数据中心建设，开展审判质效数据分析及可视化展示系统方案设计，构建精准规范的司法质量智能化控制机制。完成执行流程管理系统智能化升级改造，全面提升全区法院智能化、一体化、协同化审判执行办案水平。

推进“一站式”多元解纷和诉讼服务体系建设。1—10月，全区法院网上立案55125件，作为管辖法院跨域立案1758件；电子送达案件149257件，电子送达率91.99%；使用律师服务平台申请网上立案39337次。

四、持续健全完善便民利民惠民新举措

深化矛盾纠纷多元化解。坚持抓前端、治未病，主动融入国家和社会治理，与中国中小企业协会调解中心、宁夏中小企业协会联合签署合作备忘录，完成29家法院与同级中小企业协会调解委员会对接，25名专业调解员入驻人民法院调解平台，及时回应企业诉求；与宁安镇党委签署《关于设立宁安镇法官基层服务点的合作协议》，答复群众各类法律咨询65人次；聚焦未成年人司法保护开展未成年人案件审判工作现场观摩，不断加强审判工作质效，提升综合保护水平；联合退役军人事务厅制发《关于加强涉退役军人矛盾纠纷调处和多元化解工作的实施意见》，设立退役军人司法维权绿色通道，以能动司法更好维护退役军人合法权益。

集中清理长期未结诉讼案件、执行积案。出台《关于建立长期未结诉讼、久押不决案件预防和清理长效机制的管理办法》，制定《长期未结诉讼案件专项整治方案》《关于开展“清积案　提质效”专项活动的实施方案》，通过开展“四不两直”督查、建立“月通报”制度、定向发督办函、约谈主要负责人等方式，强化清积跟踪问效。对全区法院602件长期未结案件进行逐案研判，实时跟进清积进度，多举措提升清积效率，截至10月底已清理563件，清积率93.52%。不断拓宽宣传渠道持续增强全民法治观念。

广泛开展“法官八进”活动，邀请社会各界走进法院、走进法庭，旁听案件，以案释法，推进法治宣传教育工作取得实效。积极刊发全区法院审判执行过程中的典型案例，通过新闻发布会、新闻媒体刊载、微信平台发布等方式向社会进行普法释法，1—10月，全国各类媒体报道宁夏法院新闻稿件2006条。其中，中央媒体报道44条，省级媒体报道1962条，被头版采用132条，为社会公众了解法律、预防风险、化解矛盾、增强观念提供有益帮助。

五、持续深化打造忠诚干净担当的法院铁军

宁夏回族自治区高级人民法院党组积极主动履行全面从严治党主体责任，召开全区法院党风廉政建设和反腐败工作会，分层签订责任书，制定了《宁夏回族自治区高级人民法院党组关于加强自身建设的意见》《宁夏回族自治区高级人民法院关于贯彻落实中央八项规定精神及其实施细则的实施办法》等制度，开展“领导干部廉政警示教育周”活动，组织领导干部、青年干警前往警示教育中心、银川监狱接受警示教育。深入推进纠治形式主义、官僚主义专项整治，扎实开展司法巡查、政治督察，全面整改反馈问题，建立全区法院违纪违法干警台账，严格执行防止干预司法“三个规定”，定期通报全区法院填报情况，对1名违反规定的干警予以处分。

同时，制定了《宁夏回族自治区关于进一步加强干部队伍建设工作实施方案》，严格政治标准选人用人，大力培养选拔优秀年轻干部，强化领导干部交流轮岗，推动形成干事创业、争先创优的良好氛围。

六、宁夏审判工作存在的问题及解决问题的思路

虽然总体上宁夏法院工作取得很多显著成绩，但是仍存在一些问题和不足。主要表现为：新时代新征程，审判现代化建设的新问题、新现象层出不穷，宁夏司法审判服务社会还存在理念和方法创新能力不足，司法服务水平与人民群众生产生活发展的新期望、新要求仍存在很大差距。例如，宁夏审判围绕中心、服务大局思考谋划法院工作的能力不足，无法积极回应时代发展需求。此外，宁夏审判服务社会矛盾纠纷的前端治理、源头化解还需持续发力，与其他基层治理主体的协调联动能力有待持续加强，审判体制改革中的新管理模式、办案机制效能提升等有待深化推进，改革相关联的配套举措供给不足，改革的系统性、整体性和协调性有待进一步完善。

（一）加强政治建设，确保正确方向

坚持用党的创新理论凝心铸魂，坚持党对法院工作的绝对领导，严格执行《中国共产党重大事项请示报告条例》《中国共产党政法工作条例》，坚决做到重大部署、重点工作、重要情况第一时间向自治区党委、党委政

法委和最高人民法院请示报告。坚持马克思主义在意识形态领域指导地位的根本制度，善于运用政治思维理解法律、适用法律，确保党的理论和路线方针政策在司法领域得到不折不扣执行。

（二）严格公正司法，维护公平正义

坚守“努力让人民群众在每一个司法案件中感受到公平正义”的目标，进一步提升办案质效，最大限度减少“程序空转”，积极追求个案“三个效果”的有机统一。健全完善综合治理执行难的工作格局，坚持网络执行查控、司法评估拍卖、联合信用惩戒等全方位综合发力，最大限度兑现胜诉当事人的合法权益。完善涉民生案件快立快审快执机制，加强特殊群体的司法救助，坚决整治年底不立案，执行不作为、乱作为等沉疴积弊，进一步深化“一站式”建设和“枫桥式”人民法庭创建工作，为群众提供高层次、多领域、个性化司法服务。

（三）坚持围绕中心，服务保障大局

牢固树立总体国家安全观，严厉打击境内外敌对势力的渗透颠覆破坏活动，常态化开展扫黑除恶斗争，依法打击黄赌毒、盗抢骗、食药环等犯罪，提升人民群众幸福感获得感安全感。依法保障各类市场主体平等使用生产要素、公开公平公正参与市场竞争，审慎采取强制措施和执行措施，有效维护市场秩序、激发市场活力，营造法治化营商环境。深入践行“两山”理念，推进环资案件集中管辖改革，完善刑事制裁、民事赔偿、生态补偿有机衔接的环境修复责任制度，助推美丽新宁夏建设。

（四）深化改革创新，破解发展难题

统筹抓好司法责任制综合配套改革、四级法院审级职能定位改革等重点任务落实。健全信息化全流程审判监督管理机制，压紧压实院庭长、职能部门监督管理责任，健全权责明晰、权责统一、监督有序、配套齐全的新型审判权力运行体系。推动智慧法院建设提档升级，推动科技创新成果同司法工作深度融合，打造全业务网上办理、全流程依法公开、全方位智能的信息化服务模式。

（五）全面从严治党，锻造法院铁军

坚持以严的基调强化正风肃纪，锲而不舍落实中央八项规定及其实施细则精神，持续深化“四风”纠治。严格执行防止干预司法“三个规定”，新时代政法干警“十个严禁”等铁规禁令，健全一体推进“三不腐”的体制机制，以零容忍态度严惩司法腐败，加强新时代廉洁文化建设，确保公正廉洁司法。严格落实新时代好干部标准，抓好高素质专业化审判人才培养，大力培养选拔优秀年轻干部，加强干部斗争精神和斗争本领养成，努力打造一支忠诚干净担当的法院铁军。

2023年宁夏检察工作发展报告

金 刚 于 红

2023年以来，宁夏检察机关坚持以习近平新时代中国特色社会主义思想为指导，深入学习贯彻党的二十大精神，全面贯彻习近平法治思想，贯彻落实“1134”工作思路（即“守住一个根本”：加强政治建设、筑牢政治忠诚；“贯穿一条主线”：推动检察工作现代化；狠抓“三个强化”：强化担当作为、强化争先创优、强化系统推进；实现“四新”工作目标：服务保障全面建设社会主义现代化美丽新宁夏取得新成效、守护人民群众美好生活展现新作为、强化法律监督能力水平和质效实现新提升、推进检察工作自身现代化建设开创新局面），深入开展主题教育，忠实履行检察职能，着力推进检察工作现代化，积极为社会主义现代化美丽新宁夏建设贡献检察力量。

一、2023年宁夏检察工作发展现状

（一）坚定党领导检察工作的正确政治方向

深学细悟习近平法治思想和习近平总书记关于政法工作、检察工作的重要论述，全面贯彻《中共中央关于加强新时代检察机关法律监督工作的

作者简介 金刚，宁夏回族自治区人民检察院法律政策研究室检察官助理；于红，宁夏回族自治区人民检察院法律政策研究室检察官助理。

意见》和宁夏党委制度的实施意见，制定《关于充分发挥检察职能 服务保障宁夏生态文明建设和美丽宁夏建设的意见》等落实措施。坚持以最高人民检察院案件质量评价指标体系为牵引，强化“依法、敢于、善于、精准、高效”监督理念，坚持高质效办好每一个案件，努力让人民群众在每一个司法案件中感受到公平正义。坚持解决真问题、真解决问题，认真对照梳理出的调查研究、推动发展及基层院反映强烈的26项问题，制定专项整治方案，建立整改台账，确保整改成效。积极推进宁夏检察工作，有12件案件入选全国检察机关典型案例和优秀案例。

（二）充分发挥先行区建设的检察能动性

深入践行绿色发展理念。全面落实首届服务保障黄河国家战略检察论坛部署要求，依法办理生态环境和资源保护领域公益诉讼案件729件，依法起诉破坏生态环境和资源保护犯罪74人。部署开展黄河（宁夏段）保护综合治理专项行动，充分发挥“河长+检察长+警长”“林长+检察长”等机制作用，累计恢复被损毁的国有林地1.85万亩、整治保护被污染土壤54.3万亩、清理污染和非法占用河道441公里，助推黄河水资源及宁夏九条渠系保护。深入开展打击危险废物环境违法犯罪和重点排污单位自动监测数据弄虚作假违法犯罪专项行动，1个集体、1名个人荣获全国打击危险废物等环境违法犯罪表现突出集体、个人。牵头西北省区、内蒙古检察机关签订服务保障黄河流域及“丝绸之路经济带”（国内西北段）生态环境和资源保护检察工作协作机制，凝聚跨区域、跨部门、跨领域保护合力。举办首届“全面履行法律监督职能，保障黄河保护法统一正确实施”检察理论研讨会，设立宁夏法学会公益诉讼法学研究会，积极探索检察理论和检察实践的研究。

全面加强知识产权综合司法保护，督促市场监管部门保护“中宁枸杞”品牌行政公益诉讼案入选自治区2022年度知识产权保护典型案例，1人荣获2022年度全国知识产权保护工作成绩突出个人。深入推进涉案企业合规改革。

（三）立足法律监督，助推平安宁夏、法治宁夏建设

推动构建以证据为核心的刑事指控体系，在实现侦查监督与协作配合办公室全覆盖设立基础上，进一步推动机制实质化、规范化、体系化运行。2023年1—10月，宁夏检察机关办理民事生效裁判监督案件671件，提出抗诉和再审检察建议89件，抗诉改变率89.47%，再审检察建议采纳率64.29%。与法院、公安、司法行政部门共同完善预防和惩治虚假诉讼工作机制，办理虚假诉讼案件涉案金额达4000余万元。强化民事执行监督，提出检察建议542件，法院采纳率为91.51%。稳妥推进行政执法与刑事司法双向衔接，围绕反向衔接编印工作指引，确保开好局、起好步，2023年1—10月，宁夏检察机关办理行政生效裁判监督案件201件，提出监督意见41件。实质性化解行政争议案件111件，1件案件获评“2022年度行政检察优秀案例”。全力推进司法行政强制隔离戒毒检察监督试点，银川市兴庆区检察院以驻所机构为平台、以巡回检察为契机、以协作配合为目标、以个案办理为手段，有效推动试点工作。

深入开展专项监督活动，2023年1—10月，宁夏检察机关立案办理公益诉讼案件1718件。办理的3件案件分别入选最高人民检察院水利部检察监督与水行政执法协同保护黄河水安全典型案例、最高人民检察院国家文物局长城保护检察公益诉讼典型案例、最高人民检察院荒漠化防治检察公益诉讼典型案例。7件案件分别入选长城保护、荒漠化防治、安全生产等领域典型案例。全区公益诉讼检察工作在全国首届服务保障黄河国家战略检察论坛等重要会议上做经验交流，向宁夏回族自治区人大常委会专题汇报生态环境和资源保护检察工作情况，举办“生态环境公益诉讼检察助力美丽中国（宁夏）建设”检察开放日活动，向代表委员展现公益诉讼检察工作成效。

（四）坚持检察为民根本立场，积极化解群众急难盼问题

细化了“检察为民办实事”29项重点任务，部署开展以“检察蓝”守护人民群众美好生活专项监督活动，涵盖打击医保诈骗、守护食药安全等9个方面法律监督工作。深入开展“强化支持起诉维护弱势群体权益”专项监督和行政检察监督依法护航民生民利专项活动。办理的案件入选“3·15”检察机关食品药品安全公益诉讼典型案例和个人信息保护检察公益诉讼典型案例。

全面落实“群众信访件件有回复”，全部做到7日内程序回复、3个月内办理过程或结果答复。积极开展信访矛盾源头治理三年攻坚行动和重复信访积案实质性化解三年“清仓”行动，部署开展涉法涉诉领域信访突出问题专项整治。坚持领导带头办理疑难复杂信访案件，常态化落实院领导包案责任制，实现重大疑难复杂“三类案件”包案率100%。

（五）深化推动检察铁军队伍建设

依托“3331工程”，选优配强基层检察院领导班子，并为各级检察院内设机构配备符合条件的“80后”“90后”负责人，年轻干部成长梯次进一步优化。建立宁夏回族自治区人民检察院与市、县（区）检察院互派优秀年轻干部挂职锻炼机制，深化下级检察院派员到上级检察院跟班学习机制，促使检察队伍更具活力。以学习培训、岗位练兵、业务竞赛等加强业务素质培养，开展法官检察官律师等同堂培训，推动形成共同司法理念，举办两期学习宣传贯彻党的二十大精神集中轮训班，开办19个检察业务培训班，常态化开展政治轮训，强化专业素能培训。深入推动党建与业务工作融合发展，积极推进“五型”模范机关创建，中卫市检察院创建的“党徽耀检　极致检察”党建品牌被评为全国检察机关理论学习优秀案例。建立自治区检察院与市、县（区）检察院互派优秀年轻干部挂职锻炼机制，深化市、县（区）检察院到自治区检察院跟班学习机制。召开2023年第3次检律联席会议，举办检察官与律师同堂培训班，推动形成共同司法理念。

制定《宁夏检察机关大数据赋能新时代法律监督实施方案》，构建“业务主导、数据整合、技术支撑、重在应用”的以数字检察赋能法律监督新模式。举办第一届宁夏检察机关大数据法律监督模型竞赛，组织人员跟班学习，积极开展业务培训，2个市级检察院被确定为最高人民检察院数字检察工作联系点。5个模型入围全国检察机关大数据法律监督模型复赛，数量位列西北五省区第一，1个监督模型获评三等奖。宁夏检察机关已投入应用模型282个。

二、宁夏检察工作存在的问题

回顾2023年宁夏检察工作，虽然取得了一定的成绩，但还存在以下问题：

（一）检察助推平安宁夏、法治宁夏建设仍需持续深化

平安宁夏、法治宁夏建设是一个系统工程，检察能动助推平安宁夏、法治宁夏建设的检察思路和举措有待深化走实，还存在制度体系不够完善，体制机制运行不畅等诸多问题。如市场经济秩序维护、基层矛盾化解等检察监督能动性作用发挥还有很大空间。此外，还有很多领域检察监督能动作用辐射还需强化，以乡村食品药品安全、环境卫生建设等问题为例，还有需下大力气。检察监督积极能动推动乡村现代化建设、乡村振兴的助推作用发挥还需持续走深做实。

（二）检察现代化建设水平有待持续加强

检察工作现代化是对检察办案、检察监督的工作思维、理念、方式、方法的现代化建设要求，是一项长远、重大、基础的工作，是一项系统工程。实践中，宁夏检察工作的数字化、智能化建设水平较低，还需持续投入和加强，同时，检察现代化建设的中标准化、规范化、精细化、专业化建设水平不够，致使数字赋能检察作用不够明显。

（三）检察队伍不够稳定问题突出

当前，宁夏检察队伍不稳定、人员紧缺等问题依然突出。每年有大量检察人员辞职，很多人辞职出去做了律师，也有部分人辞职干各行各业的事情，人员的流失问题应该引起我们的反思及重视。此外，由于检察机关领导干部职数、职级职数有限，人员得到提拔机会少，与其他政法各部门横向交流和流动机制不健全，干部竞争上岗、轮岗、轮训、交流制度落实障碍多，影响了干警的工作积极性和主动性，难以激发队伍的活力。同时，由于人少案多，侦查监督、审判监督、刑罚执行等法律监督工作，以及法治宣传教育、对未成年人教育保护等工作都受到严重影响，也导致干警长期处于高压状态，健康受到影响。

三、宁夏检察工作高质量发展的对策建议

（一）充分发挥检察能动履职作用，助推更高水平的平安宁夏、法治宁夏建设

深入贯彻总体国家安全观，严厉打击各类危害国家安全和社会稳定的

犯罪活动。全面准确落实宽严相济的刑事政策，依法规范履行审查逮捕、审查起诉职能。依法惩治非法集资、洗钱、涉税等破坏市场经济秩序犯罪，守好经济安全法治防线。坚持和发展新时代“枫桥经验”，加快推进矛盾纠纷化解法治化，深入开展信访矛盾源头治理三年攻坚行动和重复信访积案实质性化解三年“清仓”行动，提升群众信访回复、答复质量，用好公开听证、支持起诉、司法救助等检察工作制度，同步加强妇女儿童、军人军属、农民工合法权益保障，办好检察为民实事。深入推进宁夏检察机关“检察官+村官‘双助理’”“枫桥12309”“五心控申”等检察品牌，积极参与基层社会治理。提高社会治理检察建议质量，持续紧盯、跟进推动从“办理”向“办复”转变。

（二）聚焦主责主业，培塑推进检察工作现代化新动能

坚持“四大检察”内在统一于法律监督这一宪法赋予的根本职责定位，主动融入以审判为中心的刑事诉讼制度改革，提升民事检察监督能力水平，强化对行政生效裁判、行政审判和执行活动的监督，依法拓展公益诉讼办案领域，坚持一体履职、综合履职、能动履职，努力推动全面协调充分发展。积极构建以“纵向贯通、横向衔接、内部保障、外部支持”融合一体发展的工作格局，在纵向贯通上，突出多层级统筹；在横向衔接上，突出多主体协同；在内部保障上，突出改革创新；在外部支持上，突出配合制约。深刻认识数字检察战略是法律监督手段的革命，坚持省级检察院牵头搭好平台基础架构，市级检察院统筹辖区数字检察监督模型的开发应用，县级检察院积极应用“小快灵”监督模型，更好实现数字赋能法律监督，为检察工作插上“科技之翼”。扎实推进涉案企业合规改革，进一步完善涉案企业合规第三方监督评估机制及其配套制度，加大涉案企业合规案件办理力度，提升办案质效，逐步拓展案件范围，加强行政执法和刑事司法“双向衔接”，推动涉案企业合规改革行稳致远。

（三）多举并举，助推检察队伍高质量发展

深入学习贯彻习近平法治思想，必须把检察队伍建设作为基础性、战略性任务来抓。要不断推进学习贯彻习近平新时代中国特色社会主义思想主题教育走深走实，统筹开展政治轮训、业务培训、跟班实训、岗位练兵等活动，推进检察业务专家、优秀办案团队和优秀办案检察官、专业人才库等多元检察专业人才体系建设。完善落实员额检察官遴选、退出机制，完善依法履职免责和容错纠错机制，积极落实失实举报澄清机制，抓实案件质量评价指标体系的科学研判，不断激发检察队伍干事创业活力。要把政策、力量更多向基层倾斜，推动薄弱基层检察院动态管理，促进基层基础更加牢固。永葆自我革命精神，持续巩固深化政法队伍教育整顿成果，常态化开展顽瘴痼疾排查整治，严格执行防止干预司法“三个规定”，锻造忠诚干净担当的新时代检察铁军。

2023年宁夏司法行政工作发展报告

白　宽

2023年，宁夏各级司法行政机关坚持以习近平新时代中国特色社会主义思想为指导，全面贯彻落实党的二十大精神，深入践行习近平法治思想，认真贯彻落实宁夏第十三次党代会和十三届四次、五次全会精神，紧紧围绕宁夏党委和政府中心工作，真抓实干、开拓创新，为服务社会主义现代化美丽新宁夏建设提供坚实的法治保障。

一、2023年宁夏司法行政工作回顾

（一）政治机关建设再上台阶

扎实推进学习贯彻习近平新时代中国特色社会主义思想主题教育，建立“五小一大”工作机制，抓实“5+1”学习载体，开展周学习、读书分享、支部书记论坛等，推动理论学习融入日常。大兴调查研究，形成130余篇调研报告，针对调研和检视出的70个问题列清单、定措施、抓整改，制定修订制度19项，解决干部群众急难愁盼问题300余件，在全系统形成以学铸魂、以学增智、以学正风、以学促干良性循环。

深入推进“五型”模范机关建设，实施基层党组织建设提质增效工程，开展争创模范机关、争当五星支部、争做先锋党员“三争”活动和基层党

作者简介　白宽，宁夏回族自治区司法厅办公室三级主任科员。

组织“连心”行动，厅机关22个党支部带头与基层党组织进行“连心”结对，带动全系统185个党支部全覆盖“连心”。打造司法厅党建示范点，评选18个抓党建促业务工作全面进步的样板党组织，形成一批有亮点、可复制的经验做法。新验收命名58个党支部为标准化规范化党支部，推动95%以上基层党组织建设为标准化规范化党组织。实施“党建+安全”深化融合工程，促进党建与安全生产深度融合。司法厅在宁夏服务型机关建设推进会上做经验交流，机关党建荣登宁夏回族自治区区直机关党建创新榜。

（二）全面依法治区再开新局

深入学习贯彻党的二十大精神和习近平法治思想，筹备举办学习贯彻习近平法治思想专题研讨班，筹备召开1次依法治区委员会会议、3次依法治区办会议，研究制定认真贯彻落实党的二十大精神深入推进新时代全面依法治区的实施意见、2023年全面深化法治领域改革主要任务清单等文件。印发《进一步加强国家工作人员学法用法考法工作的意见》《党政主要负责人履行推进法治建设第一责任人职责清单》，压紧压实党政主要负责人法治建设第一责任人职责，“学法、讲法、考法、述法”四位一体的领导干部学法用法工作机制得到宁夏主席张雨浦批示肯定，被《宁夏法治日报》刊登推广。组织对宁夏111个部门和27个市、县（区）法治建设情况进行考核，开展法治建设“一规划两方案”贯彻落实情况中期评估，扎实推动依法治区战略各项重点任务落实落细。

制定2023年宁夏“法治为民办实事”实施方案和项目清单，统筹实施优化法治化营商环境、加强未成年人权益保护、规范道路交通安全和运输执法、规范物业服务市场秩序、推动公共法律服务便捷化5个项目，建立专题会商工作机制，组织实地督察，力促项目落地见效。

完善乡镇（街道）法治建设领导体制和工作机制，将乡镇（街道）法治建设作为重点任务纳入基层治理总体布局。制定法治社会实践站建设工作的指导意见，指导建设20个宁夏法治社会实践站。深入开展“民主法治示范村（社区）”创建活动，12个村（居）被评为第九批“全国民主法治示范村（社区）”，累计建成35个全国民主法治示范村（社区），公布50个宁夏民主法治示范村（社区），各市、县（区）创建市县民主法治示范村

(社区)110个。实施“法律明白人”精准培养工程，累计培养“法律明白人”7.7万名。充分发挥司法所服务基层治理作用，实施司法所规范化强基创优三年行动，开展司法所“一所一品牌”创建活动和司法协理员制度试点工作，命名标准化司法所201个，新配备司法协理员260名，宁夏被司法部列为全国司法协理员制度试点工作6个试点省区之一，试点工作在全国司法协理员试点工作推进会上做经验交流。中央政法委书记陈文清同志在宁夏调研闽宁司法所工作时，给予高度好评和充分肯定。宁夏司法所工作经验受到司法部贺荣部长肯定性批示。

(三)政府立法工作再提质效

开展立法为民质效提升行动，推动出台《宁夏回族自治区人民政府立法工作规定》《宁夏回族自治区行政规范性文件合法性审核办法》，修订司法厅基层立法联系点规定和立法信息联络员规定，建立15个基层立法联系点，确立245名立法信息联络员。提请印发宁夏人民政府五年立法规划和年度立法工作计划，安排立法项目98件，2023年度39件，与宁夏人大常委会五年立法规划紧密衔接，统筹立改废释，切实增强立法的系统性、整体性、协同性、时效性。

突出急用先立，出台了《宁夏回族自治区乡村振兴条例》《宁夏回族自治区燃气管理条例》《宁夏回族自治区社会信用条例》，高效完成宁夏“1+37+8”安全生产和“1+4”生态环境保护系列文件的合法性审核工作。先后提请宁夏人大常委会制定、修订和废止地方性法规15件，制定、修订政府规章8件，认真办理行政规范性文件合法性审核及各类征求意见稿422件，备案审查行政规范性文件275件。

上报备案法规规章文件152件，报备率、及时率、规范率均达100%。健全完善备案审查衔接联动机制，备案审查监督体系基本形成，备案审查实现全覆盖。优化提升备案审查信息平台，加快数据库建设，各级各部门现行有效的2612件法规规章文件纳入数据库。健全常态化清理机制，组织集中清理11件涉及《中华人民共和国黄河保护法》的政府规章和行政规范性文件，有力维护国家法治统一。

（四）法治政府建设再结硕果

持续深化推动依法行政，制定《关于开展法治政府建设示范创建提升行动（2023—2025年）》《关于推进法治政府建设“八大提升行动”的实施方案》，出台《宁夏回族自治区法治政府建设指标体系》，印发《关于2022年度法治政府建设情况的通报》，编印《宁夏人民政府常务会议会前学法资料汇编》，各级政府常务会议会前学法611次，领导干部法治观念、法治素养和依法办事能力进一步提升。督促宁夏34个行政执法主体完成行政裁量权基准动态调整，对856家行政执法部门的1.8万件行政执法（监督）证件进行审验。强化营商环境法治保障，出台优化法治化营商环境若干措施，发布《宁夏回族自治区行政许可事项清单（2023年版）》，编制事项654项，推进宁夏行政执法监督平台与“互联网+监管”平台对接，打通了信息“壁垒”，截至目前，共接入行政执法主体910家，执法案件28535件，实现了执法信息及时获取、执法活动有效监督。

开展行政复议质量提升年活动，提请宁夏回族自治区人民政府印发《关于加强行政复议行政应诉工作的意见》，建立预防和化解行政争议府院联席会议制度，召开宁夏行政复议质量提升年暨行政复议规范化建设现场推进会，持续巩固行政应诉突出问题专项治理成效。前三季度，行政复议申请同比增长36.4%，宁夏行政机关负责人出庭应诉率达99.78%。

组建新一届政府法律专家库，选聘166名法学专家、资深律师担任政府顾问，政府常务会议、专题会议均有法律专家列席，参与立法论证会及案件评查、框架协议审查等事项280件次，政府依法决策、依法行政参谋助手作用进一步彰显。

（五）公共法律服务再创佳绩

推进“云公共法律服务中心”建设项目，打造集远程视频咨询、智能咨询、信息查询、在线办理为一体的公共法律服务“旗舰店”，科技赋能现代公共法律服务体系建设工作被评为宁夏十大政法创新亮点工作。持续深化公证体制改革，将“最多跑一次”公证事项范围从70项扩大至180项，居全国前列，7家公证机构被司法部确定为海外远程视频试点。法律援助提升工程暨“八个一”专项行动，加强军人军属、残疾人、农民工、未成年人、老年人等特殊群体法援工作，健全法援补贴免税政策，建立宁夏首家新业态就业群体法律服务工作站。截至11月，共办理法律援助案件15273件，受援人数20949人次，挽回经济损失1.7亿元。增设国家统一法律职业资格考试中卫考区，实现宁夏5个地级市法考考区全覆盖。

开展人民调解质效提升专项行动，重点推动道路交通、医疗、婚姻家庭、知识产权、物业、劳动争议等领域调解工作，宁夏调解组织同比增长2.6%，排化解矛盾纠纷32628件，成功率96.7%。中央政法委书记陈文清同志在宁夏调研时，对宁夏调解工作给予了肯定。“塞上枫桥”建设经验在全国调解工作会上做书面交流。中央电视台、《人民调解》来宁采访调解工作。《法治日报》情况反映刊登《坚持和发展新时代枫桥经验的宁夏实践》。

（六）维护安全稳定再续新篇

建立监狱执法监督工作机制，交叉评查“减假暂”案件220件，进一步统一执法思想，规范罪犯考核、奖惩等16个方面执法行为。开展“春满狱园”6+N系列活动，深化创新工作室、法律援助工作室机制建设，打造罪犯攻坚转化、心理疏导、矛盾化解、技能培训平台。

深刻汲取“6·21富洋烧烤事件”教训，提请宁夏党委十三届四次全会审议印发《关于加强监狱及司法行政强制隔离戒毒场所安全生产工作的方案》，制定《宁夏监狱戒毒场所重大事故隐患判定指南》《宁夏司法厅贯彻落实宁夏党委“1+37+8”政策文件具体推进措施清单》，全面排查整治消防、食品、疫情防控、建筑及生产项目安全等方面存在的风险隐患，深入开展重大事故隐患专项排查整治2023行动，强化教育培训和应急处置演练，坚决预防遏制重特大事故发生。

持续加强社区矫正执法和管理规范化建设，出台《关于进一步加强社会力量参与社区矫正工作的意见》，在12个县区开展购买社区矫正社会工作服务试点，社区矫正队伍专业化建设和教育矫正质量不断提升。建成部级“智慧矫正中心”12个，社区矫正信息管理平台实现区市县乡“四级贯通”。

二、宁夏司法行政工作面临的问题

准确把握新时代宁夏司法行政建设面临形势任务和困难挑战，是增强工作主动性和前瞻性，进一步明确努力方向的基本前提，新时代宁夏司法行政工作还存在以下短板弱项。

第一，科学立法水平还有待进一步提升。政府立法工作联系点作用发挥不够明显，公众参与立法积极性、实效性有待提高。市、县（区）政府行政规范性文件备案审查、合法性审核力量薄弱。第二，行政执法监督制约机制还需进一步健全。行政执法监督制约机制尚未有效落实，行政执法监督力量还比较薄弱，部分单位和县（市、区）还存在行政执法监督机构不健全的问题。第三，公共法律服务资源覆盖还需进一步延伸。宁夏全区公共法律服务资源总量不足、配置不均衡，相对优质的资源主要集中在市区，农村地区相对薄弱。第四，普法责任制还需进一步压实。“谁执法谁普法”普法责任制还需全面落实，普法针对性和实效性有待提高、创新性还需增强。第五，法治人才培育还需进一步加强。法治队伍人员数量和能力素养与法治建设工作需求还不匹配，新兴行业专门法律人才短缺，涉外法治人才匮乏。

三、对2024年宁夏司法行政工作的思考建议

2024年，面对新形势新任务新要求和工作中存在的问题不足，宁夏各级司法行政强化系统思维、坚持问题导向，着力补短板、强弱项、提质效，着力强化政治建设、法治统筹、基础保障，全力推进法治政府建设、政府立法质效、公共法律服务、法治宣传教育、“塞上枫桥”品牌、刑事执行效能实现新突破。

（一）强化政治建设，着力打造过硬模范机关

深入贯彻落实《中国共产党政法工作条例》，全面贯彻民主集中制，严格落实重大事项请示报告制度，健全推动党中央重大决策部署落实机制，健全维护党中央权威和集中统一领导的各项制度。认真落实“第一议题”制度和“双随机”学习交流机制，全面落实意识形态工作责任制，常态化

开展政治理论大讲堂、青年理论学习小组学习等活动，教育引导全体党员干部自觉用习近平新时代中国特色社会主义思想凝心铸魂，在努力做到常学常新、常悟常进中夯实“两个维护”的思想根基。巩固扩大主题教育成果，深入实施基层党建工作提质增效工程，推进“效能提升”党建融合行动，开展“十佳党建品牌”、党建优秀案例评选活动，集中展现品牌创建成果。切实加强律师行业党的建设，开展“做党和人民满意好律师三年提升行动”，整体提升党建工作水平。深入推进“四警六廉”工程，常态化开展廉政警示教育、廉政党课，教育引导党员干部永葆为民务实清廉的政治本色。坚持正确用人导向，建设高素质干部队伍，做深做实领导班子和领导干部政治素质考察，深入实施干部政治能力和专业能力提升工程。扎实开展作风提升行动，持续纠治 “四风”，深化整治形式主义、官僚主义，切实为基层减负。

（二）强化法治统筹，纵深推进依法治区战略

深入学习宣传研究阐释贯彻落实习近平法治思想，开展学习贯彻习近平法治思想调研督察，推动各项重点任务落实落地。提请修订依法治区委员会工作规则和依法治区办工作细则，推动完善依法治区办运行机制。优化全面依法治区考核指标体系，推动落实《党政主要负责人履行推进法治建设第一责任人职责清单》，压实党政主要负责人第一责任人职责。推动出台法治督察与纪检监察监督协作配合的实施意见，建立市县党政主要负责人专题述法制度，压实法治建设责任。贯彻落实《关于深化政法领域执法司法权力运行机制改革实施意见》工作部署，研究制定 2024 年度全面深化法治领域改革主要任务清单，推动解决法治领域突出矛盾和问题。研究制定 2024 年度宁夏法治为民办实事项目实施方案，组织开展集中专题会商，有序推动项目落实，积极回应人民群众新要求新期待，用法治保障人民安居乐业。

（三）强化基础保障，全面夯实高质量发展根基

聚焦监狱、戒毒和社区矫正场所关键环节关键部位，着力堵塞监管漏洞，筑牢监所安全屏障，全面提升安全稳定水平。以开展司法所规范化强基创优“深化年”活动为抓手，持续开展品牌司法所创建活动，建成一批集法治建设、法律服务、依法治理等为一体的新时代品牌司法所，着力提升司法所服务基层、服务群众的能力。持续推进智慧监狱、智慧戒毒、智慧矫正建设。加强行政执法监督、行政复议与应诉、公共法律服务信息化建设。落实国产化替代工作，强化信息网络系统管理运维，提高网络安全防护能力。加强协调对接，为司法行政工作高效运行争取更多资金支持。坚持勤俭办事，集中资金支持重点改革任务和重点工作，解决基层急难愁盼的事项。加强监督检查，将绩效管理和转移支付资金分配挂钩，优化“向绩效要财力”的资金分配模式，充分发挥资金使用效益。全面落实《宁夏回族自治区新时代法治人才培养规划（2021—2025年）》，深入推进宁夏政法机关优秀年轻干部培养选拔“3331”工程。认真抓好干部五年教育培训规划实施，分层分级分类开展干部教育培训，推进干警大练兵大比武，广泛开展业务能手、岗位标兵选树活动，不断提升干部综合能力素养。

（四）践行法治为民，努力实现“六个新突破”

扎实推进法治政府建设“八大提升行动”，完成法治建设“一规划两方案”暨“八五”普法规划贯彻落实情况评估督察和第三批宁夏法治政府建设示范地区（单位）、示范项目评选工作。科学编制2024年度宁夏人民政府重大行政决策事项目录。部署开展宁夏提升行政执法质量三年行动，重点强化对安全生产及生态环境领域行政执法的监督和指导，持续推动行政执法“三项制度”落实。巩固行政复议质量提升活动成果，持续抓好《关于加强行政复议行政应诉工作的意见》落实，指导宁夏各市、县（区）建立完善行政复议委员会、行政复议咨询委员会制度。加强府院联动，共同预防和化解行政争议。

聚焦宁夏改革发展稳定重点任务，科学编制2024年度宁夏人民政府立法工作计划。及时跟进国家立法动态，优先保障安全生产、生态环保领域立法。用好基层立法联系点，持续丰富和拓展公众有序参与立法的途径，践行立法全过程人民民主。建立健全立法工作专班，有效整合立法资源和力量，进一步增强立法的针对性、精准度、实效性，切实提高立法质量。完善备案审查制度，严格备案审查工作，确保报备审核率、文件纠错率实现100%。加强对市县行政规范性文件监管工作指导监督，健全常态化清理机制，坚决维护国家法治统一。深化“云公共法律服务中心”建设项目，推动公共法律服务向移动服务、随身服务方向发展，促进优质资源向欠发达地区辐射。依法扩大法律援助范围，健全完善工作机制。持续推进公证、司法鉴定、仲裁等品牌化、专业化发展。组织开展“做党和人民满意好律师提升行动”，切实加强律师行业党的建设和队伍建设。持续开展“百所联百会”为民营企业“法治体检”活动和“服务实体经济律企携手同行”专项行动，推动律师法律服务融入现代化产业体系建设各领域各环节，护航企业健康成长、行业良性发展。

深入贯彻全国调解工作会议精神和《关于充分发挥人民调解基础性作用 推进诉源治理的意见》，筹备召开宁夏调解工作会议，制定《深化“塞上枫桥”调解品牌实施方案》，扎实开展“人民调解质效提升专项行动”，着力打造具有宁夏特色的“塞上枫桥”调解品牌。健全完善“一带一路”国际商事调解中心银川调解室运行机制，探索开展商事调解组织登记管理试点，提升金融、知识产权等领域调解服务水平。促进人民调解工作与“互联网+”、大数据深度融合，为群众提供开放互动、便捷高效的人民调解服务。

2023年宁夏公安工作发展报告

石　磊　徐京晶

2023年，宁夏公安机关始终坚持以习近平新时代中国特色社会主义思想为指导，紧紧围绕贯彻落实党的二十大和习近平总书记视察宁夏重要讲话指示批示精神、奋力推进公安工作现代化主题主线，聚焦更高水平平安宁夏、法治宁夏建设战略部署，加快构建同国家安全体系和能力现代化要求相适应的捍卫政治安全体系、维护社会稳定体系、公共安全治理体系，大力加强法治公安、智慧公安、基层基础、过硬队伍建设，全力以赴防风险、保安全、护稳定、促发展、惠民生，坚决履行好新时代公安机关职责使命，有力维护了宁夏政治安全和社会大局稳定。

一、2023年宁夏公安工作成效

（一）加强政治建设，铸牢对党忠诚

始终坚持党对公安工作的绝对领导，切实把党的领导贯彻到政治、思想、组织等各方面，落实到公安工作和公安队伍建设全过程。严格落实"第一议题"制度，自觉同党中央精神对标对表、校准偏差，建立任务清单，动态跟进工作措施，坚决确保各项决策部署不折不扣贯彻落实。

作者简介　石磊，宁夏回族自治区公安厅研究室一级主任科员；徐京晶，宁夏回族自治区公安厅研究室四级主任科员。

严守纪律规矩。始终把党的政治纪律和政治规矩挺在前面，牢记“五个必须”、严防“七个有之”，对各警种和地市公安机关开展专项政治督察，对各级公安机关领导班子开展政治体检，精准发现问题，强力督促整改，持续推进政治监督具体化、精准化、常态化。严格执行《中国共产党政法工作条例》《中国共产党重大事项请示报告条例》等党内法规，自治区党委和政府专题听取公安工作汇报，对加强新时代宁夏公安工作提出明确要求，研究解决一批难点问题。

抓实主题教育。牢牢把握“学思想、强党性、重实践、建新功”总要求，科学谋划、周密部署，研究建立“1163”推进体系（1个实施方案、1个实施清单、6个专项方案、3个推进计划），全面落实理论学习、调查研究、推动发展、检视整改、建章立制等重点措施，形成一大批高质量调研成果，新建、修订一系列制度机制，有效整治执法态度不好、语言不文明、户籍登记服务管理等突出问题，以“小切口”解决老百姓“大民生”，提升公安工作规范化、制度化水平。

（二）勇担职责使命，安全稳定防线坚实有力

牢固树立总体国家安全观，准确把握影响安全稳定的各类不稳定、不安全因素，全面提升打防管控建工作效能，努力塑造新安全格局、有效护航新发展格局。持续深化严打暴恐专项行动，开展“利剑1号”全流程全要素反恐处突演练，牢牢守住了暴恐案事件“零发生”的底线。牢牢把握铸牢中华民族共同体意识这一主线，扎实做好民族宗教领域各项工作，更好促进民族团结、宗教和顺。坚持和发展新时代“枫桥经验”“浦江经验”，开展“百万警进千万家”活动，全面滚动排查化解各类风险隐患和矛盾纠纷，“塞上枫桥”警务模式创出品牌，西吉县公安局吉强派出所“一警四联”化解婚恋家庭纠纷工作法成功入选并获授牌“全国新时代‘枫桥经验’先进典型”。以夏季治安打击整治等47个专项行动为牵引，持续实施反诈、禁毒人民战争，对区域性、系列性重大案件开展集群会战、专项攻坚和挂牌督办，刑事案件同比下降13.2%，电诈案件发案降幅排名全国第一、预警劝阻成效排名全国第三，社区戒毒和社区康复报到率达到100%、排名全国第一。加快推进立体化信息化社会治安防控体系建设，科学布建街面警务站，织严织密视频监控网，银川市入围全国社会治安防控体系建设示范城市，连续四年入围全国最安全城市30强。

（三）倾力保驾护航，服务发展大局主动有为

全面强化公共安全治理。提请宁夏党委出台《关于加强电动自行车安全管理的方案》《关于加强大型群众性活动安全管理工作的方案》《宁夏回族自治区民用爆炸物品安全生产防范监督管理规定》等制度文件，紧盯重点领域，聚焦薄弱环节，深入开展安全生产隐患专项排查整治，依法查处涉燃气、乙炔、石油等领域违法犯罪行为，道路交通事故起数、死亡人数、受伤人数、财物损失数同比下降14.69%、14.96%、15.34%、17%，全区连续11年未发生重特大道路交通事故，事故预防成效排名全国中上水平。着力营造法治化营商环境。聚焦“六新六特六优”重点产业发展，创新实施“扫楼清街”“照前会商”“经济体检”“背景审查”“清理空壳企业”等前置性举措，非法集资、传销案件连续6年下降，“护企安商”专项行动被全国工商联评为民营企业产权司法保护协同创新百佳实践。出台公安机关优化营商环境助力民营经济高质量发展28项措施，889名“警长”主动结对913家企业，协调解决问题324个。全力保障生态环境安全。纵深推进“昆仑”专项行动，依法严厉打击食品、药品、生态环境和知识产权领域违法犯罪，成功破获“银川市7·14特大生产销售伪劣产品案”“固原市原州区8·15污染环境案”等重大案件，打掉了涉及9省区的野生动物违法犯罪交易链条。制定宁夏《全区公安机关森林警长制工作细则》，开发移动警务森林卫士APP，全力确保水资源、土地资源、森林资源和自然资源安全。持续优化公安政务服务。巩固提升“365天×24小时”公安政务服务成效，建成运行宁夏公安政务服务综合管理平台，开通“全程网办”“跨省通办”等4个特色专区，新增无犯罪记录证明等6个网办事项。开展公安窗口“一窗通办”试点改革，延伸下放大货车注册登记业务，办理注册登记、注销登记、补换领牌证、转移抵押等业务，人民群众办事更方便、更快捷，满意度更高。

（四）坚守公平正义，法治公安建设提档升级

优化法治服务保障。研究制定《宁夏法治公安建设提档升级实施方案

(2023—2025 年)》，出台依法查处涉燃气违法犯罪、家暴警情处置规范、辅警辅助执法等规范细则和实战指引，点对点培育行政案件“双快办”、执法办案积分管理、执法能力素质提升等法治公安示范创建项目，《宁夏公安机关执法风险防控办法》《石嘴山市公安局激励民警学法用法暂行规定》被评为全国优秀执法制度，公安厅公职律师“首席+专职+专班”模式推广全区。严格执法监督管理。常态推进执法监督管理委员会规范化运行，定期开展执法巡查和执法风险防控，专项整治执法突出问题，宁夏行政案件查结率达到 73.6%的历史新高，因执法引发的信访投诉同比下降 14.3%。出台执法办案管理中心提质增效“十项措施”，刑事侦查终结案件平均办案时间大幅压降，案件办理质量和效率明显提升。全国首批试点对接公安部法综平台，攻坚建设智能化办案系统，推广应用智能案卷保管、远程审讯、律师/家属会见，执法办案智能化水平明显提高。探索取保候审、监视居住非羁押人员“非羁押码”管理，在贺兰、永宁等单位试点推行危险驾驶案件快办机制。探索推行严管轻罚柔性执法，全面实行“学法减分”“学法免罚”“首违免罚”，实现了严格执法和群众满意的双赢局面。

（五）深化改革创新，警务工作效能显著增强

优化警务运行机制。聚焦战斗力标准、立足实战化要求，研究制定“省级主责、市县主战、派出所主防”权责清单，在部分市县公安机关先行先试大部门大警种制改革。大力推进“情指行”一体化运行机制改革，健全预警研判、警情分级分类、警力异地增援、综合指挥室运行规范等配套机制，四级情报指挥实战体系搭建形成。开展 110 接处警“出警快一秒、平安多一分”专项攻坚行动，规范接警、派警、受理、处置、反馈等工作流程，接处警速度提升近 20%。持续优化 12345 便民服务热线与 110 报警服务台高效对接联动机制，实行“平台互通、一键转接、三方通话”，着力提升警情处置效能。

夯实基层治理根基。立足“派出所主防”定位，制定《加强新时代宁夏公安派出所工作三年行动计划（2023—2025 年）》，强力推进基层提振、基础提质、基本能力提升三大行动，派出所民警与县级公安机关民警、社区民警与派出所民警占比超过 46%，“一社区一警两辅”“一村一辅警”

配备率达到87.34%、87.59%，社区民警为专业警种提供线索破案数同比上升60.2%，开展新一轮派出所等级评定，完成第二批“塞上枫桥公安派出所”评选，沙坡头区镇罗派出所入围全国第三批“枫桥式公安派出所”。

强化科技赋能实战。启动宁夏科技兴警三年行动计划和大数据中心建设，与宁夏总工会、科技厅联合开展公安科技创新暨大数据赋能实战建模大赛，孵化出预警防范、分析研判、态势感知等数据模型。组织开展网络安全风险排查整治专项行动，建立常态化网络安全工作机制，全面整改高、中危风险漏洞，切实筑牢网络安全屏障。提升警务保障质效。制定《宁夏公安机关基层所队不同任务环境执法执勤装备配备标准（试行）》，在银川市、中卫市公安局开展特警装备水平提升试点，警务辅助人员协助执法执勤车辆租用试点工作被公安部推广。立项建设9个危房无房派出所，建成区市两级6个应急物资储备库，实现两小时200公里应急救援圈宁夏全域覆盖。

（六）从严管党治警，队伍作风形象严实过硬

强化党建示范引领。深化“一支部一品牌、一警种一特色”创建活动，打造33个党建特色品牌，建设运行党建管理平台，机关党的建设质效全面提升。开展“公安心向党、一起向未来”志愿服务，组织“两优一先”“最美家庭”评选表彰，激励广大党员民警对标先进、担当实干。持之以恒正风肃纪。制定全面从严管党治警“三个清单”，推进“从严办”实体化运行，深化“零违纪”党支部创建活动，严格落实中央八项规定及其实施细则精神，严守严禁违规宴请饮酒“六项规定”等铁规铁纪，队伍违纪违法问题大幅下降。深入开展纠治形式主义官僚主义专项整治，制定精文减会“双十二”措施，最大限度为基层减负增效。建强干部人才队伍。深入实施自治区“源泉工程”、政法队伍“3331工程”，开展公安厅部门领导班子领导干部政治素质专项考察全覆盖，发现储备了一批优秀干部。启动第四轮素质强警交流合作计划，常态实施互助培训、挂职锻炼、业务交流等活动，成功举办宁夏公安历史上规模影响最大、项目人数最多、参与范围最广的警体运动会。在全国首次组织辅警全员大轮训，构建“理论学习集中训、业务技能分级训”的组训新模式，辅警队伍管理专业化、规范化水平实现新提升。落实落细从优待警。组织开展系列主题宣传，建成全国首家线上“警察博物馆”，讲好警察故事，传播公安声音。大力弘扬公安英模精神，组织开展先进表彰奖励。健全“有困难找组织”机制，高效落实公安英烈、因公牺牲民警遗属和伤残、特困民警优待抚恤政策，协调解决民辅警公租房、子女上学、大病医疗等困难问题，公安队伍凝聚力、向心力和归属感、荣誉感持续增强。

二、宁夏公安工作面临的挑战

近些年来，宁夏公安工作取得显著成绩，但是实践中各种风险隐患和各类问题仍然层出不穷，公安各项工作的开展仍面临诸多困难和挑战。

（一）国际安全局势依然紧张

虽然宁夏政治社会大局持续安全稳定，但受国际国内复杂环境影响，各种不稳定不确定因素持续增多，从国际看，世界百年未有之大变局加速演进，全球经济复苏乏力，各种传统和非传统安全问题交织叠加，单边主义、保护主义、霸权主义等威胁加剧。如境内外敌对势力频繁变换手段方式，对我国进行渗透颠覆捣乱破坏活动，暴恐输入风险仍是最现实的威胁，意识形态领域噪音杂音不断，对敌斗争形势严峻复杂。

（二）涉稳领域风险压力较大

从国内看，我国发展进入战略机遇和风险挑战并存、不确定难预料因素增多的时期，一些老问题尚未完全解决，新问题不断冒出。宁夏区位地缘特殊，对外交往特殊，发展状况特殊，维护安全稳定的任务和压力艰巨繁重。宁夏发展不足仍是最大的短板，受经济下行压力等多重因素影响，经济金融、住建交通、教育医疗等领域新旧矛盾交织叠加，不稳定事端日渐增多。

（三）各类治安突出问题依然复杂多样

城乡道路通车里程和汽车保有量持续攀升，路网承载能力和交通治理水平矛盾突出，网约车、无人机、3D 打印等新兴业态存在监管盲区，食品、药品、环境和知识产权领域犯罪严重破坏生态环境资源和市场经济秩序，极大影响人民群众生命安全和身体健康。一些因家庭矛盾、婚恋纠葛、经济纠纷引发的刑事案件多发，电信网络诈骗手段花样繁多，已发展到金融信贷、兼职招工、投资理财等多个领域。

三、2024年宁夏公安工作思考与展望

2024年，宁夏公安机关将坚持以习近平新时代中国特色社会主义思想为指导，以铸牢中华民族共同体意识为主线，以政治建设为统领，以改革创新为动力，奋力推进公安工作思想观念、组织形态、职能体系、支撑保障、队伍素质现代化，努力塑造新安全格局、切实保障新发展格局，坚定履行好护航美丽新宁夏建设的重大职责使命。

（一）主动担当作为，守牢安全稳定底线

坚定不移贯彻总体国家安全观，不断健全完善维护政治安全工作体系，持续深化反渗透、反颠覆、反恐怖、反邪教斗争和网上斗争，坚决维护国家政权安全、制度安全和意识形态安全。统筹推进矛盾纠纷排查化解和涉稳风险源头稳控，常态化开展扫黑除恶斗争，依法严厉打击人民群众反映强烈的“黄赌毒”“盗抢骗”“食药环”等突出违法犯罪，加强公民个人信息安全保护，加快推进立体化信息化社会治安防控体系建设，不断净化社会治安环境。全面加强道路交通、电动自行车、民爆物品、大型活动、公安监所等重点领域安全治理，加快推进农村派出所参与道路交通安全管理工作，深化农村地区“两站两员”建设，推动提升本质安全水平，坚决预防重特大事故。

（二）深化改革创新，着力提升警务质效

坚定不移走改革强警、科技兴警之路，明晰“省级主责、市县主战、派出所主防”权责，加快推动大部门大警种制改革，持续健全“情报、指挥、行动”一体化运行机制，进一步加强以派出所为中心的基层基础工作，推动深化大数据智能化建设应用，着力塑造公安工作现代化发展新动能新优势。常态推进法治公安建设示范创建工作，健全完善覆盖执法各环节、全流程的规范细则和实战指引，升级优化执法风险防控模型，推动执法办案管理中心运行提质增效。深入实施《宁夏公安机关应急装备能力保障三年规划》，加强应急物资储备，落实随行机动保障，开展公安装备大清查和

实战应用大比武，分步骤打造“一点有事、多点响应、全局联动”的现代化应急保障体系。

（三）践行为民宗旨，全力护航社会发展

牢固树立“经济社会发展到哪里，公安工作就护航到哪里”的理念，主动服务高质量发展、推进高效能治理、守护高品质生活，依法严厉打击扰乱市场经济秩序违法犯罪，慎用查封、扣押、冻结等强制性措施，最大限度减少对企业正常生产经营造成的影响，更好保护全社会创新创造积极性。持续开展“昆仑”“黄河”等专项行动，健全完善沿黄九省区警务协作机制，加大线索摸排、案件查办、源头治理、跨域整治力度，常态落实森林、河湖警长制，助力打好“蓝天碧水净土”保卫战。健全完善“365天×24小时”受理办理机制，在出入境、治安户政、车驾管等领域出台更多新政策新举措，加快推进“一窗通办”“一网通办”“跨省通办”领域改革，努力提供更多普惠均等、便捷高效、智能精准的公安行政管理服务。

（四）勇于自我革命，全面从严管党治警

锚定锻造“三个绝对”“四个铁一般”过硬公安铁军，深入推进党支部标准化规范化建设，开展“公安心向党、护航新征程”主题宣传教育，创建一批具有宁夏公安特色和深度影响力的党建品牌。加强和改进新时代公安人才工作，加大引进培养力度，规范使用管理工作，健全完善全过程干部考察机制，推动形成能者上、优者奖、庸者下、劣者汰的良好局面。锲而不舍落实中央八项规定及其实施细则精神，严格执行各项铁规铁纪，持续深化纠治“四风”问题，一体推进不敢腐、不能腐、不想腐，着力营造风清气正的警营政治生态。健全完善“教、学、练、战、用”一体化练兵强警机制，持续推动全警实战练兵常态化，加强训练场地、设施、装备建设，着力提升队伍职业素养和履职能力。

2023年宁夏法学研究发展报告

张文华

2023年以来，宁夏法学会坚持以习近平新时代中国特色社会主义思想为指引，深入学习宣传贯彻党的二十大和习近平总书记视察宁夏重要讲话指示批示精神，全面贯彻落实自治区第十三次党代会的部署要求，围绕中心，精准定位，发挥优势，主动作为，努力推动法学研究工作高质量发展，积极为实施依法治区战略贡献法治智慧和法治力量。

一、宁夏法学研究工作成效

（一）坚持政治引领，将党的理论贯穿到法学研究全过程

坚持把学习贯彻党的二十大和自治区第十三次党代会精神作为全年工作的主题主线，深入开展党的二十大和习近平总书记视察宁夏重要讲话指示批示精神“大学习、大讨论、大宣传、大实践”活动，组织召开全区法学法律界学习宣传贯彻党的二十大精神、习近平总书记视察宁夏重要讲话指示批示精神和自治区第十三次党代会精神系列座谈会、宣讲报告会、专题培训班20余场次。深入开展学习贯彻习近平新时代中国特色社会主义思想主题教育，将《习近平法治思想学习纲要》作为必选书目，举办专题读书班、培训班、座谈会、宣讲会、主题党课、调研成果转化会。锚定“法

作者简介　张文华，宁夏回族自治区法学会研究部副部长。

治实践需要什么，法学会就研究什么”的问题导向，在调查研究基础上建立法学理论研究课题、领导干部领题调研、了解民情基层联系点、法学研究下基层4项调研机制。强化对课题成果、学术论坛、征文评选等活动及主管主办各类意识形态阵地管理，充分发挥60人的政法网络宣传舆情专家服务队作用，受理舆情任务1500人次，切实维护宁夏法学领域意识形态安全。

（二）积极推动习近平法治思想理论研究与实践转化

深化推进习近平法治思想的学习宣传研究阐释，组建了习近平法治思想研究课题组和习近平法治思想宣讲师资库，广泛开展习近平法治思想“大学习大宣讲大实践”活动，着力打造学习宣传阐释研究习近平法治思想的重要平台和阵地。《以党的二十大精神为引领　为全面建设社会主义现代化美丽新宁夏贡献政法力量》等3篇理论文章在《习近平法治思想研究与实践》专刊上发表，《坚持中国特色社会主义法治道路》《为先行区建设提供坚实有力的法治保障》等理论文章先后在“学习强国”《民主与法制》《共产党人》《宁夏法治报》媒体上刊登。编印了《习近平法治思想学习资料汇编》《党的百年法治道路探索与实践学习资料汇编》系列丛书，创设《习近平法治思想研究与法治宁夏建设》专辑，刊登了全国、宁夏全区法学法律界100余篇理论和实践研究成果。习近平法治思想大宣讲活动成功入选“全区法治为民办实事”项目，开展习近平法治思想宣讲报告会325场次，受众3万余人次，实现各级党委理论学习中心组、政法机关、高等法律院校的全覆盖。

（三）充分发挥宁夏经济社会发展的法学智力支撑作用

坚持开门搞研究，面向宁夏全区法学法律界征集课题意见建议200余件，通过招标、委托等形式开展89项重点课题研究。2023年宁夏法学研究取得以下瞩目成绩：一是习近平法治思想研究成果显著，完成《习近平法治思想中的严格执法理论及其在宁夏的实践研究报告》《习近平法治思想在智慧法院建设中的应用研究》等研究成果，为宁夏习近平法治思想的理论阐释和研究添色。二是法学研究方法呈现多元、多样化，跨学科研究方法论运用增多。三是成果转化卓有成效。《宁夏安全生产法治保障研究》《加强宁夏应急救援力量建设的对策研究》得到自治区主要领导的批示，

《全面推进法治宁夏研究》《宁夏地方性法规立法规划研究报告》被宁夏回族自治区党委全面依法治区委员会办公室和宁夏回族自治区人大常委会法制工作委员会吸收采纳。

（四）深化推动宁夏法学法律学术交流

组织宁夏法学法律专家学者参加“中国·西部法治论坛”“中国民族区域法治论坛”“法治宁夏论坛”，共征集到各类学术论文800余篇。其中，西部法治论坛上，荣获二等奖论文2篇、三等奖论文4篇。中国民族区域法治论坛上，荣获一、二、三等奖论文10篇。此外，还组织开展了《习近平法治思想概论》精品课评选活动、“宁夏资深法学家”评选活动等，建立了宁夏“首席法律咨询专家库”“宁夏青年法学法律人才库”，推荐法学会30余名专家担任宁夏回族自治区党委、政府法律顾问和法律专家库成员，以及宁夏回族自治区人大立法咨询委员和宁夏回族自治区法官检察官遴选（惩戒）委员会委员。

（五）法治宣传和法律服务创新成果显著

坚持以习近平新时代中国特色社会主义思想、习近平法治思想、宪法、民法典等为主题，向宁夏各级领导干部开展“百名法学家百场报告会”宣讲750余场次。广泛开展“青年普法志愿者法治文化基层行”活动，在宁夏建立100支青年普法志愿者服务队，深入机关、企业、学校、社区、农村，开展法治讲座、法治宣传、法律服务等各类普法宣传活动11000余场（次），与10个乡村400户农户签订“一户一法律管家”服务协议，并获评“全区政法机关创新亮点工作”。连续15年发布《宁夏法治建设年度报告》，被全国法律百科全书《中国法律年鉴》收录，成为宣传展示宁夏良好法治化营商环境的重要窗口。全面推行首席法律咨询专家制度，实现了自治区、市、县（区）、乡镇四级首席法律咨询专家团队的全覆盖，宁夏802名首席法律咨询专家及专家库成员积极参与基层治理，共参与化解5个重大疑难案件、调处273个矛盾纠纷案件，形成了独具特色的法学会系统法律咨询服务体系，石嘴山市惠农区救灾安置房“办证难”的信访积案化解入选全国法学会系统典型案例，并被《民主与法制》周刊特别报道。《提升市域治理理念　创新发展“枫桥经验”化解市域重大风险》等研究成果被

《民主与法制时报》头版头条推介宣传。

二、宁夏法学研究存在的主要问题

（一）法学研究的理论与实践研究的融合度不够

当前宁夏法学研究亟待将“如何把习近平法治思想转化成现实的法治生产力”作为重要命题，进行深入研究，这不仅是一般法理学当前最紧迫的任务，也是各部门法学乃至整个法律界的理论任务。法治的实施与公平正义的社会需求尚有距离，亟待从理论上强化。实践中很多对冲法治公平正义的现象，不是没有法律规范，而是法律制度的效用激活问题。法律的生命在于实施，如何使既定的法律精神在具体的个案中得到充分兑现，亟待对法的运行机制进行深入的理论研究和司法实效研究。比如，如何规范司法的自由裁量权，如何确保社会高度关注案件不偏离法律精神，民告官案件受理难，依法行政，良好国际环境的法学贡献，等等，所有这些都不仅是制度建设问题，而且是通过法律的国家治理和社会治理的有效性问题，需要形成新的学术命题。换言之，作为调节社会关系的法律制度建设的理论研究不能放松，最为急需的对策性研究需要强化。

（二）传统法学基础理论研究有待深化

如何在法治轨道上推进中国特色社会主义法学研究的中国化、时代化、现代化建设，是中国法学理论和实务研究的重大命题，也是宁夏法学研究在推动构建具有深厚法理支撑的中国特色社会主义法治理论体系和实践高质量发展的重要任务，是中国乃至宁夏法学研究需要直面的核心命题。在新时代背景下，面对国家的重大战略目标和“让人民群众在每一个司法案件中感受到公平正义”工作目标，宁夏的法学研究要对许多社会关系的调整都需要法治及时跟进，同时还要对法学的一些传统基础理论问题积极做出符合新型社会关系的解释和发展决策咨询。因此，对于宁夏而言，法学研究还有较大的阐释和创新空间。

（三）法学研究方法亟待科学化

经过几十年的法学研究，尤其是立法、执法、司法的反哺，宁夏法学界积累了比较成熟的法学研究方法资源，成为中国法学研究繁荣的重要支撑。但存在的问题也是明显的。首先，问题意识的确立不够精准，探求研究选题的方法比较盲目。选题来自社会发展实践，也来自各学科既有的学术传统。选题中既要尊重实践，也要尊重既有的学术传统，二者的结合，无论选题大小，对学术都有贡献。学术研究中为创新而创新的“伪创新”还大量存在，造成耗费大量学术资源的无效劳动。其次，偏离法本质来研究法学和法治问题。整个法律体系乃至各个部门法，都有其特定的调整对象。整个法学乃至各二级法学科也都有其特定的研究对象，各自有着自身丰富的个性。但是，各二级法学科的个性无论如何丰富，法最原始的本质属性则是同一的。如何把握好不同法学科和法学问题的个性和共性，不至于抓住一点而不及其余，这在政法法学、法教义学、社科法学等各种研究方法运用中都是需要警示的。最后，将比较研究方法和历史研究方法有效融合。早期的法条比较研究方法随着时代的发展已经显得力不从心，进行立法背后时代背景和社会心理的考察，同时结合法条运行命运进行历史考察，似乎越发凸显对于中国的意义，更多应从方法上达成比较研究的学术目标。

三、2024 年宁夏法学研究思考与展望

（一）巩固和拓展习近平新时代中国特色社会主义思想主题教育成果

着力做好深化内化转化文章，在理论学习上用足力，在调查研究上下真功，在推动发展上出新招，在整改问题上求实效，以主题教育的新成效推动法学会工作高质量发展。深化党的二十大和习近平总书记视察宁夏重要讲话指示批示精神“大学习、大讨论、大宣传、大实践”活动，秉持“创新创新再创新、落实落实再落实、实干实干再实干”的理念，定期组织工作复盘，着力提升法学研究质量、夯实基层发展基础、加强法学人才培养，引领法学研究正确政治方向。

立足打造习近平法治思想研究新高地，将活动做成品牌，做出特色，依托《宁夏法学》等平台阵地，开专栏、定专题、出专报，持续编撰《习近平法治思想研究与法治宁夏建设》专辑和《习近平法治思想学习资料汇编》，切实把习近平法治思想贯彻落实到法学会工作的全过程各方面，推动学习宣传贯彻习近平法治思想走深走实。以研究成果的应用转化为导向，

推动年度课题研究成果与平安建设、法治建设、安全生产等的工作实践和政法领域改革同频共振，全面提升法学研究课题的应用价值。举办“法治宁夏论坛”，聚焦“法治化”主题，紧紧围绕法治宁夏建设理论和实践重大问题开展研讨交流，积极为平安宁夏、法治宁夏建设建言献策。

（二）持续加强实施依法治区战略实践研究

创新打造首席法律咨询专家制度工作宁夏“升级版”，组织开展全区优秀案例评选工作，提升服务法治实践的能力和水平。举办“法学研究下基层”现场观摩座谈会，聚力总结提炼宁夏市域社会治理现代化的典型经验。深化“百名法学家百场报告会”和“青年普法志愿者法治文化基层行活动”、《宁夏法治建设年度报告》品牌效应，创新宣传形式，深耕宣讲内容，努力争当普法宣传先行者。

（三）持续推进法学会深化改革和创新发展

创新基层法学会设立党组织的方式，积极推动基层法学会党组织实现全覆盖。健全完善研究会功能体系，更加注重法学研究由学科基础理论研究向实务对策性研究的转变和提质，继续发展壮大会员队伍，加强对会员队伍的服务，更加注重法治人才队伍的培育和储备，努力把法学会建设得更加充满活力、更加坚强有力。

2023年宁夏律师业发展报告

胡雅娟

2023年，在党中央、国务院和各级党委、政府的大力关心、支持下，宁夏律师工作有了长足进步和发展。宁夏律师行业深入学习贯彻党的二十大精神和习近平法治思想，以为人民服务为根本立场，用高水平法治守护群众高品质生活、保障经济社会高质量发展，以实际行动践行做党和人民满意的好律师的初心使命，为法治宁夏建设保驾护航。

一、宁夏律师业基本情况

2023年，宁夏律师行业着力加强律师队伍建设，多措并举推动宁夏律师队伍高质量发展。

（一）律师事务所和律师发展情况

1.律师事务所发展情况

截至2023年10月底，宁夏共有律师事务所207家。从类型上看，合伙所150家（其中特殊的普通合伙所2家，分所35家），个人所51家，国资所6家；从规模上看，执业律师10人以下所129家，11人至30人所62家，31人至50人所11家，51人至100人所5家，100人以上的律师事务所6家；从地域分配上看，银川市95家，石嘴山市26家，吴忠市38家，

作者简介 胡雅娟，宁夏回族自治区律师协会常务副秘书长。

固原市 27 家，中卫市 21 家（见图 1）。

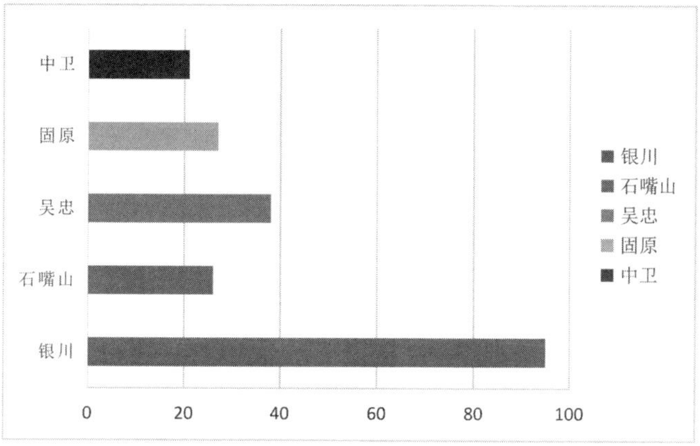

图 1　律师事务所地区分布情况

2. 律师发展情况

从总量上看，截至 2023 年 10 月底，宁夏共有律师 4693 人，其中，社会执业律师 3474 人（专职律师 3382 人，兼职律师 92 人），公职律师 860 人，公司律师 232 人，法律援助律师 127 人。按照 2022 年末全区常住人口 728 万人来计算，每万人律师拥有量为 6.45 名。律师性别构成上，男性律师 2474 人，占宁夏律师总数的 52.72%；女性律师 2219 人，占全区律师总数的 47.28%，男性律师占比略高。地域分布上，银川市 3463 人，石嘴山市 253 人，吴忠市 349 人，固原市 329 人，中卫市 299 人（见图 2）。其中，银川市律师人数占全区律师总数的 73.79%，按照 2022 年末银川市常住人口 289.68 万人来计算，每万人律师拥有量为 11.95 名。从新增律师分别看，截至 2023 年 10 月底，新申请执业律师 332 人，其中，银川市 242 人，石嘴山市 14 人，吴忠市 27 人，固原市 24 人，中卫市 25 人。

3. 律师行业党建情况

截至 2023 年 10 月底，全区共有律师事务所党组织 118 家，其中党总支 1 家，独立党支部 96 家，联合党支部 21 家（覆盖 77 家律师事务所），无党员所 35 家。党员律师 1107 人，其中“以强带弱”“以大带小”设立的联合党支部 15 个；共有党建指导员 63 人，党建指导员中司法行政机关干部和退休政法干部 43 人。

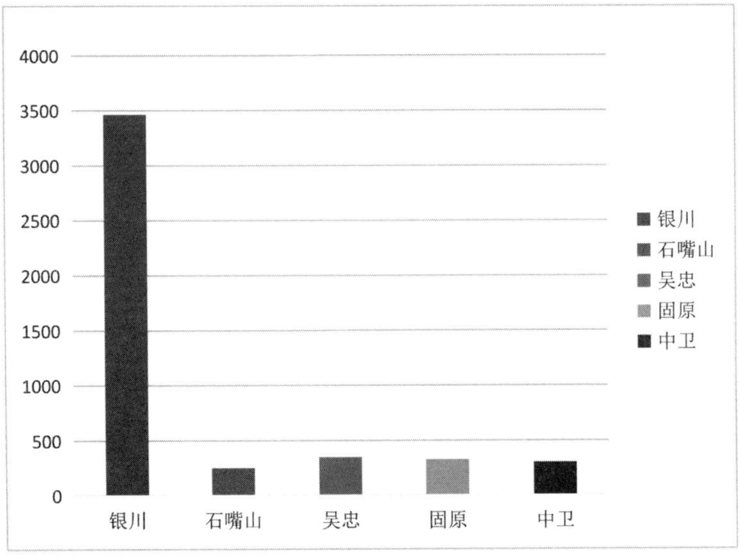

图 2　律师地区分布情况

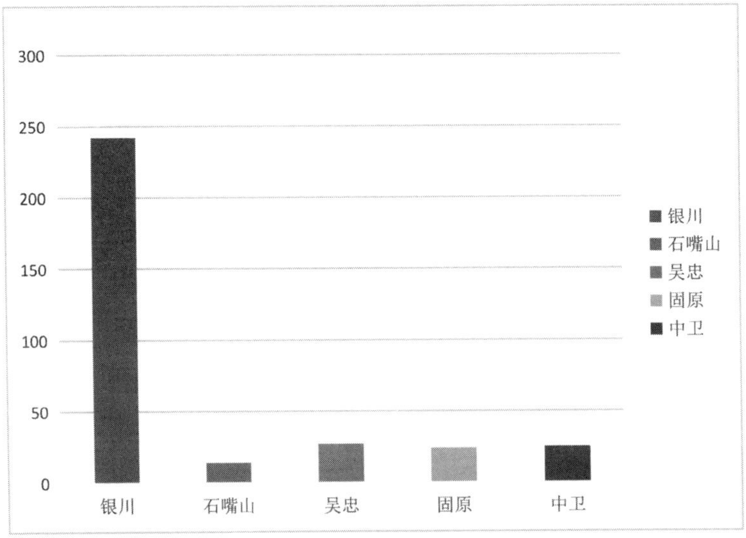

图 3　新申请执业律师地区分布情况

4. 律师业务发展情况分析

截至 10 月底，全区律师共受理案件 45864 件，其中，诉讼业务 38803 件，非诉讼法律事务 7061 件。

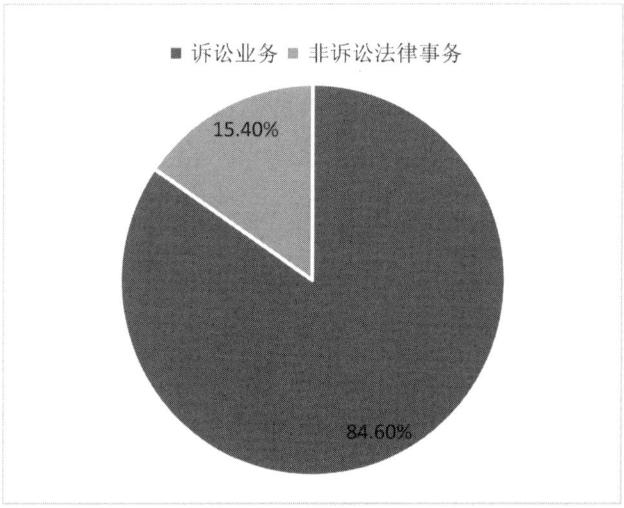

图 4 办理各类法律事务情况

（二）开展“凝心铸魂”工程，提高律师行业党建质量

1. 扎实开展主题教育

宁夏律师行业深入开展学习贯彻习近平新时代中国特色社会主义思想主题教育，落实“首题必政治”学习制度，构建起“行业党委会+中心组+个人自学+线上线下”的学习体系，不断加强和拓宽学习形式，抓实“五个载体”，促进学习成效提升。坚持边学习、边对照、边检视、边整改，以“六对标六检视”为抓手，切实把调查研究与检视整改、推动发展、建章立制贯通起来，把解决问题、推动律师工作作为调查研究的出发点和落脚点，通过交流座谈、下基层调研督导、开展联合主题党日等方式，有效确保了主题教育检视问题的客观全面。建立《调查研究问题整改清单》，印发《宁夏律师行业结对互助工作方案》《四联四建工作方案》有效破解律师发展服务问题，进一步促进律师行业高质量发展。

2. 持续铸牢忠诚之魂

开展“凝心铸魂”工程，制定了《2023 年宁夏律师行业党建工作要点》《宁夏律师行业继续深化“做党和人民满意的好律师”主题活动实施方案》，安排全年党建重点工作任务。举办律师行业学习贯彻党的二十大精神示范培训班，将学习党的二十大精神、习近平新时代中国特色社会主义思想作为党员律师政治轮训的必修课。制定了《全区律师行业开展学习贯彻习近平新时代中国特色社会主义思想主题教育的实施方案》，成立宁夏律师行业主题教育督导组，统筹推动全区律师行业第二批主题教育深入开展。

3. 加强律师统战工作

坚持“党建+统战”的“大党建”思路，持续抓好全区律师行业统战工作，打造律师行业统战工作“同心圆”工程，在全区建设律师行业“同心圆”工作室和律师事务所“同心圆”工作室。号召“同心圆”工作室组织律师行业新的社会阶层人士学术交流、座谈交流、调研等工作，形成丰富的学术研究成果。充分调动律师行业新的社会阶层人士力量，组织包括党内外、各民族律师积极投身法治政府建设、经济社会发展、乡村振兴、保障和改善民生等各项工作中，新的社会阶层人士统战力量进一步壮大。

4. 组织开展“四联四建”

引导宁夏各律师事务所党支部与自治区“六新六特六优”相关企业党组织、商（协）会党组织、村（居）党组织、顾问单位党组织结对共建，签订联建协议，围绕自治区“先行区建设”“六大提升行动”，积极与相关产业对接联系，开展法治体检等活动，为推动产业向高端化、智能化、绿色化、融合化方向发展增添动能。围绕优化营商环境，深化推广“百所联百会”成果，对接商（协）会党组织开展各项活动，加强沟通联系，为民营企业发展保驾护航。积极推动各律师事务所党支部与所服务的村（居）党组织结对，开展“乡村振兴法治课堂”等活动，协助基层政府依法决策、依法行政，全面提升基层法治建设水平。

5. 解决支部短板弱项

开展“党建+统战”调研，对宁夏律师行业新的社会阶层人士统战工作实践创新基地建设和工作开展情况进行摸底。组织开展宁夏律师行业党建工作进行互观互检活动，提升各级党组织书记、党务工作者和党建指导员党建工作能力。命名宁夏朔方律师事务所等8家律师事务所为示范党组织。

（三）开展“奋进建功”工程，服务宁夏经济高质量发展

1. 法律保障民生工程

聚焦建设黄河流域生态保护和高质量发展先行区，引导律师为电子信息、新型材料、绿色食品、葡萄酒、枸杞、奶产业等重点特色产业提供知识产权保护法律服务。结合“我为群众办实事”“免费法治体检”“法律服务进社区、进园区、进商圈”等实践活动，为商（协）会及其会员企业提供形式多样的公益法律服务。制定《“服务实体经济律企携手同行”专项行动方案》，搭建律企协作平台，推动律师法律服务融入现代化产业体系建设各领域各环节，护航企业健康成长、行业良性发展。截至2023年10月，宁夏有122家律师事务所与385家企业进行对接。制定《第六届中国—阿拉伯国家博览会统筹协调部法律事务组工作方案》，组织150名涉外律师为博览会提供全程法律服务，博览会期间，共审查合同46份，出具法律意见书54份，提供法律咨询共计2200余人次。邀请北京大学法学院教授、学术委员会主任、博士生导师陈瑞华来宁，举办“合规改革与律师合规业务”系列活动，全区各有关单位及律师共计4100余人参加了活动。

2. 助力乡村振兴工程

开展“百所帮百村”活动，组织律师事务所党组织与村党支部结对共建，为所结对的乡村办理法律援助案件、开办“乡村振兴法治课堂”、服务乡村换届选举、参与矛盾纠纷排查化解、举办涉农法律宣传咨询；聚焦乡村振兴重点村产业项目，为乡村企业进行“法治体检”，帮助乡村企业防范法律风险，妥善化解乡村企业遇到的法律难题和矛盾纠纷，向乡村企业负责人讲清楚涉农的法律政策，宣传好有关法律法规，协助乡村企业在法治轨道上运行；由熟悉乡村法律事务的党员律师为结对村“两委”和村民提供法律服务，提升基层法治建设水平，夯实基层治理基础，更好地满足“结对子”乡村多层次、多样化的公共法律服务需求；发挥律师专业特长和职能优势，深入“结对子”乡村开展法律服务进乡村、乡村企业“法治体检”活动，更好地满足乡村多层次、多样化的公共法律服务需求，以法律服务和法治保障助力乡村振兴。

3. 建言献策参政议政

宁夏律师主动投身法治宁夏建设，积极参政议政，宁夏共有121名律师分别担任各级党代表、人大代表和政协委员，占全区律师的2.58%。其中，全国人大代表 1 人，全国政协委员 1 人；自治区人大代表 2 人，自治区政协委员 8 人；地市级人大代表 16 名，地市级政协委员 16 名。2022 年全年共提出建议、提案 119 件，参与立法、修法工作 77 件，参与执法检查、协商座谈 76 次，参与调研 91 次。充分发挥律师代表、委员的职能作用，畅通社情民意，当好政府的“代言人”、架起群众的“连心桥”。

4. 服务民营企业发展

根据企业法律服务需求，为企业提供“上门式”的免费法律咨询，积极推进民营企业“法治体检”、开展法律咨询进企业、法治宣传进企业、法律援助进企业活动；及时提供法律风险防控及法律问题解答，帮助企业有效防范风险，为企业提供普法资料，增强企业诚信守法经营意识；推动民营企业“法治体检”常态化，指导各律师事务所分行业分领域摸底企业法律风险点，帮助查找制度漏洞和薄弱环节；以民法典“典”亮民营企业为主题，根据民营企业实际情况和法律需求，聚焦与企业发展密切相关的产权保护、风险防控、合同纠纷等，经常性开展专题法律咨询讲座；详细了解企业家对法治建设的意见建议和法律需求，即时解答企业在生产经营管理过程中遇到的困难、问题。

5. 深化“百所联百会”工作机制

按照宁夏回族自治区司法厅、工商联和宁夏律师协会《关于建立“百所联百会”机制的实施方案》要求，加强对企业法律顾问工作的指导，与各类商（协）会建立联系合作机制，增进信息沟通、人员融通、业务联通，为宁夏各类商（协）会提供法治保障。主动服务基层工商联依法决策、依法履职，提高商（协）会依法依章办会水平，建立法律服务公众号等信息化工具和平台。持续开展法律进机关、进企业、进商会活动，以企业需求为导向，用法律知识助力企业法治化发展。聚焦与企业发展密切相关的产权保护、风险防控、合同纠纷等重点，组织律师开展宣讲活动逾千场次，为民营企业家进行相关法律法规的解读，发放汇编读本、宣传资料逾万册。

6. 持续推动公职律师工作

统筹推进公职律师与法律顾问工作衔接，加强全区公职律师工作的组织领导，压紧压实责任，完善工作机制，及时研究解决存在的困难和问题，充分发挥公职律师在法治政府建设中的重要作用。2023 年 4 月 28 日在石嘴山市召开宁夏公职律师工作观摩推进会，贯彻落实中央依法治国办和自治区党委关于加快推进公职律师工作的部署，推动公职律师工作任务落地落实。建立跨部门跨层级统筹使用机制，健全公职律师履职尽责机制，2022 年以来，宁夏公职律师共承办重要涉法业务 7489 件，其中，对重大决策、行政行为研提法律意见 940 件，参与法规规章和规范性文件起草论证 387 件，参与行政处罚审核、行政复议等 1429 件，参与办理其他重要法律事务 4733 件。

（四）开展“强身健体”行动，引领律师行业高质量发展

1. 建立对口帮扶机制

宁夏与福建、安徽省签订结对帮扶战略合作协议，建立了对口帮扶机制。通过共享业务培训、加强业务交流、强化人才培养等方面的结对互助，共同提升律师行业自律管理能力。引导宁夏律师事务所主动与福建、安徽省承担帮扶任务的律师事务所进行对接联系，重点在强化党建工作、培养律师人才、指导律师事务所建设、推动业务协同等方面进行交流学习，规范管理、增强业务能力。2023 年 8 月起，选拔政治坚定、专业扎实、具有发展潜力、40 岁以下的青年律师 50 名分批次赴福建、安徽省完成跟班学习。

2. 加大专业人才培养力度

围绕贯彻落实党的二十大精神和宁夏工作大局，对标全面依法治国和优化营商环境需要，加大知识产权、数字经济、新能源、新材料等领域专业人才培养力度，优化律师人才发展环境。开展“加强知识产权保护　服务创新发展”“知识产权进校园”“知识产权进企业”“知识产权进园区”宣讲活动；精心挑选典型案例，利用微信公众号、微博、抖音等宣传媒介“以案释法”，提高全社会对知识产权保护的认识和重视程度；通过“线上+线下”的方式，结合不同类型企业特点开展知识产权保护法律法规专题讲座，提升企业知识产权创造、运用、保护、管理、服务水平。

3. 着力解决律师资源分布不均

印发《宁夏律师行业结对互助工作方案》，着力解决宁夏律师资源分布不均衡的问题，推动各市之间建立结对互助机制、拓宽协作领域，促进律师行业高质量发展。由银川市律师协会遴选20家不同类型律师事务所，与石嘴山、吴忠、固原、中卫市的律师事务所建立“1对1”结对帮扶关系，选拔政治坚定、专业扎实、具有发展潜力的40岁以下青年律师，纳入宁夏“青年律师后备人才库”，通过线上线下相结合的方式，对重点培养的青年律师提供专业培训，组织实战训练，组建优秀导师团队，分批次组织青年律师开展小范围的案例研讨、模拟法庭、团队作业等，着力提升青年律师办理传统重点业务、新兴业务、涉外业务等实战能力，形成各市律师行业协调发展、协同发展、共同发展的工作格局。

4. 提升能力锻炼队伍

为进一步弘扬宪法精神，深入树立法治意识，彰显人民律师为人民的精神，激发青年律师蓬勃进取和积极向上的活力与热情，于第10个宪法日来临之际，举办“2023年宁夏律师辩论赛”，宁夏6支代表队参加角逐，通过大赛历练不断增强法律服务能力、提升法律服务品质，为全面依法治区贡献智慧和力量。举办“2023年宁夏律师篮球、羽毛球团体比赛”，来自全区6支代表队的142名律师队员参加了比赛，激励全区律师以更加健康的体魄、团结合作的精神投身到今后的法律服务中，为助力宁夏高质量发展做出更大的贡献。

二、宁夏律师工作存在的问题

（一）律师业高质量发展水平有待进一步提升

律师行业发展水平与法治宁夏建设的目标要求、与人民群众日益增长的法律服务需求相比，仍有较大的差距，一方面律师事务所专业化、专门化类型建设有待加强，另一方面律师事务服务业务范围不够广，不能够满足经济社会发展需求。

律师队伍结构不够合理、高端律师人才储备不足等问题依然突出，一方面传统业务律师服务饱和问题突出，另一方面新业态、新领域、特殊行业律师服务队伍人才紧缺。

（二）律师行业参与社会治理能力和路径有待进一步拓宽

律师行业除传统诉讼、法律顾问等常态业务外，参与地方立法、规范性文件审查等业务路径不够宽；当前律师参政议政的路径不宽，大多是通过其他部门准入，未能通过行业渠道进入；律师参政议政人数不多，代表性不强，作用发挥不够充分。

（三）青年律师发展面临巨大挑战

随着律师行业发展迅速，律师队伍也在不断壮大，青年律师的发展面临案源少、职业经验不足、经济下行、业务拓展难等问题，致使其行业竞争优势不足。截至 2023 年 10 月，宁夏现有律师 4693 名，其中 35 岁以下青年律师 2035 名，占总人数的 43.36%。可见，宁夏青年律师占比非常高，但是受到经济下行影响，尤其是近三年疫情防控影响，宁夏青年律师执业发展面临很大困境。

三、2024 年宁夏律师业发展意见建议

（一）以人才培养为突破，深入推动律师业高质量发展

坚持人才与业务发展双轮驱动，挖掘律师行业高质量发展的内生动力，培养出高端化人才，建立人才荟萃、业务精良的法律人才高地；提炼文化内涵，凝聚律师行业高质量发展的精神动力；坚持改革创新，注入律师行业高质量发展的活力源泉，打造一批能够提供多层次、一站式法律服务的精品化、专业化、特色化的律师事务所。

（二）积极创造条件，拓展律师参与社会治理路径

实践中，宁夏律师参政议政的主要途径是通过各级人大、政协以及民主党派的方式进入，而律师通过司法行政或行业协会推荐审核进入各级人大、政协的占比却较低。针对这一问题，要从“扩大公民有序政治参与”“扩大公民对立法的有序参与”的政治高度，逐步为律师参与立法积极创造条件，畅通律师参与立法的渠道；充分发挥立法和监督的专业优势，彰显中国律师社会担当的职业荣光，将优秀律师群体真正升级为参政议政的法律智库；提高律师参与公共决策和公共生活的热情，积极有序地参与立法。

（三）健全完善青年律师职业发展体制机制

青年律师是宁夏律师主体力量，其健康成长关乎宁夏律师行业发展的未来。要进一步完善扶持青年律师发展工作机制，从青年律师成长过程中普遍存在的困难与问题出发，健全完善青年律师培养规划，加大青年律师扶持力度，为青年律师提供良好的生活工作保障，建立有针对性、体系化、常态化的青年律师业务培训机制，由“点”到“面”，切实帮助青年律师提升业务能力，为法治宁夏建设贡献青年律师力量。

红色法制篇

HONGSE FAZHI PIAN

陕甘宁革命根据地法制建设研究

李保平

在中国革命和法治建设历史上，处于革命发展承上启下阶段的陕甘宁革命根据地建设，在中国法治建设史上具有非常重要的地位和影响。它所创立的多阶层合作的政府形式、选举制度、统一战线、司法制度、基层民主、民族区域自治等政策制度，都是在马克思法治理论指导下，与中国实际、与中华传统优秀法律文化相结合的光辉典范，直接指导了中国革命的实践，为新中国的建立做好了理论、政策与组织准备，某种意义上讲是奠定了新中国的制度基础，其影响时至今日仍然存在并发挥着重要作用。陕甘宁革命根据地时期在党的历史上是一个非常重要的阶段，在相对稳定的环境下，以毛泽东同志为核心的党的第一代中央领导集体，在对中国革命道路问题深入思考和实践的基础上，创立了毛泽东思想，产生了“新民主主义论”“中国革命与中国共产党”等党的历史上的光辉文献，领导中国革命从胜利走向胜利。当前，中国特色社会主义进入新的历史发展阶段，站在人类文明发展的角度看，我们比过去任何时候都需要从中国历史特别是中国革命史中汲取养分。因此，学习研究陕甘宁革命根据地时期法制建

作者简介　李保平，宁夏社会科学院社会学法学研究所所长、研究员。

基金项目：宁夏哲学社会科学委托项目“盐池革命根据地法制建设研究”，项目编号：宁社科规划办［2023］9号。

设的成就与经验，对于我们今天建设社会主义法治国家，推动国家治理体系和治理能力现代化，实现中华民族第二个百年奋斗目标具有重要的意义。

一、陕甘宁革命根据地法制建设是新中国法治建设的彩排和预演

土地革命战争时期，在江西苏区和其他一些革命根据地，以毛泽东同志为代表的中国共产党人按照马克思主义的国家学说，主要借鉴俄国革命的成功经验，在革命根据地开展了轰轰烈烈的政权建设。其实早在第二次国内革命战争时期，中国共产党人就已经开始对“工农兵代表会议”制的探索，在城市成立“工人代表大会”，在农村成立各式各样的“农会”，开始制度探索与制度实践。1931 年 11 月，中华工农兵苏维埃第一次全国代表大会在江西瑞金召开，会议讨论了劳动法问题、土地法问题、红军问题、经济问题、少数民族问题等，通过了相关法律政策。1934 年 1 月又召开了中华苏维埃第二次全国代表大会，进一步补充完善了相关制度，为反“围剿”斗争的胜利发挥了重要作用。上述事实说明，尽管是在革命战争年代，中国共产党人高度重视政权建设和法治建设，并以此作为新世界、新国家的重要标志。但是，我们也看到，在残酷的战争环境下，生存发展是第一位的，革命根据地的法治建设，也要服从和服务于这个目标，回顾这个时期的法治建设，虽然有较大的成绩，有的还具有初创之功，但同时，正是因为是在残酷的战争环境中，也不可避免存在一些缺憾，主要有以下几个方面。一是这个时期的法治建设特别是政权建设主要借鉴的是俄国革命的经验和做法，对建立什么样的国家还没有结合中国实际，形成中国共产党人自身的政治理论；二是这个时期法治建设主要服务于反“围剿”斗争的需要，加之战争环境，使得一些制度文件在实际执行中以宣示性为主，执行性为辅，没有得到很好执行；三是这个时期革命的核心问题是解决土地问题，法治建设的重心并不是一般的民主形式、程序的规定，而是确立新的土地所有制，肃清敌对势力，解决联合谁、反对谁的问题。

陕甘宁革命根据地时期，正是抗日战争进行得如火如荼的阶段，建立抗日统一战线是中国共产党人面临的重要任务。经过长征，党中央最后把

落脚点放在了陕北，随着全民抗战局面的形成，也为中国共产党人赢得了一个相对宽松的发展环境。这个时期，在中国革命历史上是一个非常重要的时期，陕甘宁革命根据地的存在，为以毛泽东同志为核心的中国共产党人实施法治建设和政权建设提供了相对稳定的生活环境和实践平台。正是在陕甘宁革命根据地时期法治建设的理论与实践创新，诞生了马克思主义中国化的第一个理论成果——毛泽东思想。同时，陕甘宁革命根据地的法治实践、边区政府建设，也对丰富我们党的国家学说和治国理政理念具有重要的意义。时至今日，我国的政治制度、司法制度、民族政策等，许多方面都有陕甘宁革命根据地的影子，这些建设成就，为中华人民共和国国家政权建设积累了非常丰富的经验。

二、陕甘宁革命根据地法制建设为中国特色社会主义法治积累了丰富的经验

陕甘宁革命根据地法治建设，在中国革命法治史中具有十分重要的地位和影响，特别是党通过法治建设推动革命、改造社会、组织动员等形成的政法传统，时至今日，仍然在新时期法治国家建设中发挥着重要作用。

（一）抗战时期参议会制和政权组成“三三制”的探索

参议会制是指抗日战争时期，中国共产党领导的抗日民主政权实行的根本政治制度和政权组织形式。其主要特征为：一是在民主集中制的基础上，由边区人民按普遍、平等、直接和无记名投票的选举原则选举各级参议会。凡年满 18 周岁赞成抗日和民主的中国人，不分阶级、党派、职业、性别、民族、宗教、财产和文化程度的差别，都享有选举权和被选举权。二是由各级参议会选举产生同级政府委员会，作为其闭会期间的政权机关。各级政府委员会必须执行同级参议会的决定，领导并指挥政务。在政权机关（包括参议会和政府）中实行“三三制”原则，即代表工人阶级和贫农的共产党员、代表和联系广大小资产阶级的非党左派进步人士、代表中等阶级和开明绅士的中间人士各占三分之一。这样，中国共产党不仅把小资产阶级，而且把民族资产阶级和开明绅士也争取到抗日政权中来。这一制度对于巩固中国共产党在抗日民族统一战线中的无产阶级领导权，解决民

族矛盾上升时期如何有效团结抗日、推动全国民主化进程、反对蒋介石的一党专制起到了积极作用，极大促进了抗日根据地及全国抗日民族统一战线的巩固和发展。这些实践探索，也初步奠定了人民代表大会制度、中国共产党领导的多党合作和政治协商制度的基础。

（二）陕甘宁革命根据地时期的基层民主自治实践

民主自由是近代以来，无数中华优秀儿女孜孜以求的目标。中国共产党人是为人民服务的政党，人民的利益高于一切。民主是人民实现自身利益、参与国家社会生活的重要途径。1945 年夏天，黄炎培、毛泽东在延安窑洞有一个对话，黄炎培说，通过自己对中国历史的观察，一个朝代在兴起的时候都是蒸蒸日上，但发展到一定时期，就会出现政怠宦成，人亡政息。真可谓其兴也勃焉，其亡也忽焉，询问毛泽东有什么好的办法，摆脱所谓历史的周期律。毛泽东同志对此问题早就有所思考，便胸有成竹地说：我们已经找到新路，我们能够跳出这周期，这条新路就是民主，只有让人民来监督政府，政府才不敢松懈，只有人人起来负责，才不会人亡政息。在陕甘宁革命根据地时期，在发扬民主特别是基层民主的问题上，中国共产党人不但是这样说的，也是这样做的。在陕甘宁革命根据地和其他一些根据地，在共产党的领导下，人民群众不是用现代选票，而是用最为朴素原始的投豆子等方式，选出自己心仪的领导，交出了圆满的民主答卷，结出了丰硕的民主果实。这种直接选举的民主形式，在中国历史上是空前的，极大提升了人民群众参与革命的热情。陕甘宁革命根据地的法治建设实践，还有一个非常重要的价值在于它打破了近代以来，统治者以民智不开或没有民主传统为由，拖延民主实践的论调。西方的民主在经历启蒙运动后，在选举权问题上针对特定的人群一直有限制，放开普选也是不远的事。虽然近代以来资产阶级启蒙思想家提出了人民的概念，结束了以身份、地位、财富等将人民划分为不平等集团的历史，美国宪法也以“我们人民”为号召，但真正把工人、农民作为人民主体的是马克思主义的人民观。辛亥革命成功后，国民党也以人民素质不高为由，将其统治分为三个时期：军政、训政、宪政。通过所谓的军政、训政时期，以便培养民众的民主素质，实则是为维护独裁统治。陕甘宁革命根据地的民主实践充分说明，民众的民主素质不是天生的，它来自民主的伟大实践，只有赋予人民群众广泛的民主权利，在实践中不断淬炼，人民的民主意识、民主素质才会形成并不断发展，民主的要义不在说，而在行。

（三）陕甘宁革命根据地时期的司法制度与马锡武审判方式

陕甘宁革命根据地司法制度建设是边区政权建设的重要组成部分，与土地革命时期相比，陕甘宁革命根据地建立了较为系统、完整的司法体系，对维护革命政权、人民群众利益和社会秩序稳定发挥了重要作用。纵观陕甘宁革命根据地时期的司法制度，具有以下显著特点。一是司法隶属于行政，具有司法与行政不分的特点，体现了鲜明的中国特色。边区各级政府都内设司法处，负责处理反革命案件和各种纠纷，但最终的判决书均是以县长的名义颁发，行政权明显高于司法权，司法权隶属于行政权。二是审判方式的创新。近代西方的司法制度引入我国后，西方的司法理念也随之传入，与国民党统治区的审判方式不同，陕甘宁革命根据地创制性提出马锡武审判方式，实现了革命司法与传统文化的有效结合。马锡武是陕甘宁边区陇东分区专员兼边区高等法院分庭庭长，马锡武审判方式由其首创，主要特点是：深入群众，调查研究，实事求是；断案手续简单，不拘形式，方便人民；审判与调解相结合，以调解为主；采用座谈式而非坐堂式审判。这种审判方式，既坚持原则，又方便群众，维护了群众的根本利益，在人民司法审判史上产生了重要的影响。三是革命司法的实践。在传统认知中，司法的职能就是依法定分止争，但陕甘宁革命根据地的司法，并不是严格按照法律判案的，在实际案件解决过程中，更多的是把党的政策引入司法实践中，从而使得司法不仅定分止争，也成为宣传党的主张、组织人民、服务党的事业大局的一个组织网络和革命的重要组成部分。

（四）陕甘宁革命根据地司法制度及其特点

陕甘宁革命根据地是由中国共产党领导，按照新民主主义的思想区建设，因此，其司法制度既不同于国统区，也与社会主义的司法制度有别，有着自身鲜明的特色。一是反帝反封建是陕甘宁革命根据地司法制度的重要目标和任务，党对司法工作的领导是革命根据地司法制度的最大特点。二是司法机关实行一元化领导，除高等法院院长由参议会选举外，地县审判机关领导由政府领导兼任，行政与司法合一。三是审判独立，二审终审（曾短暂实行过三审终审），审判、检察、司法行政都集中在法院，实行三者一体制。四是法律适用中既有国民党的法律，也有边区政府自己制定的法律，党的政策成为司法审判的重要依据。五是实行民主审判，建立人民陪审制度和公审制度。六是审检合一，检察机构内设法院，受法院领导，边区没有律师，但可在群众团体及近亲属中选定代理人参加诉讼。七是诉讼程序简便。诉讼当事人可以口诉，也可以书诉，不收诉讼费用，审判采取阐释说理方式，不采取威胁恫吓。八是刑罚执行从轻，废除无期徒刑，除死刑外，最高刑期不超过 5 年。

（五）陕甘宁革命根据地时期对民族关系的研究与民族政策的制定

我国是一个统一的多民族国家，民族关系以及民族问题事关国家统一和稳定，对民族问题的研判一直为中国共产党人关注。早在中共一大报告、二大报告等党的重要文献中，就对民族问题给予高度的重视，形成了许多重要论述。从早期中国共产党人对民族问题的认识看，有两个基本特点，一是受苏联民族理论政策影响较深，许多论述存在照搬苏联经验问题，出于反抗国民党统治的需要，一些提法特别是关于民族联邦制的论述并不完全符合中国实际。二是对民族问题的复杂性认识不深，基于革命斗争的需要，在处理一些民族问题时存在一定的局限性。在红军长征过程中，经过的大部分地区是少数民族聚居区，长征的过程，也是共产党人对民族问题认识不断深化的过程，对民族关系有了更为切身的体会。到延安后，随着革命形势的发展，中国共产党人对中国的民族关系和民族问题进行了系统的研究，提出了中国共产党人关于解决中国民族问题的理论，形成了“回回民族问题”等重大理论成果。这个时期民族问题的主张主要体现为：一是强调民族之间的平等与团结。在党的六届六中全会“论新阶段”报告中，“允许各少数民族与汉族有平等权利，在共同对日原则下，有自己管理自己事务之权，同时与汉族联合建立统一国家”。二是形成民族区域自治的初步构想。1936 年 10 月 20 日，红十五军团解放了宁夏同心城，帮助回族人民正式成立了陕甘宁省豫海县回民自治政府，进行了民族自治的初步实践。三是确认了回回民族是一个民族。回族是我国分布最广的民族，在民国时期，一般称回族为回教徒，意味回族是信奉了伊斯兰教，和汉族信奉基督教、天主教成为基督徒、天主教徒是一样的。1940 年 4 月，由中共中央西北工作委员会拟定的《关于回回民族问题的提纲》，正式提出回回民族是一个大分散、小聚居的民族，使得回族成为我们党第一个从汉族中识别出的少数民族。

（六）陕甘宁革命根据地法制建设成就与创新

陕甘宁革命根据地时期的法治建设成绩斐然，据不完全统计，陕甘宁革命根据地时期制定的涉及宪法以及宪法关系的法规 7 部，组织法规 32 部，诉讼法规 15 部，刑事法规 27 部，民事法规 110 部，行政法规 39 部，几乎涵盖了革命根据地政治经济社会生活的方方面面，为革命根据地建设提供了较为系统完备的基本遵循。在一个相对较短的时间内，陕甘宁革命根据地制定了如此众多的法律法规，充分反映出中国共产党人对法治建设的高度重视，以及依法治理的坚定决心和信心。同时，上述法规是在新的革命形势下制定的，具有鲜明的创新性。一是宪政法治中，根据抗日民主统一战线建立的新形势，确立了参议会制和政权组织“三三制”；二是在刑事法治建设中，贯彻惩治与宽大相结合的刑事原则，创设强制教育和苦役等“轻刑”做法；三是在土地法治中，及时调整苏区时期较为激进的土地政策，承认富农和富农经济存在的必要性，变没收地主土地为减租减息；四是在诉讼法治中，贯穿便民利民、保障人权、群众路线的审判方式，创立以马锡武审判方式为主要代表的诉讼制度；五是在婚姻家庭法治中，倡导婚姻自由，一夫一妻，反对买卖婚姻，移风易俗，维护家庭价值。

总之，陕甘宁革命根据地时期的法治建设，几乎涵盖了国家政权建设的全部，中国特色社会主义制度的四梁八柱都可以在陕甘宁革命根据地建设中找到影子，参议会制度、“三三制”的政权组成形式，抗日民族统一战线的建立，基层民主制度的实践以及对民族区域自治制度的探讨，都为中华人民共和国的建设做了思想准备、组织准备，积累了非常丰富的经验。

三、陕甘宁革命根据地法制建设与新中国的政法传统

政法传统是当代中国法治的一个非常重要的特点。2019 年中央政法工

作会议上首次提出“坚持和完善中国特色社会主义政法工作体系”，特别是习近平法治思想的提出，在政法工作中坚持党的领导，成为政法工作的最高准则。近代以来，为了摆脱积贫积弱、任人宰割的国运，无数革命先烈开始探索救亡图存的道路，经过不断的艰辛探索，终于找到了社会主义的道路。政法传统就起源于中国革命的实践，成熟于社会主义的伟大建设实践。如果说社会主义是中国革命在道路方面的概况，那么，政法体制则是对社会主义道路在法治方面的制度要求。政法体制不仅是某种政治与法律关系的理论、制度与实践，更是革命和国家建设政治整合机制的组成部分，担负着改造社会的重要历史使命。在严峻的国内外形势下，革命需要组织和动员人民参与斗争，政法体制便是这种组织动员的重要力量。因此，西式的国家形成的契约等学说无法说明中国革命法治的实际，为中国革命提供理论和实践指导，自由主义的国家学说和法治理论不符合中国革命的实际，只有把政法传统放到中国革命的大背景下去理解把握，才能得出正确的结论，才能知晓政法传统产生的历史必然性。从中国革命的历史看，陕甘宁革命根据地时期的法治建设，正是中国共产党政法传统形成的重要时期。一是这一时期的陕甘宁边区政府，为中国共产党人提供了建设新式国家的现实舞台。陕甘宁边区政府的建设，提供了远比土地革命时期苏维埃政权建设更加丰富的素材，使得党的主张能够在一定范围内得到实施，为以后的政权建设积累了大量经验。二是在“革命政治”中，人民的主体性首先体现在立法中，与自上而下的自由主义立法模式不同，在实践中恰恰是用党的政策和国家的政策来摸索、实验，待条件成熟后再上升为法律。在陕甘宁革命根据地法治建设中，党的政策往往发挥着重要的作用，在涉及经济社会生活的许多方面，甚至取代了法律的作用。三是司法审判职能服务于政权建设的大局，司法与其他制度一起构成“革命政治”的权力组织网络。所以我们可以看到，为大家经常津津乐道的马锡武审判方式，既是一种审判方式的变化，也体现了党的群众路线，是党的群众路线在司法实践中的体现。马锡武审判方式在案件审理中，一般是把党的政策引入司法，并不是严格依照法律判案，这样，司法审判不但达到定分止争的目的，也发挥了党通过司法改造社会的功用。

陕甘宁革命根据地时期是我国政法传统形成的重要时期，具有重要的承前启后作用。政法传统既是我国社会主义法律制度的特色，也是社会主义法律制度的优势。因为政法体制下的程序法则更为关注社会底层，关注那些难以在专业化的程序中发声的底层群众，关注法治的实质正义。“如果共产党不能在实质层面上兑现这种承诺，而只是强调形式法治，片面地用形式法治界定党与人民之间的权责边界，那么就可能引发人民对党的认同和信任危机，或者会使得法治成为官僚体系抑或资本权力的单纯的管控工具”①。虽然我们可以说，严格依法办案就是在维护社会公平正义，但在现实性上，“法律很容易被人操纵利用，常常服务于金钱和权势”②。在法治实践中，由于中国共产党不代表任何集团利益，也没有自身的特殊利益，因此，政法体系或政法传统在司法实践中也发挥了价值整合和利益分配重塑的作用，扮演了价值纠偏和利益整合的角色，有效维护了法律的尊严和社会的公平公正。现实中各级政法委员会的设置，以及司法机关中审判委员会、检察委员会等的设置，都是旨在发挥党对政法工作的领导，发挥党在利益整合和价值整合中的作用，切实维护人民群众的合法利益。

四、从“两个结合”的高度正确认识陕甘宁革命根据地法制建设的价值和意义

只有把马克思主义基本原理同中国具体实际相结合、同中华优秀传统文化相结合，坚持运用辩证唯物主义和历史唯物主义，才能正确回答时代和实践提出的重大问题，才能始终保持马克思主义的蓬勃生机和旺盛活力。习近平总书记在党的二十大报告中明确强调“两个结合”，是我们坚定信仰信念、把握历史主动的重要遵循。“两个结合”的论断，也是我们正确认识陕甘宁革命根据地法治建设伟大成就的方法论。

①刘磊：《中国法治四十年——社会主义与法治的变奏》，文化纵横，2018 年第 3 期。

②冯象：《木腿正义》，北京大学出版社，2007 年，第 58 页。

（一）陕甘宁革命根据地法制建设的伟大成就，是马克思主义法治基本理论与中国具体实际相结合的重要成果

马克思主义的法治理论是在批判资产阶级自由主义法治理论的基础上形成的，具有鲜明的阶级属性和时代属性。在自由主义法学看来，“法律”被想象为一个独立自足的存在，是对现实状况的确认，是“承认政治”的产物，而忽略了法与政治、法与经济、法与社会、法与文化之间复杂的关系。马克思深刻揭示了法的本质，解开了笼罩在“法”身上的温情脉脉的面纱。在马克思看来，法律绝不是事先给定的，是社会现实特别是阶级关系的反映，法律绝不是温情脉脉的社会契约，而是一个阶级统治另外一个阶级的暴力工具。在马克思看来，法是由国家制定、认可并由国家保证实施的，反映由特定物质生活条件所决定的统治阶级（或人民）所期望的社会关系、社会秩序和社会发展目标为目的的行为规范体系。所以，法不仅是对现存社会关系的确认，也是对过往社会关系进行改造的产物，法律具有明显的规范社会生活、改造社会的功能。陕甘宁革命根据地法治建设中，中国共产党人坚持马克思主义的法治观，把法治建设与改造旧社会有机联系起来，使得法治建设成为党推进革命的组织网络，形成党对法治工作领导政法传统。这种传统在立法中注重从政策到法律自上而下立法，法治实践中善于运用党的政策，结合中国革命实际，把土地问题作为中国革命首先要解决好的问题来看待，形成了一系列行之有效的法规政策体系，在司法实践中以便民为宗旨，以解决问题为依归，用老百姓能够理解、接受的方式开展审判工作，使得政法系统不但是维护社会稳定的重要力量，也是改造社会、执行党的路线方针政策的重要力量，为推动中国革命走向胜利发挥了重要作用，成为中国革命权力网络、组织网络、动员网络、行动网络中的一个非常重要的环节。

（二）陕甘宁革命根据地法制建设的伟大成就，是马克思主义法治理论与中华传统优秀法治文化相结合的重要成果

中国是一个文明古国，有着五千多年文明发展史，形成了引领古代东亚的法治文明，产生了所谓“中华法系”。“法系”一词，是由日本学者穗积陈重提出的，1884 年，他率先提出了“法族”的概念，后又称之为“法系”，是日语中法律系统的缩略语。在长期的历史发展和治国理政中，我国形成了非常丰富的优秀传统法律文化。比如大一统的传统，德法并重，德主刑辅，重视老百姓的力量，民为邦本，本固邦宁，强调个人修为和社会诚信，主张天下无讼，追求以和为贵，关注社会弱势阶层、和为贵的价值取向等。近代以来，为了改变国家落后的面貌，在引进外国坚船利炮的同时，也开始了西方制度特别是法律的移植。我国近代以来的法律移植没有成功，当然原因很多，其中一个非常重要的原因是深受西方自由主义法学影响，把法律看成是一个自足的封闭体系，忽视了他产生的土壤，使得法律移植后均面临水土不服问题，没有发挥出应有的作用。法律文化主义强调一个国家法律与其文化传统之间的关系。有什么样的文化传统，就会产生什么样的法治。孟德斯鸠在《论法的精神》中用许多篇幅探讨法律与习俗之间的关系，正是看到所谓法的精神，究其深层结构而言，是一种文化习俗，与一国的文化传统有着密切的关系。习近平总书记也多次强调，法治道路、法治体系是由一个国家的基本国情决定的。“为国也，观俗立法则治，察国事本则宜。不观时俗，不察国本，则其法立而民乱，事剧而功寡”。在陕甘宁革命根据地法制建设中，我们党非常善于把马克思主义的法治原理与中华优秀传统法律文化相结合，创立了流动审判、法官下乡，以解决问题为导向，以调解结案为主要形式，真正做到案结事了的马锡武审判方式，深受边区人民的欢迎，也赢得了人们对司法的尊重和信赖。

“两个结合”是对中国革命和建设不断取得成就的经验总结，也是陕甘宁革命根据地法制建设留给我们的宝贵财富，在回顾总结陕甘宁革命根据地法制建设的历史经验，汲取实现中华民族伟大复兴的磅礴力量过程中，陕甘宁革命根据地法制建设在“两个结合”上取得的成绩，积累的宝贵经验，无疑是非常宝贵的精神财富和激发我们持续奋斗的不竭动力。

陕甘宁革命根据地时期社会保障制度简述

张国君　张秀苇　辛建国　田　苇

陕甘宁革命根据地时期的社会保障制度是毛泽东思想的重要组成部分，萌芽于建党初期，形成于土地革命时期，发展于抗日战争时期。在当时战争与自然灾害频发的条件下，边区人民生活条件落后，生产力水平低下，社会矛盾突出，以毛泽东为主要代表的第一代中央领导集体，牢固树立为人民服务的宗旨观念，积极发动人民，依靠人民，坚持生产自救与政府救助相结合，依靠外援与自力更生相协调，扶危济困与兼顾公平相统一，探索出一条具有中国特色的社会保障制度体系，取得了人民当家做主与建立中华人民共和国的伟大胜利。深入挖掘和研究陕甘宁革命根据地时期社会保障政策制度体系，对于完善新时代社会保障体系，实现各民族人民共同富裕具有重要的借鉴意义。

一、陕甘宁革命根据地时期社会保障组织机构

在早期的革命根据地时期，最早关于社会保障的立法是《中华苏维埃共和国宪法大纲》，其中第三条规定：中华苏维埃全国代表大会制定劳动

作者简介　张国君，宁夏社会科学院社会学法学研究所助理研究员；张秀苇，银川市金凤区教育局教师；辛建国，西夏区人民法院法官；田苇，海原县教育局教师。

基金项目：宁夏哲学社会科学委托项目：盐池革命根据地法制建设研究，项目编号：宁社科规划办［2023］9号。

法，工人每日工作时间不超过八小时，并提出建立社会保险制度，劳动者享有失业生活补助和监督劳动法执行情况的权利[①]。这些规定以基本法的形式确立了劳动者受保护的权利，为之后的劳动立法提供了法律依据。土地革命战争时期，中华苏维埃共和国先后制定和颁布了三个劳动法，其他革命根据地也颁布了一系列维护劳动者权益的法令、议案等，这些早期的大纲、法令、议案等有关劳动者保护的规定构成了革命根据地早期社会保障立法的雏形，为之后设立社会保障组织机构和确立社会保障制度奠定了法律基础。

苏维埃共和国期间，社会保障事务由中央劳动部下属的社会保险局进行统一的管理；陕甘宁边区时期，由于边区政府行政组织机构的调整，改由边区政府民政、教育、建设等部门主管，工青妇、抗敌互济会等其他一些群团组织辅助管理的体制。民政厅是边区政府社会保障事务的最高主管部门，基层由行政督察区和县所属机关民政科负责。民政部门除管理卫生行政事项外，还主管赈灾防险、伤残抚恤、婴幼保育、禁烟禁毒、劳资及佃业争议等事项。财政部门为边区社会保障提供资金来源，教育部门和建设部门则在各自职权范围内负责管理各级学校学生、移民及新村建设事项。[②]同时，边区民政厅下设抚恤、防疫、保健三个委员会负责社会保障具体事务。1943 年 3 月，经边区政府第 43 次政务会议决议，将防疫委员会划归边区卫生处，保健委员会转归于民政厅。以工会、妇女联合会、保育会 、儿童团为代表的工青妇团幼性质的社会群团组织，在边区各级政权组织的领导下工作，各群团组织克服物资供应短缺人员不足的实际困难，发挥各自的职能作用，积极组织和号召各界群众在发展生产、巩固后方、对敌斗争、支援前线、拥军优属、宣传教育等方面发挥了重要作用。

---

①中央档案馆：《中共中央文件选集（1931）》，中共中央党校出版社，1982 年，第 773–774 页。

②甘肃省社会科学院历史研究室：《陕甘宁革命根据地史料选辑（第一辑）》，甘肃人民出版社，1981 年，第 30 页。

二、陕甘宁革命根据地时期社会保障体系内容构成

（一）社会优抚

社会优抚也称军人福利保障，是主要针对军人及其家属开展的一项福利待遇。它是以国家和社会为保障军人及其家属基本生产生活需要为目的，为其提供各种抚恤、优待、安置等福利待遇措施的一种制度，是社会保障的主要形式。红军创建时期，就开始在根据地试行社会优抚工作，及至陕甘宁边区政府建立后，继续沿用和继承了苏维埃时期的做法，并进行了进一步的补充完善，使其更适合边区的生产生活实际。极大改善了军人及军属的生活条件，激发了军人的荣誉感和自豪感，稳定了军心，鼓舞了士气，吸引了大批青年应征入伍。对于加强军民团结、巩固边区政权、发展生产运动、营造拥军优属军民团结的社会局面，发挥了较好的作用。就具体内容而言，社会优抚包括优待军人及其家属、抚恤牺牲或伤残的军人、安置退伍军人等。

1. 颁布的相关性法令政策

土地革命时期，我党先后颁布了《中国工农红军优待条例》《红军优抚条例》《优待红军家属条例》等，这是我党和我军历史上最早的拥军优属的法令制度，在当时的条件下，稳定了军心民心，发展和壮大了人民革命队伍，巩固了根据地政权，为粉碎了敌人的围剿进攻，开展革命战略大转移和大生产运动积蓄了力量。因此，对军人的优抚工作至关重要。陕甘宁革命根据地时期，边区政府出台《抗日军人优待条例》规定，抗日军人和家属享有免交捐税、优先购物和减价的优惠；子弟读书免交学杂费；军人乘车免费和公费治病休养；抗属免费居住公用房，无力耕种土地的，可享受代耕福利等。在当时的条件下，极大地鼓舞了抗日军人的士气，提振了抗日保家卫国的信心。1941 年 8 月，边区政府公布《优待抗属代耕工作细则》，1943 年 1 月修订《优待抗日军人家属条例》，对军人优抚政策进行了细化实化，扩大了军人及其抗属享受各项社会优抚福利政策的范围。

2. 抚恤伤残、牺牲的抗日军人方面

陕甘宁革命根据地时期，边区政府下设抚恤委员会主管社会抚恤工作，

先后颁布了《关于残废牺牲老病等抚恤的规定》《抗日军人优待条例》《抚恤暂行办法》等一系列的政策条令来规范管理抚恤工作。在抚恤抗日伤残和阵亡军人方面，对于战争牺牲者，地方政府依法给予抚恤外，给其直系遗属20元抚恤金；依据战斗残废程度不同，将伤残者分为一、二、三、临时残废四等，依次发给荣誉将士优待证及30元至10元不等的抚恤金。1937年12月特区政府颁布《抗日军人优待条例》，扩大了牺牲或者残废军人家属享受的优待内容。“受其抚养的幼小弟妹”也可享受免费教育至满参加工作之前；对于因战致残的军人可以到残废院公费休养，不愿入院休养的，政府年发给终身抚恤费。①1942年4月，边区政府颁布《关于增加残废金的通知》确定“牺牲金”为200元，“老年优待金”为16元；将伤残抚恤金依等级调整为50元、36元、20元不等。1949年9月，修订的《陕甘宁边区抚恤优待条例（草案）》又对牺牲将士及一、二、三等伤残军人的优待金数额做了进一步调整。

3. 退伍军人安置问题

1942年，边区政府颁布的《抗日军人退伍及安置暂行办法》是我党历史上最早关于军人退役安置专门性政策性文件。规定：军人因战残废、患慢性病、满45岁、年老力衰可以享受退伍及安置待遇；经相关部门领导批准审核后，边区政府发给退伍证。给予农业、非农、集体三种安置形式，不同安置形式享受不同的待遇，《抗日军人退伍及安置暂行办法》还列举了退伍军人停止享受优待的几种情形。

（二）社会保险

社会保险是在劳动者遭受年老、疾病、伤残、失业等情况下，为面临丧失劳动能力、失业者、生育者提供基本生活帮助的一种社会救助制度。陕甘宁革命根据地时期主要有医疗、工伤、失业、生育四种险种。

1. 医疗保险

1940年11月颁布的《陕甘宁边区战时工厂集体合同暂行准则》是边

---

①雷志华、李忠全：《陕甘宁边区民政工作资料选编》，陕西人民出版社，1992年，第209页。

区政府首部医疗保险法令政策。规定：职工因病住院或治疗，必须去政府公立医院或者指定的医院诊治，其间按原工资比例发放生活补助，治疗费用由企业负担，如若自行就医或购药费用自付。1942年5月颁布的《陕甘宁边区战时公营工厂集体合同准则》，又对工人学徒因病医治或住院者做了规定。总体看来，边区的医疗保险政策符合根据地当时的生产力发展水平，既维护了工人的合法利益，又体现了企业的社会责任，巩固了抗日民族统一战线。

2. 工伤保险

工伤保险是指对在生产、工作中因工伤或职业病致伤致残的劳动者给予医疗康复、伤残补助、经济补偿，并为供养亲属提供物质帮助的一种社会保险制度。陕甘宁边区的工伤保险待遇覆盖面相对而言比较宽泛，工人因公受伤治疗期间不但保岗留薪，还给予遗属丧葬费和生活费。对于部分或者全部失去劳动工作能力的，根据残废等级状况发放残废津贴，政府颁布还给予一定抚恤。

3. 失业保险

失业保险是指劳动者在下岗或失业的情况下，边区政府为劳动者发放失业津贴和提供就业岗位来解决待业或失业问题的一种制度。陕甘宁边区政府严格实行劳动者的劳动保护制度，如1940年4月颁布的《陕甘宁边区劳动保护条例（草案）》规定，雇主不能随便开除工人，开除工人须经工会同意，补助路费及经济补偿金。①1942年5月颁布的《陕甘宁边区战时公营工厂集体合同准则》对厂方解雇员工和工人自动辞职做了具体规定，如厂方如欲解雇员工，应提前十天通知工会，员工自动辞职时须提前十天通知厂方。对于辞职者厂方要发放一个月工资的解雇金。②这些规定有力地保护了劳动者的合法权益，完善了革命根据地的劳动用工制度。另一种形式是提供就业帮助，主要通过组织和鼓励失业者应征入伍，招工到工厂和合作社，安置到农村发展农业生产，或者推荐到军事政治学校进修学习等

①陕西省总工会工运史研究室：《陕甘宁边区工人运动史料选编（上）》，工人出版社，1988年，第424页。

②中华全国总工会中国职工运动史研究室：《中国工会历史文献（1937.7—1945.8）》，工人出版社，1959年，第207-208页。

形式予以解决。

4. 生育保险

生育保险就是给予孕产期的妇女产假、生育津贴、生育医疗服务等特殊待遇的一种制度，提供产假，必须在产前、产时和分娩后的一段时间之内给予女职工不在工作岗位的时间期限，工资照给。如1942年5月颁布的《陕甘宁边区战时公营工厂集体合同准则》规定，女工生产的，给予两个月带薪休假期。工作不足半年者，工资减半发放。陕甘宁边区生育津贴分为妇女分娩津贴与小孩津贴两项，根据当时法令，凡进厂6个月以上的，分娩期间工资减半领取，津贴全额领取；进厂不足3个月的，津贴适当减少，但不得低于原来部分的三分之一。女职工生育期间的各项特殊权益得到了充分的保护，改善了工人的生产生活状态。

（三）社会救助

社会救助是政府和社会对因生活陷入极度困难的公民给予救助帮扶的一项制度。目的是使农民、雇工等遭遇困境时政府兜底给予基本的人道帮助救济，满足他们最低生活需求的款物或服务，使得被救助者尽快走出生活困窘。陕甘宁革命根据地时期的社会救助主要包括灾害救助，移难民救助，烟民、赌民救助，“二流子”救助等。这些社会救助政策的推行，维护了边区社会的稳定，巩固了边区民主政权的稳定，提高了边区人民的生存发展质量。

1. 灾害救助

陕甘宁边区土地贫瘠，自然条件恶劣，历来自然灾害频发，抗战爆发后，灾民增加，田地撂荒严重，引发饥荒，严重威胁着边区的社会稳定和人民群众的生命财产安全。据史料记载，1940年至1945年间，根据地辖区内曾发生过4次大的水灾、旱灾、雹灾等，引起人畜死亡，伴生瘟疫蔓延。如靖边县1940年8月25日因大霜引发的自然灾害，导致延安全境及环县、淳耀、延长、延川、安塞等县发生牛羊瘟疫，波及22县，受灾面积4298312亩，因瘟疫死亡2205人。严重的自然灾害对边区生产造成了破坏，给边区群众的生命财产安全带来了极大的隐患，严峻的灾害形势考验着边区政府的执政能力。边区政府采取了发放急赈、互相调剂、组织募捐、建立义仓等救助措施，据统计自1939年到1942年4年间，边区政府共向发放救济粮7227.4石，救济款809746.80元[①]。虽然拨发救助粮款数量有限，但缓解了灾民的生存困难，再加上后续防灾救灾救助措施的跟进，妥善解决了对灾民的救助安置，确保了灾区生活秩序的稳定。

义仓是为了防止灾荒而设置的粮仓，在前清时期就在陕北出现过，民国时期也有，具有防备年荒的救济性质。随后在边区开始推广，据调查统计，截至1944年5月中旬，延属分区富县开义田2800亩，成立义仓93处[②]，缓解了灾区的灾情，达到了村民互济互救的目的，是边区创造的一种非常积极有效的灾情救助形式。

2. 移难民救助

抗日战争爆发以来，生灵涂炭，无数同胞奔走逃难，大量难民从绥远、冀、晋、豫等省涌入，如何进行难民安置和给予基本生活给养是边区政府面对的最大难题。据统计，抗战期间边区移难民达到266619人[③]。边区政府主要采取了易地搬迁、就地安置、拓荒农耕、招工征兵役等手段，帮助难民渡过难关。面对起初移难民无组织、无计划的“自流”涌入，边区政府积极引导，设立了移民站，给予移难民土地税、义务教育、义务劳动减免等优待待遇，寻求解决难民的落户安家问题。并且在解决难民的住窑、吃粮的基础上，克服一切困难投资创办难民工厂，鼓励开荒生产，切实解决移难民生存和经济收入问题。

3. 烟民、赌民救助

烟民、赌民等群体是旧社会遗留下来的封建残余，在当时的边区群众中占有相当一部分数量，影响着民风习俗和社会的稳定，成为社会帮教和扶助的重点，政府主要采取思想教育，强制劳动，帮助他们改过自新重新做人。

在烟民救助方面，边区政府先后制定了《边区禁烟毒条例》《边区查

①中国财政科学研究院：《抗日战争时期陕甘宁边区财政经济史料摘编（第9编）》，长江文艺出版社，2016年，第208页。

②《及早成立义仓管理委员会》，《解放日报》，1944年6月1日。

③中国财政科学研究院：《抗日战争时期陕甘宁边区财政经济史料摘编（第9编）》，长江文艺出版社，2016年，第306-307页。

缉毒品办法》等法规条令，使烟民们对于吸食、注射、种植、制造、包庇、买卖、贩运烟毒违法性有一个客观理性的认识。成立边区禁烟督查处，设立举报机制，监管禁烟事宜，鼓励群众举报贩卖吸食毒品人员。基本达到了禁绝毒品、净化社会的目的。赌博是旧社会的产物，容易使人滋生不劳而获，好逸恶劳、游手好闲的坏习气，严重败坏社会风气，边区政府花大力气严肃整饬，通过发布公告、整顿教育、正向引导等措施，挽救了一大批好吃懒做的社会闲杂人员，收到了较好的社会效果。

4.“二流子”救助

“二流子”是对社会闲散无业人员的统称，对这一特殊群体的救助，一是采取各种手段，解决他们的吃住生活问题。二是对他们开展教育改造，使他们最终能够建立生活自信，提振他们自食其力的生活勇气。“二流子”一般都家庭底子薄，劳力少，生产动力不足，做生意又没有本钱，思想上有从良转变的倾向，政府便动员群众出主意想办法，帮助他们处理在转变中遇到的各种难题。既解决了他们当前的生存问题，又让他们看到新生活的希望，鼓励他们树立起生活的勇气和信心，心无旁骛地投身到生产活动当中，为边区的建设提供了大量的劳动力，促进了边区经济的发展，净化了边区的社会环境，是陕甘宁革命根据地时期的重大成就。

参考文献：

[1]任舒泽.毛泽东法制思想及实践探析[J].理论与改革,2003(2):124-126.

[2]董必武.政治法律文集[M].法律出版社,1986:438.

[3]耘耕.毛泽东的“人治”观新义[J].法学,1993(12):33-34.

[4]张德政.约翰逊“民权法”的反动本质[N].人民日报,1964-12-7:5.

[5]李锐.毛泽东的早年与晚年[M].贵州人民出版社,1998.

[6]董必武.论社会主义民主和法制[M].人民出版社,1979.

[7]胡卫萍.从“法制”到“法治”——毛泽东、邓小平法律思想比较分析[J].江西社会科学,2002(10):181-184.

陕甘宁革命根据地时期司法制度的盐池实践研究

张宏彩

习近平总书记在党的十八届四中全会上讲话指出："具体讲我国法治建设的成就，大大小小可以列举出十几条、几十条，但归结起来就是开辟了中国特色社会主义法治道路这一条。"[①]陕甘宁革命根据地时期，中国共产党领导人民制定了大量法律法令，探索创设符合当时社会发展需求的司法制度、司法组织机构及其运行模式，如马锡五审判方式等，既为新民主主义革命时期党领导广大边区人民革命提供司法支撑，也为中国特色社会主义法治建设积累和提供了许多宝贵的历史经验。陕甘宁革命根据地时期（1936—1949年）的司法制度是中国特色社会主义司法制度的法源之一，[②]1936年6月21日，中国共产党西征红军解放了宁夏盐池县部分地区，这一时期的盐池县非常重视司法建设，积累了丰富的司法工作经验，研究总结这一时期宁夏盐池的司法实践，对新时代中国式司法现代化和法治宁夏现代化建设意义重大。

作者简介 张宏彩，宁夏社会科学院社会学法学研究所助理研究员。

基金项目：宁夏哲学社会科学委托项目：盐池革命根据地法制建设研究，项目编号：宁社科规划办［2023］9号。

①习近平：《论坚持依法治国》，中央文献出版社，2020年，第105页。

②王世荣：《新中国司法制度的基石陕甘宁边区高等法院（1937—1949）》，第2页。

1936年6月21日，西征红军解放了盐池县，成立了中共盐池县委、县苏维埃政府，随后在县政府成立了司法处、保卫科、工农检察部等司法工作机构。但是根据史料陕甘宁根据地边区司法工作的全面启动是在1937年2月21日中华苏维埃共和国中央主席团会议之后，会议审议通过在边区建立司法部，同年5月，司法部改组为陕甘宁边区高等法院。根据《陕甘宁边区议会及行政组织纲要》（以下简称《纲要》）和《陕甘宁边区政府组织条例》（1939年4月4日）规定，边区主席团下设法院、保安司令部，这两个机构负责边区司法工作。1943年3月30日陕甘宁边区政府颁布了《县司法处组织条例草案》（以下简称《县司法处组织条例》），该条例正式确立了边区县级司法机构，即该条例第一条规定："陕甘宁边区所辖各县，除设地方法院者外，概由各县司法处受理辖内第一审民刑诉讼案件。"因此，1936—1943年乃至1949年全国解放，这一时期的盐池县司法机构设置及其运行需要深化考证研究。

一、陕甘宁革命根据地时期的司法制度建设情况

（一）司法纲领性法律制度

1937年5月12日，《纲要》的第一条规定："陕甘宁边区为争取中华民族独立解放，在全国范围内，首先实行最适合于抗战的民主制度。"这一原则的确立，为1937—1945年期间陕甘宁革命根据地时期的政权建设、经济社会建设、司法建设等奠定了制度基石，也可以说《纲要》是中国共产党在这一阶段制度的"最适合抗战的民主制度"，是指导和推动陕甘宁革命根据时期司法建设遵循的根本法律原则，指导和推动此后盐池革命根据地政权建设和司法保障机制建设。此外，《纲要》总计有14条，其中6条涉及司法内容，除第一条提到的司法民主制度外，其他条款对法院、保安司令等司法机构的设置，以及法院院长由选举产生、改选、任期等。《纲要》为盐池司法机构的设置和运行奠定了法制基础。至1939年4月4日，边区政府公布了《陕甘宁边区抗战施政纲领》（以下简称《纲领》）进一步明确了陕甘宁边区抗战时期的施政纲领是"本着三民主义与抗战建国纲领的原则"，同时，《纲领》二（十三）规定："建立便利人民的司法制

度，保障人民有检举与告发任何工作人员的罪行之自由。”[①]《纲领》确立了“司法的人民性和民告官”的便民、为民思想。前述的《纲要》《纲领》是“抗战时期”陕甘宁边区中国共产党的施政制度，其施政的法律法令主要依据是国民政府所制定。

但1941年5月1日，中共边区中央局提出中共中央政治局批准发布《陕甘宁边区施政纲领》（以下简称《施政纲领》），该《施政纲领》第一段规定了“为着进一步巩固边区，发展抗日的政治、经济、文化建设，以达坚持长期抗战增进人民福利之目的起见，中共陕甘宁边区中央局特于边区第二届参议会举行选举之际，根据孙中山先生的三民主义、总理遗嘱及中共中央的抗日民族统一战线原则，向我边区二百万人民提出如下之施政纲领，如共产党员当选行政人员时，即将照此纲领坚决实施之。”可见，《施政纲领》是一部专门对边区的中国共产党党员政权建设和各项工作开展的宪法性文件。通过上述三部法令简要内容可窥见：陕甘宁边区时期施政和司法制度主要任务是：争取抗日战争的胜利，求得中华民族解放和人民的安居乐业。

发展至1946年，陕甘宁边区议会分别审议通过的《陕甘宁边区宪法原则》（1946年4月23日）和《陕甘宁边区自治宪法草案（修正稿）》（1946年10月28日）对边区—县—乡政权组织、人民权力、司法、文化、经济等建设做了明确规定，确立边区基础宪法制度。由此可见，1946年以后，中国共产党领导的陕甘宁边区的宪法、法律逐渐完善，国民党政府的法律法规不再适用。

（二）司法实体性法律制度

除前述《纲要》《纲领》对边区司法建设提出具体规范外，《施政纲领》第七条规定了：“改进司法制度，坚决废止肉刑，重证据不重口供。对于汉奸份子，除绝对坚决不悔改外，不问其过去行为如何，一律施行宽大政策，争取感化转变，给以政治上与生活上之出路，不得加以杀害、侮辱、强迫自首或强迫其写悔过书。对于一切阴谋破坏边区的分子，例如叛

①盐池县档案局（馆）：《陕甘宁边区时期的盐池档案史料汇编》（续集），第288页。

变分子、反共分子等，其处置办法仿此。”除了规定“司法改革”“废止肉刑”“重证据”等原则外，还对“汉奸罪惩处”做了原则性规定。此外，边区政府还发布了《陕甘宁边区惩治贪污条例》（1939 年）《陕甘宁边区政纪总则草案》（1943 年 4 月）、《陕甘宁边区政务人员公约》（1943 年 5 月 8 日）贪污渎职类的职务犯罪做出具体规定，《陕甘宁边区抗战时期惩治汉奸条例》（1939 年）列举了 18 种包括颠覆政权、破坏抗日、间谍特务、匪逃谋刺领导侵害人民生命、破坏金融、散布谣言、纵火抢劫等罪行，《逮捕反革命分子暂行条例（草案)》《刑法总、分则草案（初稿)》(1942）规定了侵害公私权益近 40 个罪行。

通过上述一系列法律法令出台的时间线索，可以看出，1942 年起，边区政府开始加强根据地的司法制度建设，同时，这一时期根据地的司法实体法主要围绕边区政权稳定而制定的大量法律法令，诸如涉及危害政权稳定罪名较多。

（三）司法程序性法律制度

为维护陕甘宁边区社会秩序，保障边区人民司法诉讼程序中的各项合法权益，陕甘宁革命根据地时期，中国共产党及其执政政府发布一系列规范诉讼行为的法律法令。关于司法诉讼过程人民权益保障的《陕甘宁边区保障人权财权条例》（1942 年 2 月)、《陕甘宁边区军民诉讼暂行条例》(1943 年 1 月 17 日）对边区人民司法诉讼过程中的人身权益和财产权益的保障、诉讼纠纷解决程序做了具体而明确的规定。关于警察治安、侦查等公务行为程序有《陕甘宁边区警察工作规则》（1941 年 2 月)、《陕甘宁边区警察服务规程》(1942 年 2 月 9 日)、《陕甘宁边区禁烟督察队服务规则》(1942 年 9 月 16 日）等等。关于服役人员的法令有：《陕甘宁边区监狱守法规则》、《陕甘宁边区高等法院监狱管理规则》、《看守所规则》(1938 年)、《陕甘宁边区监所保外服役人犯暂行办法》、《陕甘宁边区处置破坏抗战分子暂行条例》、《陕甘宁边区高等法院在押人犯服役奖惩暂行办法》。关于审判程序的法律法令主要有：《陕甘宁边区刑事诉讼条例草案》(1942 年)、《陕甘宁边区民事诉讼条例草案》(1942 年)、《陕甘宁边区高等法院分庭　地方法院法庭审讯暂行规则》(1945 年 8 月 24 日)，还有《陕甘宁边区民刑事件调解条例》（1943 年 6 月）等。

从上述法令发布时间线可以看出，陕甘宁革命根据地的司法程序法建设时间较晚，大概从 1941 年起始，同时这一时期的边区诉讼程序法也是非常多，涉及司法诉讼、调解等诸多领域，是较为丰富的司法程序法制史料。

二、陕甘宁革命根据地时期盐池的司法机构

（一）审判机构的组建发展

陕甘宁革命根据地时期，边区实施三级审判机制，即国民政府最高法院—边区高等法院—县司法处承办，这一点雷经天在 1938 年 8 月《陕甘宁边区的司法制度》一文中介绍："县政府的承审员（因各种关系尚未设地方法院）是第一级的初审"，因此，由此可以推出 1936—1938 年期间中国共产党领导下的盐池县的司法机关设置了承审员这一岗位。此外，根据 1938 年 8 月 25 日边区高等法院发布第 4 号通令，其指出：各县承审员除接受边区高等法院的指示外，并在各县建立裁判委员会，由县委书记、县长、保卫科长、裁判员、保安大队长组成，由裁判员（承审员）召集会议并担任主席。①可见，此后盐池县的司法审判，承审员演变为裁判员，并由其启动，再由县裁判委员会审判。发展至 1941 年 11 月，边区第二届参议会第一次会议上通过《陕甘宁边区县政府组织暂行条例》，其中第五条规定："在地方法院未成立之县设司法处，分管各项行政司法工作。"第十一条第十款规定："司法处掌理各项民刑案件，在县长领导下进行审判。"由此可以证实当前宁夏盐池县档案史料所记载的这一时期的县司法处，应当是 1941 年 11 月以后才建立的，该条款也可以看出，此后县长兼任法官承担审判职责。

（二）检察机构的演化发展

结合前述县级审判机制史料，可以说 1936—1939 年期间，盐池县审判和检察业务没有实体部门承担，这一时期的盐池实行检审合署机制。至

①王世荣：《新中国司法制度的基石陕甘宁边区高等法院（1937—1949）》，商务印书馆，2018 年，第 2 页。

1939年，根据《陕甘宁边区各级参议会组织条例》（1939年1月第1届参议会通过）第十一条、十二条规定了县参议会、乡参议会的监察及弹劾县（乡）政府及其以下之政务人员权力，也即各级参议会担负一定的监察职能。由此，可见到这一阶段边区司法体制机制完善工作开始启动，但结合雷经天相关报告，直至1942年边区县级司法处及地方法院均无检察员的专门编制人员，这一点在1942年颁布的《陕甘宁边区刑事诉讼条例草案》第二十二条所列各罪由法院或公安机关实施检举。[①]由此可以看出，1939—1945年盐池县司法处兼行审判和检察职责，这一时期的盐池审检并未分立。发展至1946年11月12日，陕甘宁边区政府发布命令，启动检审分立机制推进工作，并要求各县设检察处，但是由于各县司法人员紧缺，当时许多县检察部门一直未设立。根据《盐池县检察志》（1936—2016）显示，直至1949年2月8日，盐池县人民检察委员会正式成立。综上所述，陕甘宁革命根据地时期盐池县长期未设立检察部门，这一时期的检察业务并行于参议会、保安、审判机关。

（三）公安机构的建设发展

结合盐池县档案馆陕甘宁革命根据地时期相关案卷，以及《陕甘宁边区县政府组织暂行条例》规定“保卫科掌理锄奸缉匪、检查站、放哨、维持公共安宁秩序之警务事项”。1936—1949年期间，盐池县县政府设立了保卫科，保卫科承担公安机关的治安职能，负责社会秩序维护、治安类刑事案件侦查职能，即凡属汉奸、盗匪、间谍、暗害分子等政治性案件的侦察和起诉，由保安机关行使。此外，这一时期的公安组织还有看守所和监狱部门，但是其隶属于法院管辖，根据《陕甘宁边区高等法院组织条例》（1939年）规定，看守所的法律地位，即在法院院长的领导下执行职务，边区高等法院自成立起即设立了看守所，关押已决犯及未决犯，实为看守所和监狱合一的组织，因而，在边区政府及高等法院的各种文件中常被称为“监所”。综上可见，这一时期盐池县的公安机关职能分散在保卫科和审判职能部门。

①陕西省档案局：《陕甘宁边区法律法规汇编》，三秦出版社，2010年，第470页。

三、陕甘宁革命根据地时期盐池司法实践特点——从两个案例谈起

案例 1：盐池县司法处审判薛兴堂故意杀人案

1937 年 6 月，盐池县五区四乡姬家村村民薛兴堂因琐事与贾银虎发生口角，用铁锹将贾银虎头部砍伤倒地，并以为贾银虎已死而逃遁。贾银虎苏醒后向乡人民政府控告，乡长将其逮捕押送至定边县人民政府（当时该村属于定边县管辖），后薛兴堂被判处有期徒刑 1 年，服役期间脱逃。1940 年 5 月，薛兴堂再次作案砍死其弟薛兴左，并逃匿。同年 12 月，被盐池县警卫队捕获后又脱逃，至 1941 年 5 月，被叔父等人押送至区人民政府。区政府自卫队派人要送薛兴堂至盐池县人民政府途中，押解途中欲逃脱被自卫队刺伤，误以为薛兴堂已死即返回区政府报告。薛兴堂未死逃至定边县城，该县政府抓捕归案后移送盐池县司法处审理，盐池县司法处以故意杀人罪拟判薛兴堂死刑，并呈报陕甘宁边区高等法院审核，经陕甘宁边区政府核准，依照《中华民国刑法》第一百六十一条规定判处薛兴堂脱逃罪有期徒刑 1 年、第二百七十一条规定判处薛兴堂故意杀人罪死刑，并依照该法第五十一条第一款、第三款之规定，对薛兴堂合并执行死刑。①

案例 2：三边分庭审判李文奎、何廷瑞等妨碍婚姻自由案

被告李文奎，男，陕甘宁边区三边分区盐池县人。李文奎于 1940 年 6 月间，与范宗胡同时托媒向妇何张氏求婚，均被何张氏拒绝。同年腊月二十三日，李文奎当面向何张氏求婚，何张氏仍不从。李文奎给银洋 10 元，强脱何张氏银手镯一只而去，言当作双方订婚信物。1942 年 2 月 26 日，张强到家。次日，何文成获悉后，即去乡人民政府报告，在途中被李文奎派人拦回。同日，李文奎请何张氏娘家人到家，表示愿出银洋 240 元了结婚事，将何文成定为主婚人，给银洋 160 元，何廷瑞为户族人，给银洋 40 元；给张家银洋 20 元，为张还银洋 20 元。当时何张氏心虽不愿，但又身不由己，只得由李文奎摆布。3 月 25 日，何张氏生父病故，何张氏回娘家

①高海深、艾绍润：《陕甘宁边区审判史》，陕西人民出版社，2007 年，第 99页。

奔丧，与范宗岭相遇，告以实情，并告诉其本心愿嫁范宗胡。后范宗岭将此情告诉了范宗胡，范宗胡于3月28日夜，率8人到李文奎家中，范宗胡等人进院后，就用枪击中李家二人，李家误认为土匪来抢，立即开枪还击，在双方混战中将范宗胡的弟弟范宗山击毙。次日，李文奎即到县政府报案，县政府遂将有关人员传押。此案经盐池县司法处审理并拟刑，呈报陕甘宁边区三边分区高等法院分庭，经审核认为，李文奎率众开枪致范宗山死亡属正当防卫，不负刑事责任；李文奎犯妨害婚姻自由罪判处有期徒刑一年；范宗胡率众夜入民宅开枪伤人，企图抢夺何张氏，构成妨害社会秩序罪与伤害罪，对范宗胡合并判处有期徒刑1年；何廷瑞得财，并主持强迫卖婚，构成妨害婚姻自由罪，对何廷瑞判处有期徒刑6个月，没收所得银洋240元；对何张氏无罪释放。①

通过上述两个案例可以总结出陕甘宁革命根据地时期的盐池县司法实践特点。

（一）司法制度是经历了从无到有不断升级完善的过程

陕甘宁革命根据地时期法制建设是不断完善的过程，根据相关档案，以及前述案例1，可以看出1936年始，盐池县乃至陕甘宁边区高等法院在相当长的一段时间内司法审判依据是民国政府制定的法律。直至1942年《陕甘宁边区刑事诉讼条例草案》《陕甘宁边区民事诉讼条例草案》及1943年《陕甘宁边区民刑事件调解条例》的颁布，边区才建立自己司法制度。同时可以看出，随着苏维埃政权的不断巩固和发展，陕甘宁边区的司法制度也在不断健全和完善中。这一时期的盐池司法制度的发展特征呈现出：一是由早期的沿用民国政府的三级审制，向中国共产党领导的边区二级二审制；二是结合实际建立了巡回审判制度。由于边区地广人稀，加之处在战时，为了适应战争环境，方便群众诉讼，边区司法机关建立了不分时效，审判不分场合、地点和形式的巡回审判制度，彻底改变了坐堂办案的传统；三是司法便民为民特性显著，如，这一时期边区实施免收诉讼费和送达费，在《陕甘宁边区保障人权财权条例》第十四条规定：“人民诉

①高海深、艾绍润：《陕甘宁边区审判史》，陕西人民出版社，2007年，第100页。

讼，司法机关不得收受任何费用。”《民事诉讼条例草案》第八条也进一步规定：“司法机关对于人民诉讼不收讼费，不收送达费和抄录费；人民起诉，口头和书面均可，书面诉状不拘格式，看得清楚即可，司法机关不得以不符合格式规定而拒绝受理。”同时，这一时期百边区政府及其县区的判决书也力求文字通俗易懂。这种程序简便，便利于人民群众的做法，被学者称之为“大众司法”“人民司法”。

（二）司法机构的行政从属性显著

结合第二部分盐池县司法机构发展，1936—1949 年期间，盐池县无论保卫科、裁判机构等都设立在县政府，其运行的行政特性也非常突出，如县长担任审判长，而且在边区发布的法律法令中也有明确的规定，如 1943 年 3 月《县司法处组织条例》第四条：“县司法处处长由县长兼任，审判员协助处长办理审判事务。如诉讼简单之县份得由处长兼任审判员。”1943 年 4 月边区颁布的《陕甘宁边区政纪总则草案》第十六条规定：“司法机关为政权工作的一个部分，应受政府统一领导。边区审判委员会及高等法院，受边区政府领导，各下级司法机关，应受各该级政府领导。”[①]结合案例 1 和案例 2，此种司法行政从属特性也证实了这一时期的边区司法资源非常匮乏，尤其是县级司法处综合了检察、审判、行政等综合性职能，盐池县县长任审判长应是常态。

（三）司法审判机制的实践特性显著

陕甘宁革命根据地时期的边区审级制度的沿革大致可分为三个时期：一是 1937 年至 1942 年 8 月，盐池县的司法机构的设置、审级演变等都是服务于当时盐池发展实践需求，结合抗战实际，与民国政府联合推动司法建设；二是 1942 年 8 月至 1944 年初，陕甘宁边区政府设立了边区政府审叛委员会，中国共产党领导下的盐池红色政府的扩大，边区政府司法制度建设开始不断完善；三是 1944 年至 1949 年，随着边区司法制度的不断健全和完善，盐池县的司法运行也逐步趋向完善。从案例 1 的时间线上（1937—1941 年）看出，县司法处负责第一审，边区高等法院是第二审机关，那么

---

①陕西省档案局：《陕甘宁边区法律法规汇编》，三秦出版社，2010 年，第 142 页。

第三级审判机构当是国民政府最高法院，但根据案例2的时间线（1942—）县司法处是一审，三边分区高等法院分庭是二审。结合《纲领》《关于设立审判委员会受理第三审案件的命令》（1942年7月10日）规定，这两个案例的审理贯彻落实了“便利人民的司法理念”，围绕这一时期边区中共政权稳定和维护人民利益的实践发展需求，推动边区司法机制建设的不断完善。

四、陕甘宁革命根据地时期盐池司法的现代启示

（一）司法制度试验、推广、完善的经验及启示

通过前述对陕甘宁革命根据地时期的司法制度梳理，可以看到这一时期的法律法令等制度担负起了中国共产党执行、司法制度的试验、推广、完善的任务。李维汉在《回忆与研究》中提到，1942年9月中央准备调他任边区政府秘书长兼政策研究室主任时，毛泽东找他谈话，临别时“特别叮咛他说：“罗迈，延安好比英国的伦敦。我体会这句话的意思是说，伦敦是英国的首都，它的政策影响着英国的众多的殖民地我们当时也有很多根据地，根据地当然不是殖民地，但需要一个‘首都’作为政策中心，则是一样的。毛泽东是要求陕甘宁边区在执行党的政策中带个头，自觉承担试验、推广、完善的任务”。[①]毛泽东与李维汉的对话从三个方面说明了这一时期陕甘宁革命根据地的特殊性，或者说重要性：第一，陕甘宁边区是重要的根据地，延安是抗日根据地的首善之地。抗战胜利时，中国共产党领导的根据地已经发展到19块，陕甘宁边区是其中最小的一块，但因为党中央在这里，使它成为所有根据地的核心。第二，陕甘宁革命根据地是当时中国共产党的政治中心。中共中央和军委的诸多重大决策都在这里做出，这不仅使陕甘宁革命根据地成为中国革命胜利的策源地和军事核心，也成为中国革命的大本营。第三，陕甘宁革命根据地是中国革命的试验田。中国共产党革命时期的很多政策包括法律法规，都是在陕甘宁边区首先提出、试行，并取得经验后，再推广到其他的根据地。

---

①李维汉：《回忆与研究（下）》，中共党史资料出版社，1986年，第499页。

（二）司法巩固人民民主政权和维护社会秩序的作用凸显

陕甘宁革命根据地时期的盐池司法建设，是在中共中央和陕甘宁边区政府的直接领导下，经历了抗日战争的初步形成、解放战争时期的全面发展的各个阶段。这一时期的一系列决议、决定、条例和法规，是以中国革命的实践需要出发，为建设抗日民主的政治、军事、经济和文化教育事业而制定的，其司法建设根本的宗旨就是反对日本帝国主义，制裁和镇压汉奸、反动派，以保证边区的抗日民主制度，保护抗日人民的合法利益。可以说，这一时期的盐池县见证了陕甘宁边区中国共产党的许多法制思想、审判原则、基本政策、法律依据、审判机构设置、司法审判干部的工作作风和工作方法等的创设和发展历程，也为新时代我国社会主义司法现代化发展提供了极为重要的历史经验。

（三）为新中国的成立和司法建设积累了宝贵实践经验

盐池县作为陕甘革命根据地时期三边建设的重要地点，经历了中国共产党十年抗战和解放战争重要发展时期，领略了这一时期中共中央和边区政府的司法制度和机制的不断改进和完善过程，也是中国共产党人民司法的重要实践场域。这一时期的一系列司法建设举措，为党的抗日民族统一战线政策的贯彻实施起到了积极的推动作用。同时也为中华人民共和国的建设积累了丰富的法律实践经验，留下了珍贵的司法档案史料，它对于新时代中国特色社会主义司法现代化建设过程中研究和吸取革命根据地建设的宝贵经验，继承和发扬延安精神，搞好社会主义法制建设，构建和谐社会，将发挥积极的作用。

总之，用好陕甘宁革命根据地时期的盐池司法实践经验，不仅是新时代法治宁夏建设理论和实践发展的重大命题，也是学习贯彻落实习近平总书记关于赓续红色命脉的重要论述的重要举措。

陕甘宁革命根据地时期经济法制的盐池实践及经验启示

白　杨

1936年6月21日，盐池县城解放，成为陕甘宁根据地的一部分，辖三个乡，城内二，城郊一，范围东至东过庄，西至八堡，南至无量殿，北至北园子。8月，盐池县委派干部到农村划分区、乡，建立区、乡党组织及苏维埃政权。[①]全县共划分为5个区，25个乡，318个行政村，3300多户，11000余人。一区区政府设在县城，二区设在柳杨堡（后移余庄子），三区设在田记掌（后移曾家畔），四区设在雷记沟，五区设在田过水（后移红井子）。惠安堡盐池为国民党盐池县政府所控制。至1947年3月，盐池失陷，4个区、19个乡的人民政权遭到破坏，中共盐池县委撤往南山；7月，县委机关恢复政权，开展工作；12月，第二次沦陷，县委、县政府机关设在李原畔。1949年9月，恢复建立区、乡人民政权。[②]报告主要考察这一时间段内、

作者简介　白杨，宁夏社会科学院社会学法学研究所实习研究员。

基金项目：宁夏哲学社会科学委托项目“盐池革命根据地法制建设研究”。项目编号：宁社科规划办［2023］9号。

①1937年10月，因国共合作协议，撤销县、区、乡各级苏维埃政府，一律改称“抗日民主政府”，原县苏维埃政府所属各部均改为科。

②其间，国民党宁夏省政府、国民党盐池县政府、马鸿逵部、内蒙古伊克昭盟部队等强占盐池县部分村庄，推行其政令，报告不再专门列出。如，1937年8月，国民党盐池县政府（设惠安堡）强行在原属苏区的芦沟子、芨芨滩、牛皮沟、上台子、雪梁子、摆宴井、郭家洼等地改编保甲，推行其政令。同时，将原四区之雨墙、王家吃塔，三区之汗家沟、周家洼、马家滩、张家庙子、沙布井、李家圈，二区方家场等地，均以同样方法强占。

政权范围内盐池的经济实践。此间，盐池适用陕甘宁边区的经济政策和法规，主要包括土地、税收法规、财政法规、金融法规、合作社法规等，并在运用中形成了一系列盐池经验。

一、革命根据地时期经济思想、政策及方针的盐池实践

（一）革命根据地时期的经济思想、政策及方针

革命根据地时期的经济思想是毛泽东思想的重要内容，主要体现为对各种经济要素关系的解决。这些思想都很快转化为中央的经济政策，在各边区得到实践，指导了盐池等革命老区经济工作的开展，从盐池的经济工作中都可以看到这些思想的影子。一是财政管理统一领导与分散经营之间的辩证关系，解决政府上下级和各部门之间的关系问题。二是在公营经济和私营民营经济这两种经济形态关系和军民关系的处理上，提出的“公私兼顾”和“军民兼顾”的方针，还提出了“公有制经济为领导力量，其他经济成分共同发展”的政策。三是在工业、农业、商业关系处理上，提出“农业为首”，提出“组织起来，互助合作”的方针，提出要大力组织和利用民间劳动互助组织，以此推动边区农业生产的发展。四是作战与生产关系和开源与节流关系处理上，提出“劳力和武力相结合”“发展生产、厉行节约”原则。五是在劳资关系上，提出“劳资两利”，既保障工人应有的权益，也维护资本家的合法利益。六是在进出口贸易的关系上，提出“管理进口，保护出口”方针等。

（二）边区经济政策和方针的盐池实践

革命根据地时期，从中央、陕甘宁边区，再到盐池，经济政策的落实措施更加具体，更加因地制宜。以中央在根据地时期的三个阶段的经济方针为参照，第一阶段是1937—1940年，从土地革命向抗日民主大联合转变，经济方针为“力争外援，休养民力”。盐池地理位置偏僻，经济工作重点围绕自给自足，休养民力，措施是开荒做到粮食的自给自足，扩大畜牧业和纺毛运动。[①]第二阶

①1940年12月12日，《盐池征粮运动》指出：“盐池，主要生产不在农业而在畜牧业。”《盐池明年做到自给自足　开荒六万亩　增羊八万只》盐池县召开干部扩大会议，讨论：1941年盐池县的经济建设工作，中心任务为做到粮食的自给自足扩大畜牧业和纺毛运动。引自《盐池县档案馆馆藏党史资料汇编（第三十六集）》，第114页。

段是1941—1942年，财政总方针是“发展经济，保障供给”，政策要求“减租减息”、大力发展公营经济、鼓励资本主义经济发展。是时，盐池的机关、部队、工厂、学校和家属投入到大生产运动，搞打盐运盐，办合作社、开荒种地、手工作坊、纺织、贸易等。产盐方针从“以军队生产为主，盐民产盐为辅”转变为“盐民产盐为主，部队产盐为辅”。第三阶段是1943—1945年，方针是“积蓄力量，备战备荒”，经济政策是“实现耕者有其田”和保护民族工商业。盐池贯彻丰衣足食政策，增加耕地面积，加强合作运输，大量吸收私人投资，推广妇纺，防荒备战。

二、革命根据地时期具体经济法制的盐池实践

作为组织形态较为完备的根据地政权，陕甘宁边区采用自创经济法规与援引国民政府法令相结合的立法模式，建立了功能齐全的经济管理机关，形成了覆盖财政、税收、农业、工业、商业、金融等领域的经济法规体系。盐池革命根据地适用陕甘宁边区经济法规，但是因为盐池除盐资源外，其他经济资源禀赋不高，经济关系简单，很多制度规定未有机会得到实践。

（一）经济管理机关建设情况

1937—1943年，经过三次机构变动，陕甘宁边区确立财政、建设、税务为经济行政管理机关，盐池同。（1）1936年盐池县苏维埃政府设财政部，1938年改为二科，主要任务是征收救国公粮、饲草、发行救国公债、组织和领导党政机关的生产自给工作。（2）中华人民共和国成立以前，盐池县没有工商行政管理机构，其业务归县政府建设科兼办。（3）1936年10月1日，盐池县税务局成立，受三边税务总局（设定边）管辖，在各区（除城区）设立税务所，征收入境商品所得税、土特产品贸易税及境内物资交易税，县税务局主要征收皮毛、食盐、甘草税和牲畜交易税，其中盐税所占比重最大。1940年，盐池县征收局下设四个税务所均改为税卡，即曾记畔税卡、红井子税卡、余庄子税卡、雷记沟税卡，县城不设卡，由县局直接征收，各区税卡在区政府内。1947年盐池失陷，县税务局随县政府向南山转移，各区税务所撤销。（4）1936年盐池归入边区后，至1940年六七月间，盐局归军委接办，其内部组织分三个处，生产处、会计处、总务

处，处下设科，各池是推销处，边区政府接收后，处改科，计生产科、会计科、总务科、缉私科，并设一秘书室，以后又将缉私科取消设立缉私大队，各池改为分局。1941年，盐池盐务局由边区政府接管，设盐税稽征所。[①]此外，盐池县政府政务会议，负责研究、统筹、计划地方财经工作，对县经济工作开展具有重要地位和作用。

（二）经济形式发展情况

陕甘宁边区时期发展了公营、半公营、民营三种经济形式。盐池县三种经济成分也得到了发展。一是政府、党政部门和军队经营的农工商业：1939年3月，边区政府设立光华商店盐池分店；1940年成立盐池县贸易公司，行政上归县政府领导，业务上为三边贸易分公司负责；1941年，建立“元华工厂”，为支援边区军民的抗日做出很大的贡献；1945年成立盐池县土产公司，一年后因战乱撤销；等等。二是私人、个体经济自愿联合的合作社经济：盐池县解放后，陆续成了6家消费合作社；1944年3月，盐池四区创立了民办运输合作社，城关区群众也集资创立民办合作社，供给群众日用品，并开展运盐等业务。三是私人资本主义、封建地主经济经营的民营经济：对商业和手工业实行保护政策，到20世纪40年代，县城商号由20多家发展到50多家。[②]1947年盐池失陷至1949年光复，因战乱和大旱，商业受到沉重打击，先后关闭的商号有20余家。

（三）土地等农业经济要素变动与发展情况

一是盐池土地要素变动情况。土地改革是革命根据地时期经济工作的核心。三次土地改革在盐池都未能彻底进行。1936年盐池解放后，（除个别乡）完全没有分过土地，只在内战时将大地主的土地分了。[③]1941—1943年盐池未曾开展减租运动，且还存在“户族地”“承料地”“交单地”问题。1947年春，盐池在城区二乡试办，主要是解决以献地和收回去宣布没

①宁夏档案馆：《抗战时期的宁夏——档案史料汇编》，第327页。

②据三边贸易分公司1944年10月对县城商号的调查，商号50余家（其中较大者16家），资本以法币计1548万元，合边币13158万元，从业人员196人。

③摘自1944年2月《三边减租材料》，《盐池县档案馆馆藏党史资料汇编（第二十八集）》，第165页。

收而未分配的土地、庙地、公地、绝门地等问题，由于敌人深入侵占，盐池失陷，土改几乎全部停滞状态，地主土豪趁机反攻倒算。[①]二是建立互助合作组织和生产委员会等生产组织，保证大生产运动有序进行。1939 年盐池县就开始建立互助合作组织，组织形式有“变工队”“生产组”“劳动互助组”等，完全由群众自愿结合，互助两利。1939 年年底，劳动互助合作社已扩大二十六个，一乡一个，城区没有。1940 年 2 月，取消一些名义式的生产组织，各乡成立经济建设委员会（三至五人），区委仍是生产委员会。[②]1947 年失陷后，互助合作组织被破坏。1949 年光复后，又开始恢复和发展。[③]三是农业贷款、投资。有 1939 年，打盐生产委员会，向三边分区银行借洋八百八十多元，借给群众筑盐坝子等。1943 年，三边分行曾给盐池县农业贷款 20 万元（边币）。四是农业生产奖励。如，1943 年 2 月，盐池县召开全县先进生产者代表大会，交流生产经验，制定农户建设计划，表彰英雄模范人物。

（四）财政收支及管理情况

1941 年 1 月 1 日实行的《陕甘宁边区各县市地方财政收入暂行章程》，

---

①“盐池县五个区二十六个乡，全系老区均未进行划分土地，都有着无地、少地、农民要求解决土地问题。老区打过土豪宣布没收土地，而土地并未分配的地方，地主仍在管产。打一下土豪并未动封建的根底。即使分配了土地，十年间有变化，有部分土豪收回土地。”引自 1947 年 6 月《三边土地材料》，《盐池县档案馆馆藏党史资料汇编（第二十八集）》，第 166 页。“土地革命时这里的土地并未具体分配，有的虽经分配，也未给手续，分得地的人当时认为是应付一下，不是真正的分地，所以也不知分的地在哪里，过后地仍归原主所有。同时那时被打了的土豪按今天的精神去定成分。从它的生产方式上或剥削关系上看，最后也不过是个新富农（如刘新均是被打过土豪的）。地主，高利贷，旧富农是没有的。去春土改是偏重于清算，而未着重土地处理，所以也未普遍进行土地分配，并因战争的爆发亦未办理分配手续。敌占后已分配之土地仍多为原主所有，及清算所得之果实亦在不同的情况下被收回。”引自 1948 年 8 月 12 日《盐池县五区四乡四村土地调查材料》，《盐池县档案馆馆藏党史资料汇编（第十八集）》，第 107 页。

②引自 1940 年 9 月 5 日《盐池县一至五月份经济建设报告》，《盐池县档案馆馆藏党史资料汇编（第二十七集）》，第 54 页。

③引自 1939 年 12 月 31 日《盐池县一九三九年度一年生产工作总结报告》，《盐池县档案馆馆藏党史资料汇编（第二十七集）》，第 144 页。

对边区和各县市财政权限、收支分配做了详细规定，如“除粮食由边区政府统支外，所有经费应划归该地方财政支办”“各县市财政在规定范围外另辟税源的，得经过县参议会通过，呈边区政府批准后才能实施，不得另立名目擅自征收”等。（1）盐池的财政收入。1937年12月，盐池县成立征收公粮委员会，设立各区粮食仓库。①1940年，收入由裁判处、保安科交来之罚款及少数计佣捐，均按月向财政厅作详细报告，并按月缴存分区金库。②1942年，政府投资建立手工业工厂，财政收入有所好转。1943年以后，县地方财政独立，直接归地方财政的有生产自给收入、行政收入、公产收入、司法收入及其他收入。行政、教育、群众团体、地方党委以及一切属于地方性质之费用完全由县地方收入内解决。③（2）盐池的财政支出，1936年盐池刚解放，开支靠组织机关生产、组建供销社（资金由群众入股及打土豪没收资产两部分构成）所得来维持。开征公粮后，县党、政、学各界工作人员均实行实物供给制。口粮由政府从征收的公粮中划拨供给；伙食金有时由政府供给一部分或全部，有时从机关生产收入中解决一部分或全部。

（五）税收情况

陕甘宁边区政府不承认民国政府的税法，进行了大量的税收立法实践。1937年盐池起征盐税，由税局征收，并陆续开征营业税，品目有皮毛、牲畜、烟酒、甘草等四种，税率为营业收入的2%。对商店、客栈、货栈、旅店、临时贸易等均开征营业税，同年还加征迷信品及奢侈品税。7月骡马大会是盐池县税收的重要来源，税收额占本县全年总额的20%以上。1940年，为执行边区所给的扩征任务，盐池将出钱出粮目标集中在富有者身上，

①1946年县政府设第五科主管征收公粮，负责供应军队与政府工作人员的粮食，为军马、公用牲畜筹集草料。每年约收公粮100万斤。

②引自1940年9月3日《盐池县政府六、七、八月份工作报告》，《盐池县档案馆馆藏党史资料汇编（第二十七集）》，第201页。

③1945年盐池县的财政总收入中，生产收入占30%以上，行政收入占40%以上，司法收入占5%以上，其他收入占10%以上。在总支出中，生活费占50%以上，杂支费占30%以上，办公费不到5%。

规定普通商人资本在一千元以下者即不出救国捐，老百姓家蓄羊一百只以下者，即免收救国公粮。[①]1942年，盐务局建立缉私队，成立缉私委员会，制定缉私条例，组织干部群众进行缉私，并且建立了会计与报解制度，边区盐税工作才初步上了轨道。1947年，盐池县的税收几乎陷于停顿，收入锐减。

（六）货币流通情况

陕甘宁边区的金融工作包括设立银行、发行货币、发放贷款等，为盐池的货币、物价稳定奠定了基础。[②]（1）货币流通方面，1936年，盐池解放后，仍使用民国货币，当时市场无统一的货币流通，苏票尚未普遍使用。接着，陕甘宁边区政府、三边分行印制了流通光华券、贸易公司流通券、边区银行币、百圆布钞、西北农民币，都在盐池县广为流通。此外，由于盐池县处于边区的边界地带，民国政府银行发行的“中央银行券”“金元券”“关金券”等等也在盐池流通，对盐池县物价有一定影响。（2）机构设置上，1938年以后，盐池县也设有光华商店，归银行领导，办理边币的发放和回笼事宜。1939年3月，边区政府在定边设立银行办事处，并代理金库，盐池设分店。1942年成立盐池支库，由银行代办处处理，归三边分行领导。

（七）合作社建设及发展情况

根据地时期，盐池成立有消费合作社、运输合作社、救济合作社、产盐合作社。1937年7月，盐池城区消费合作社成立，是盐池县第一个消费合作社，成立资金是没收的几家兼营土地大商号的土豪的财产。该社经营

---

①引自1940年2月13日《陕甘宁边区盐池县扩征工作总结报告》，宁夏档案馆《抗战时期的宁夏——档案史料汇编》，第375页。

②1935年10月，苏维埃国家银行追随中共中央到达陕北，进驻瓦窑堡，并在这里成立了中华苏维埃国家银行西北分行。1937年10月，改组为陕甘宁边区银行总行。1948年1月，晋绥边区和陕甘宁边区统一为西北解放区，陕甘宁边区银行并入西北农民银行，发行西北农民币，成为西北解放区的本位币。1948年12月，在北海、华北、西北农民银行的基础上，成立了统一的中国人民银行，开始发行面额很大的人民币，统一了全国货币制。与此同时，解放区发行的纸币陆续收回。从1937年至1948年，陕甘宁边区银行共发行了延安光华商店代价券、陕甘宁边区银行币、陕甘宁边区贸易公司商业流通券3种纸币。

各种杂货，并收购部分皮毛。边币、法币都收，而且允许个人或私商随时可以用苏票在合作社兑换法币。动员群众入股办社。继城区消费合作社之后，1938年到1939年，先后有4个区成立了消费合作社。消费合作社的资金来源以发展社员入股为主，对入股社员的销售价为九五折以示优待。四个消费合作社经营状况不同。①至1942年，盐池县共有六处消费合作社，每个区各有一处，县联社一处，每社平均不上一万元的资本。1942年7月，将六处合作社并成一处（各区都并在城市）。至1944年，成立五个区的运输合作社。1936年10月救济合作社成立，资金暂借县政府救济款3000元，设立了一个杂货铺，销售生活用品并收购皮毛。到1939年1月即还清县政府救济款，并盈利2000多元。后与城区消费合作社合并，仍然经营杂货和皮毛。是年10月，又从合作社中抽取1000元资本，加上盐户合作社留下的食盐价款2000余元，正式成立盐池县联社，经营业务仍然销售杂货和收购皮毛。城区消费合作社和县联社于1942年同元华工厂合并，成为工商联营的合作社企业，4个区的合作社继续存在并有发展。1947年盐池失陷，这些合作社因资金、物资全部损失而不复存在。

三、盐池革命根据地经济法制实践的启示

盐池革命根据地经济制度实践中形成的经验，对当下制度建设具有有益启示。

（一）以党内民主夯实政权基础

根据地建设证明了：政权形态发展越完备的根据地，党内民主程度越

---

① “1940年，股金之发展没有变动，七月中，一、二、三区合作社皆分红利一次。城区按每股（五元）分一毛五分，二、三区按每股一毛。群众因得到红利，一致认为合作社是自己的，对合作社很信任。四区因主任去延安复训，移交手续不清，至现已成停止状态。五区新整理在雏形中。”1940年9月3日《盐池县政府六、七、八月份工作报告》，《盐池县档案馆馆藏党史资料汇编（第二十七集）》，第201页。“四区合作社……会计还要开支，赔本很多。县联社在这三个月中赔本甚多，因前办下纸烟还未卖完，无钱营业。……一、二、三区合作社都召开社员代表大会，将前六个月所得分红分为社员。”《盐池县档案馆馆藏党史资料汇编（第二十七集）》，第55页，1940年9月5日《盐池县六、七、八三个月经济建设报告》。

高，贯彻党的经济建设方针、政策的能力就越强，经济建设的成绩也就越大。盐池解放后，区、乡苏维埃主席，多是从当地贫雇农中选拔的积极分子担任。刚开始，乡政府重要动员工作都是经过一揽子会（乡政府委员、支部干事、村长等）参议会和群众大会来布置动员的，如征粮摊款、公盐布置等，后来公粮、公盐代金既不经群众大会又不经参议会，就乡政府几个人就增加减少开条子随便增派，把工作搞垮台了。[①]启示：一是在年龄上要注意选举年轻的好的，真正能为群众办事的人来参政。如果青年干部提不起来，老年固执旧规，工作就很难进行。二是要发扬民主，将缺点和错误在群众面前彻底揭露，实时改正。

（二）以货币作为经济稳定的重要抓手

革命根据地时期，民国政府为了补充内战开支的不足，滥发纸币，种类繁多，引起通货膨胀和货币贬值。陕甘宁边区政府早就认识到边币流入会造成边币的下跌和物价的上涨，考虑了规制边区货币流通的重要性，并做出相应调整。措施包括：一是掌握食盐等主要物资，调剂市场供求。二是对战略性物资，进出口税不同，非必需品，重税入境，轻税出境：必需品则反之；半必需品入境税重于出境税。三是不承认民国的税法，对进入的各种货物凡无边区税票者，均得征税。四是农贷发放初期，通过推行植棉、青苗等实物贷款、储备农产品物资以及增加农产品等物资的供给等方式，抑制物价上涨对边区经济的影响。

（三）重视贷款等经济要素的刺激作用

陕甘宁边区银行发放了大量贷款，支持大生产运动，优化资源配置，取得了较好的经济效益。1943 年，盐池初次发放农贷 150000 元，189 户 801 人借款。通过贷款，农民买粮、买种籽、买牛、买驴、买草、买犁、买犁铧、买耧、买耧月儿、买铁锹，获得了生产资料，提高了生产力，释放了农民的生产积极性。盐池奖励劳动英雄，三八节、五一节两次奖励，

①1941 年和 1942 年的参议员选举中，大部分是老年与成年（30 岁以上），仅 1942 年有一个青年参议员。因为年龄的关系，参议员在工作上积极性差，常借口群众参议员召集不起来就不召集，自行摊派了。引自《盐池县城区二乡民主团结调查材料》，《盐池县档案馆馆藏党史资料汇编（第二十八集）》，第 92 页。

最大限度地动员了根据地的劳动力资源。除农业贷款外，1939 年，财政厅还预借用一笔款津贴给力量薄弱的盐商们作为资本；1942 年 10 月，边区银行三边分行先后发出定边、盐池两县手工业贷款 13 万余元，都极大地促进了工商业的发展。

（四）把群众参与作为激发内生力量的重要工作方法

革命根据地时期的合作社是统一战线的性质，具有广泛的群众基础。革命根据地政权组织认识到，只有使社员切实感受到合作社给其带来利益与实惠，才能顺利地推进经济发展。1942 年西北局高干会前，盐池各区的合作社因为东西卖得很贵、股金摊派等，群众不欢迎。后边明确合作社是为方便群众，给群众解决了不少生活和生产中的问题，方得到群众的拥护。具体启示有：一是分红能提高合作社在群众中的影响，才能让他们认识到合作社是他们的，才会形成群众自愿入股的真正热潮。二是合作社要帮助群众解决生活上的困难。如，群众婚丧大事手头紧迫，可以向合作社借钱。三是惠利于社员，四区民办社收土产及卖农具、日用品等，都比市场便宜，还帮助群众办学校。[①]四是团结和利用地方上有威望的人出头与培养积极分子出来自己办合作社。

① “四区合作社 1938 年成立以来扩了两次股，1942 年结束，没算过账，没分过红。五区合作社自 1938 年成立，两年后算了一次账，只赚了四十元，请了一次客全部吃光了。”《盐池县档案馆馆藏党史资料汇编（第十四集）》，第 137 页。

法治专题篇

FAZHI ZHUANTI PIAN

宁夏黄河流域绿色发展的法治保障思考

张　芳

绿色发展作为新发展理念的重要一极，强调人类在发展中与大自然之间要协调和谐，要求节约和高效利用资源，是当前我国进入发展新阶段的重要方式，是国家碳达峰、碳中和战略实现的坚实基础。作为国家发展的重点区域，作为黄河流域生态保护和高质量发展的先行区，宁夏要主动遵循绿色发展要求，探索绿色低碳循环发展模式，实现高质量发展经济和高水平保护生态的“双赢”。在宁夏黄河流域绿色发展中，通过法律能确保成熟的绿色发展经验固化，依靠强制力可以规范各种破坏和污染环境行为，使宁夏黄河流域治理实现政策和法律相结合的软硬法综合之治，打造人与自然和谐共生的绿色生态宝地。

一、宁夏黄河流域绿色发展的立法基础

（一）政策推动

中央历来重视宁夏的生态环境和黄河流域治理问题，2016 年习近平总书记来宁夏视察时，指出宁夏是西北地区重要的生态安全屏障，并明确要保护黄河，杜绝污染。2020 年习近平总书记再次视察宁夏时，赋予宁夏建

作者简介　张芳，宁夏回族自治区人民政府研究室（发展研究中心）农村处三级调研员，法学博士。

设黄河流域生态保护和高质量发展先行区的使命。遵循党中央和总书记的部署，宁夏始终遵循绿色发展，把生态环境建设放在首位。2016 年出台了关于落实绿色发展理念的意见，2017 年第十二次党代会提出生态立区的战略，提出通过推动形成绿色生产方式、倡导推行绿色生活方式、加快建设绿色城乡，开展新一轮国土绿化和绿盾行动。2019 年宁夏十二届八次全会又将改善生态环境作为三大生命线之一，2020 年又确立了建设黄河流域生态保护和高质量发展先行区的目标，并围绕建设黄河流域生态保护和高质量发展先行区出台支持实施意见，推进生态保护修复、环境污染防治、经济转型发展。2022 年 6 月，又出台推动先行区建设取得新突破的意见，提出水资源和能源消耗总量和强度的“双控”及能源绿色转型的具体目标。2022 年宁夏第十三次党代会明确先行区建设是“三区”建设的首要任务，提出打造绿色生态宝地，构建生态保护大格局、推动绿色低碳大发展、抓好生态环境大保护。2023 年宁夏出台生态环境保护大会对加强生态环境保护、推进美丽宁夏建设做出全面部署，通过了 1+4 系列文件，从环境整治、生态修复、绿色发展、组织保障等领域进一步严格了生态环境保护责任。

（二）立法梳理

宁夏在黄河流域生态保护方面的地方性法规相对比较丰富，自 20 世纪 90 年代开始，不断围绕黄河流域生态保护探索地方立法，贯彻国家空间规划试点要求，围绕保护生物多样性和环境整体性，出台《宁夏回族自治区空间规划条例》，制定《宁夏回族自治区生态保护红线管理条例》，出台《宁夏回族自治区水资源管理条例》《宁夏回族自治区河湖管理保护条例》《宁夏回族自治区泾河水资源保护条例》等。围绕荒漠化治理和水土流失保持，制定了《宁夏回族自治区防沙治沙条例》《宁夏回族自治区抗旱防汛条例》《宁夏回族自治区湿地保护条例》《宁夏回族自治区六盘山贺兰山罗山国家级自然保护区条例》等。围绕黄河文化遗产保护，出台了引黄古灌区世界灌溉工程遗产、非物质文化遗产、长城保护条例等，围绕水资源保护出台节约用水、水工程管理等条例，围绕污染防治从大气、水、固体废物、土壤等领域污染防治方面进行地方立法规范。2022 年出台的《宁夏回族自治区建设黄河流域生态保护和高质量发展先行区促进条例》，贯彻“四水四定”进行法治规范和引导，对保护宁夏的生态环境起到了基础性、领域性的保护作用。

二、宁夏黄河流域绿色发展面临的法制困境

目前，虽然国家对整个黄河流域在立法上有一定的基础，沿黄各省区在推动黄河流域绿色发展的系列政策和立法对推动生态文明建设、保护黄河流域的生态环境起到了基础性和阶段性的保护作用，但由于绿色发展的立法支撑不够，专项立法数量上存在缺项，导致绿色发展的刚性制度保障不尽充足，难免存在效力“偏软”、执行“疲软”现象，不能满足先行区建设的要求，需要从生态和经济方面分析法制困境。

（一）环境保护法制基础薄弱

由于宁夏森林资源匮乏、河湖和湿地的生态功能日趋萎缩等问题短期很难改善，致使生态保护成效不够显著，其根本原因是生态立法偏弱。第一，生态立法缺乏绿色理念。绿色发展这一重要理念在国家和宁夏“十四五”规划中明确列入，而宁夏现有涉及生态保护的地方性法规中，在立法目的中不够明确，只是在相关政策文件中有所显现，导致政策推进实施刚性不足，效能实现有限。第二，部分领域立法滞后。目前虽然出台了涉及黄河支流、湿地、水污染防治、河湖管理等方面的地方性法规，但宁夏地方立法和沿黄其他省区针对黄河支流及部分区域保护的立法相比，关于黄河工程管理、河道管理、自然保护区管理、生态保护与修复、上下游经济协作区互惠协作等方面内容涉及较少。第三，系统性法律保障机制缺乏。宁夏生态环境的一个重要问题是在生态治理中缺乏对山水林草湖田沙一体化综合统筹规划，联防联控和协同共建机制尚未形成。经济发展征占用草原，造成草原整体存在不同形式的退化，森林覆盖率只有18%，沿黄渔业养殖及农业化肥的使用，以及城镇化的扩张，破坏了湿地系统的完整性和稳定，造成湿地功能下降，日益萎缩，2022年，宁夏湿地仅占国土面积3.5%。由于认识视角和技术参考不同，各类自然资源的保护规划之间存在“矛盾”和“打架”现象，具体治理主要归口到各自的单一部门，导致自然

资源在资金统筹、建设规划、项目实施、监测监管等方面未形成有效协同机制。第四，环境保护责任机制不健全。现有地方性法规对法律责任的规定语焉不详，浮于表面，没有达到应有的威慑效应。虽然出台了水资源管理和治理等法规，但水污染问题还未得到彻底根治，如，2022 年宁夏 22 条主要排水沟水质总体均为轻度污染，与 2021 年相比，II—III 水质断面比例下降 4.1 个百分点，IV 上升 6.7 个百分点。《宁夏回族自治区防沙治沙条例》对遏制土地荒漠化效力依然有限，如 2022 年宁夏共出现 15 次沙尘天气过程，水土流失面积达到1.55 万平方公里，荒漠化、沙化面积分别占全区总面积的 53.7%、19.3%。黄河泥沙大的问题长期难以解决，与 2021 年相比，沙湖水质有所下降。第五“四水四定”缺乏刚性约束。宁夏 2023 年出台了《“四水四定”实施方案》，明确了取水和耗水总量、工业用水量等 22 个指标，以及到 2025 年取耗水的具体指标，但落实情况和指标的约束性不够强，长效稳定机制缺乏。用水权改革虽然也在持续推进，但依然存在交易市场不活、水价杠杆作用发挥有限、激励机制效果欠佳等问题。

（二）经济绿色发展制度缺失

宁夏经济发展倚能倚重、资源利用率低等问题，导致绿色经济发展滞后，污染防治任务艰巨。首先，产业绿色发展立法缺失。宁夏没有一部全局性、综合性规范绿色发展的地方性法规。在具体的绿色发展方面的立法也只有 2018 年的《宁夏回族自治区绿色建筑发展条例》，关于绿色生态产业、绿色金融、绿色产品、绿色交通等方面立法缺失，明显少于沿黄其他省区对绿色发展的相关地方立法，不能满足绿色发展的法律制度要求。其次，环境标准约束不强。宁夏是典型的资源型省份，产业发展仍然属于传统粗放低效经济模式，倚能倚重的产业造成耗费的能源资源相对较大。宁夏能源消费总量中，煤炭消费占比达到 81%。从碳排放分析，87%以上的排放来自能源活动，火力发电占比达 44%左右，化工、黑色金属都占较大比例。水资源承载面临红线压力，供需矛盾突出，用水效率低下，万元 GDP 用水量 130.84 立方米，比全国的高 127.84 立方米。最后，环保投入未建立长效机制。长期以来，由于生态环保基础薄弱，环保基础设施建设历史欠账较多，部分生态环保项目及生态修复工程资金短缺，环保投入不稳定，急需采取刚性约束的长效保障机制加大投入。此外，绿色低碳技术水平落后，2021 年 R&D 强度为 1.56%，比全国低 0.88 个百分点，低于黄河流域平均水平，在沿黄九省区中排名第八，70%的企业没有研发人员和研发能力，企业不能将生态修复成本通过生态产品价格转移出去，客观上制约了绿色发展。

三、宁夏黄河流域绿色发展法治规范路径

（一）综合确立生态保护法治保障制度

在利用法治推进黄河流域生态保护中，不能停留在对个别事项的片面规定，必须遵循系统原则，把宁夏黄河流域作为一个整体统一立法。首先，设计综合立法促进绿色发展。要通过统一综合立法以确认绿色发展的各项权利义务，循自然规律，以调整环境、经济、社会等可持续发展为主要方向，考虑各环境要素，以促进资源高效利用和保障流域生态安全为核心，统筹好保护与发展、国家与地方、上下游、左右岸、干支流等各种关系，设置规划与管控、资源保护、水污染防治、生态环境修复、绿色发展等内容，为黄河流域发展规划、生态红线、产业调整、发展评估等立下绿色“规矩”，促进永续发展。其次，完善生态环境保护和修复制度。抢抓国家生态修复规划出台和六期“三北”工程规划的契机，积极争取生态保护和修复项目资金，并就黄河工程管理、河道管理、防汛管理等方面补充相关地方性法规，全面保护黄河安澜。建立和完善自然资源统一调查、评价、监测的制度和体制。再次，完善自然保护地法律制度。鉴于黄河流域生态环境的脆弱性和亟待修复保护的紧迫性，要探索出台宁夏黄河流域自然保护地专门法，严格开发建设活动，严禁破坏环境项目等非生态活动，减少人类活动对生态系统的干扰，涵养和保护水资源，通过严格的制度保护推动宁夏黄河流域还绿、还湿。最后，加快“双碳”促进条例制定。积极推进宁夏碳达峰立法，根据国家法律法规要求，及时调整完善自治区“双碳”政策，围绕绿色转型和降碳增汇两个重要方面，分别对能源结构调整、产业转型、增加碳汇、科技创新等方面规范，严格法律责任，以地方性法规的形式明确基本制度、绿色转型的主要措施，推进碳达峰目标实现。

（二）建立健全绿色产业生产和标准规范体系

宁夏黄河流域作为国家重点经济发展区域，要在生态优先的理念指导下依法逐步调整传统经济“末端治理”方式，用全生命周期理念全方位全过程要求、规划、投资、生产、流通、消费体现绿色理念，对环境损耗和承载容量底线进行严格限制，减少碳排放量，确保流域资源环境承载力温室气体排放有效控制。首先，法律保障产业转型升级。制定宁夏沿黄地区绿色制造标准，规范绿色技术和清洁工艺，严格能耗、水耗、地耗、污染物排放、环境质量等具体指标，制定环境监测规程，对不达标企业严格进行转型或淘汰。完善宁夏黄河流域绿色低碳产业目录，按照目录支持建设项目，目录以外高耗能高污染高耗水产业坚决禁止，编制产业准入清单，严格对产业项目事前事中事后环境监管。建立绿色信贷激励法律制度，放低绿色信贷、绿色债券审批门槛，支持企业参与生态环保项目，增加绿色产品供给。推动市场交易法治化，倒逼企业创新推进产品升级。其次，完善水资源高效利用法规制度。通过法制实行最严格的水资源刚性约束制度，对各市县使用水资源总量进行明确分配，并及时制定水资源中长期供求、保护等各项规划，严格取水许可，对超载地区采取暂停或减少新增取水的惩戒措施，使水资源使用不突破底线红线，实现取水总量依法控制。严格水资源使用考核制度，按照以水而定、量水而行原则，科学设置水资源“四水四定”具体量化指标，对水生态流量、水量分配、总量控制、地下水超采、水源地保护等实现严格监管，确保沿黄省区的人口、产业与水资源承载能力相匹配。固化水资源改革中成功经验，将近年来探索的推进水权水价市场化改革、水资源消耗“双控”制度中的有益做法以法律形式确认和规范，建立再生水有效利用制度，依法推动宁夏黄河流域取水量、人均用水量、万元 GDP 耗水量、农业灌溉亩均耗水量持续下降，综合规制节约集约利用水资源。最后，依法规范绿色消费。建立绿色产品市场准入和追溯制度，以法治化监管规范市场行为。如针对塑料制品污染，应该以专项法规的形式立法治理。法律规范要严格企业的环境成本和责任，在前端生产、中端使用、销售及后端回收环节，加强各个过程的监督履责，严格标准体系，利用大数据平台建立可追溯体系，坚决查处违规使用者，严格企业回收程序和违规处罚措施，加大违法成本，倒逼企业技术改革和自觉守法。

（三）创新探索区域生态保护特色规范制度

习近平总书记指出黄河流域要各地区特色发展，这就明确要求宁夏黄河流域也要因地制宜，在适合发展产业的地方积极发展绿色环保产业。首先，构建黄河上下游生态补偿法律机制。要推动沿黄省区联合抓好大保护与大治理，建立健全黄河流域生态产品价值实现长效机制。为构建科学有效的环境利益分配和负担机制，可针对水源地先行探索横向生态保护补偿法律机制。如考虑到黄河支流泾河发源于宁夏泾源县的实际，围绕泾河是跨省河流的特点，为突出黄河支流保护的整体性和协同性，可考虑率先与国家部委及陕西、甘肃协同联动出台《陕甘宁泾河流域生态补偿条例》或联合签署相关协议，加强联动保护的约束性。其次，法律支持新能源产业发展。结合黄河流域风光资源丰富的优势，大力发展太阳能风能等新能源及非化石能源，要正视新能源领域配套法律制度不完善的实际，统一规划调整产业结构，针对新能源重点领域专项立法，降低流域碳排放强度，使配套有效的制度供给和法律合力规范推动新能源产业发展。如可针对光伏产业进行专门立法规范，立法建立光伏产业发展的多元化绿色金融支持制度，避免各种补贴资金因阶段性、短期性造成产业发展融资困难，针对“弃光”问题严重现象，立法规定配额制和绿证制，明确各方法律责任，促进电力有序消纳。最后，建立绿色发展评估考核机制。针对沿黄特点加强评估考核，政府作为流域绿色转型发展的主要主体，要从资源利用、生态保护、环境治理、绿色生活等方面综合考虑评价地方发展，对黄河流域全面实行绿色 GDP 考核，完善水资源利用纳入政府效能部门管理考核机制，用考核指挥棒引导经济由“环境换增长”向“环境促增长”转变。严格生态环境损害追责和自然资源离任审计责任。依法落实河湖长制责任，完善河湖长制跨界联防联控等体制机制和管理制度体系，改善水体质量。建立沿黄园区绿色发展评估机制，定期对园区资源高效利用及环境保护义务评估考核，追究资源消耗和污染破坏责任。

宁夏生态环境和资源保护刑事检察工作实践、问题及对策研究

胡雅君

生态文明建设是关系中华民族永续发展的根本大计。党的二十大报告以“推动绿色发展，促进人与自然和谐共生”为题，为当前和今后一段时间我国生态文明建设擘画了宏伟蓝图、指明了前进方向。宁夏第十三次党代会提出“要通过实施生态优先战略，以更优质的生态环境、更高效的生态价值支撑美丽新宁夏建设，切实担负起维护西北乃至全国生态安全的重要使命”。宁夏检察机关深入贯彻“绿水青山就是金山银山”和双赢多赢共赢监督理念，聚焦生态检察重点目标任务，依法能动履职，助力黄河流域生态环境资源保护，为建设黄河流域生态保护和高质量发展先行区贡献检察力量。

一、宁夏生态环境和资源保护刑事检察工作实践

（一）依法严厉打击破坏环境资源刑事案件犯罪

宁夏检察机关深入贯彻《中共中央　国务院关于深入打好污染防治攻坚战的意见》，宁夏回族自治区检察院与高级人民法院联合印发了《关于非法采矿案件办理的指导意见》规范非法采矿、破坏性采矿案件办理标准。宁夏回族自治区检察院与自治区公安机关、自治区生态环境部门连续三年联合开展“打击危险废物环境违法犯罪和重点排污单位自动检测数据弄虚

作者简介　胡雅君，银川铁路运输检察院副检察长，四级高级检察官。

作假违法犯罪”专项活动，加大对破坏环境资源刑事犯罪的打击惩处力度。2018 年至2023 年 6 月，宁夏检察机关共受理各类破坏环境资源类刑事案件 365 件 716 人，提起公诉 234 件 493 人，法院判处有罪 395 人，其中非法占用地案 83 件 127 人、非法采矿案 48 件 176 人、污染环境案 27 件 66 人。

（二）整合资源探索生态检察集中管辖改革工作

2021 年 3 月 22 日，宁夏回族自治区人民检察院印发《关于开展跨行政区划检察改革试点工作的方案》，将银川市、石嘴山市、吴忠市辖区内由基层人民检察院办理的环境资源类一审刑事案件及刑事附带民事公益诉讼案件交由银川铁路运输检察院集中管辖；将中卫市的生态环境资源一审刑事案件及刑事附带民事公益诉讼案件交由中卫市沙坡头区人民检察院集中管辖；将固原市的生态环境一审刑事案件及刑事附带民事案件交固原市泾源县人民检察院集中管辖，实现生态环境资源刑事案件专业化集中办理。

（三）强化司法联动促进环境资源保护质效提升

全面贯彻落实《中共中央关于加强新时代检察机关法律监督工作的意见》及宁夏党委实施细则。宁夏回族自治区检察院与公安厅联合印发《关于健全完善侦查监督与协助配合机制的工作办法（试行）》，明确检察机关与公安机关建立信息共享机制，积极推进大数据法律监督。银川铁路运输检察院分别与银川市公安局森林公安处、盐池县公安局建立生态环境资源案件侦查监督与协助配合机制，沙坡头区检察院、泾源县检察院在已有的侦查监督办公的基础上，不断强化生态环境案件的监督协助机制。

（四）积极推动生态环境和资源保护大格局的建构

充分发挥检察机关一体化优势，上下一体、内外联动，携手打好协调保护“组合拳”。2023 年 9 月，宁夏回族自治区人民检察院主动向宁夏回族自治区党委、人大报告宁夏生态环境资源检察工作情况并进行了分组审议。不断深化落实行政执法与刑事司法衔接工作办法，各级检察机关全部接入“宁夏行政执法监督平台”，逐步实现执法合力。银川市检察院与内蒙古自治区阿拉善盟检察分院建立贺兰山国家自然保护区跨区域生态环境资源保护检察协助机制；石嘴山市检察院与乌海市人民检察院签署《跨行政区域河湖管理保护协作机制》；中卫市检察院与甘肃省白银市检察院、内蒙古阿拉善盟检察分院共同签署《关于建立黄河流域跨区域生态环境保护检察协助机制的意见》；固原市检察院与甘肃省平梁市检察院签订《关于加强区域检察协作服务保障丝绸之路经济带甘宁交通大动脉的意见》。通过公开听证、公开宣告等方式，积极引导公众有序参与生态环境治理。推动科技赋能，在宁夏积极推广应用非法采矿数据监督模型。

二、宁夏生态环境和资源保护刑事案件的主要特点

（一）宁夏案件总体基数较低，较全国整体基数较少

根据《最高人民检察院关于人民检察院生态环境和资源保护检察工作情况的报告》显示，2018 年至 2023 年 6 月，全国检察机关受理环境资源犯罪案件审查起诉 21 万件，比前五年上升 94.2%，通过持续从严打击，2022 年案件受理数比 2018 年下降 31.7%。以污染环境罪为例，2013 年以前全国案件审结数不足百位，十八大提出生态文明建设理念，2013 年以后污染环境案件开始直线上升。宁夏近五年来生态环境和资源保护刑事案件受理数整体态势同全国基本一致，2022 年较 2018 年总体上呈下降趋势，但因宁夏地域面积较小，刑事案件整体基数较小，涉环境资源类犯罪案件数量较少。

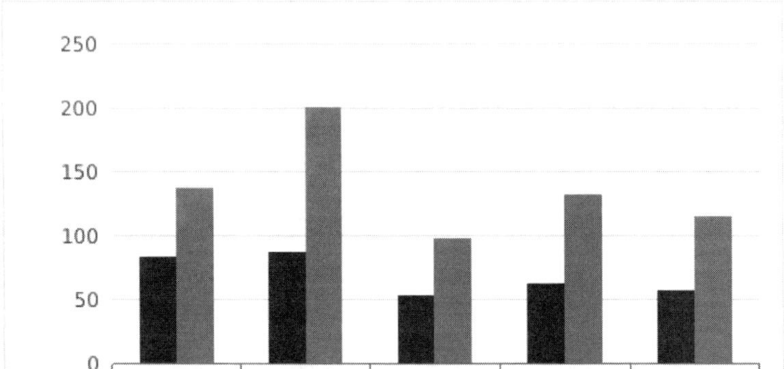

	2018年	2019年	2020年	2021年	2022年
■件数	84	87	54	62	57
■人数	137	200	98	132	115

图 1　2018—2022 年全区涉环境资源类案件情况

（二）案件类型具有明显的地域特征

从近三年来受理的案件类型来看，案件类型呈现明显的地域特点，具有山水林田湖草沙全部地理特质。银川因贺兰山庇护，以野生动植物的案件为主；北部因富含煤矿资源，以工业发展为主，因此非法采矿、污染环境案件较多；中部在黄河的孕育下，是宁夏平原腹地，土地资源丰富，草地、林地面积较多，非法占用农用地、非法采矿（主要以盗窃黄土、砂石为主）的案件占比较大；南部森林资源丰富，以滥伐、盗伐林木、非法狩猎等案件为主。截至 2023 年 11 月 15 日，银川野生动植物的案件占 80%；吴忠非法占用农用地、非法采矿案件占 86%；石嘴山非法采矿案件占 40%；中卫危害濒危野生动物案件占 56%；固原非法狩猎，危害珍贵、濒危野生动物案件占 100%。

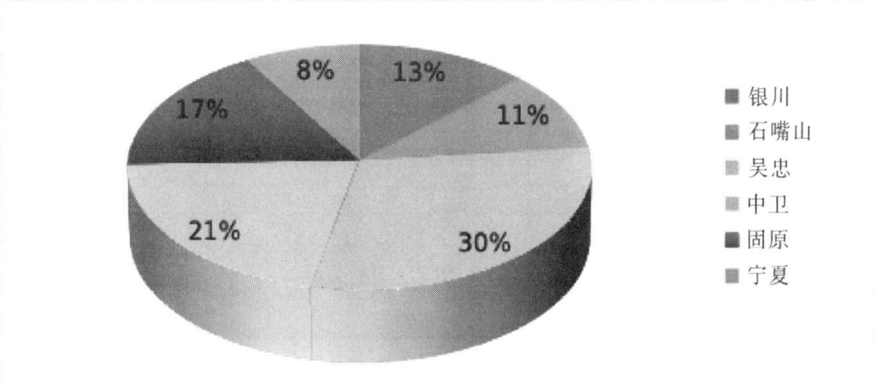

图 2　2023 年宁夏各地生态环境资源案件受理比例

（三）罪名分布相对集中，传统资源类案件占比较大

涉及罪名广，几乎涵盖了《中华人民共和国刑法》第六章第六节“破坏环境资源保护罪”的全部罪名，包括污染环境罪，非法采矿罪，非法占用农用地罪，危害珍贵、濒危野生动物罪，盗伐林木罪，滥伐林木罪，非法狩猎罪，破坏自然保护地罪等，但传统资源类案件占比较大，非法采矿、非法占用农用地案件占比达到 42%，成为宁夏地区的主要案件类型。

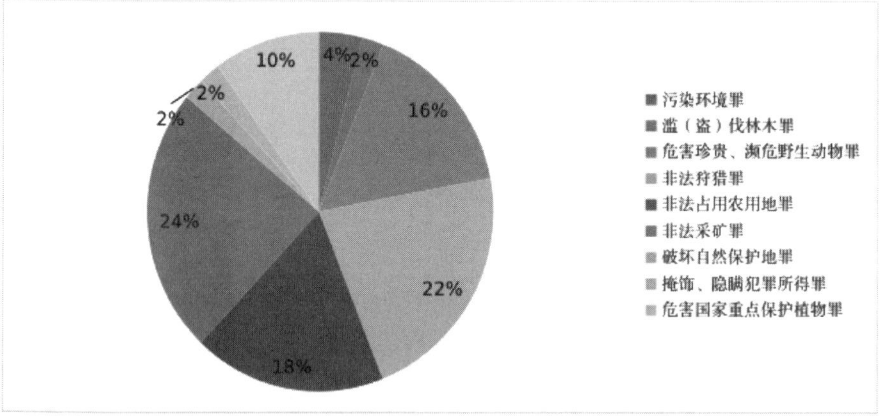

图 3　2023 年宁夏环境资源类刑事案件类型占比

（四）刑罚的总体量刑较轻

破坏环境资源犯罪法定刑相对较轻，加之治理目的大于惩罚目的，从判决的情况看，刑罚总体较轻。2023 年共移送起诉 26 件 81 人，人数占审结数的 65.3%，不起诉决定 26 件 43 人，人数占审结数 34.7%。法院同期做出生效判决 81 人，其中判处有期徒刑三年以上（含三年）的 20 人，占比 24.7%；三年以下有期徒刑、拘役、单处罚金的 61 人，占比 75.3%；判处适用缓刑（含有期徒刑缓刑和拘役缓刑）42 人，占有罪判决 51.9%。可以看到，环境资源犯罪判处三年以上的犯罪情形占比较少，在案件办理过程中，检察机关积极适用认罪认罚从宽制度，努力促成生态修复、赔偿生态损害，总体量刑较轻。

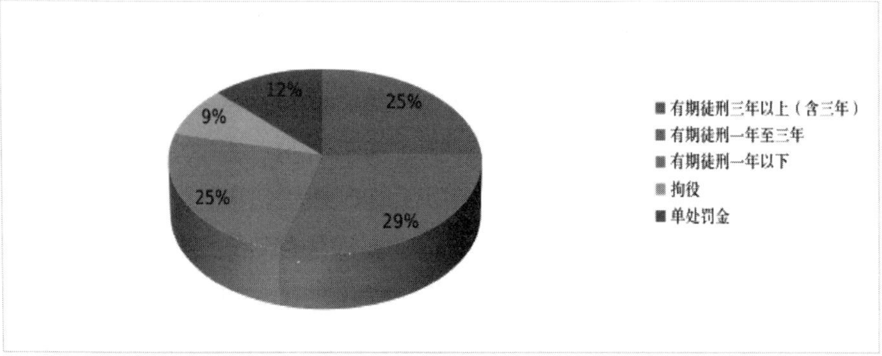

图 4　2023 年宁夏涉环境资源类刑事案件判决情况

三、宁夏生态环境和资源保护刑事检察工作面临的问题

（一）刑行衔接还需进一步加强

刑法与行政法的衔接是生态环境案件理论和实践中的热点和难点问题。随着环境资源社会治理领域的不断拓展和深化，也使得环境犯罪中的刑行衔接问题凸显出来。对于生态环境和资源破坏的行为的界分，随着党的十八大将生态文明建设纳入“五位一体”总体布局，行政治理和刑事惩罚的关系发生了明显的变化，以污染环境罪为例，2013 年全国污染环境案件审结数首次突破了三位数，达到 104 件，到 2014 年就迅速攀升到 988 件①。但是从行政处罚情况和刑事立案的情况看，占比仍然较低，以 2022 年宁夏的数据为例，宁夏生态环境厅《2022 年全区生态环境行政处罚情况》通报，宁夏下达一般环境行政处罚决定书 413 份，其中，涉生态环境刑事案件立案数的占比仅为 13.8%。实践中，行刑衔接过程中就线索移送程序、证据转化及审查，特别是信息共享都存在不畅通的情况。“宁夏行政执法监督平台”尚不能实现自动抓取行政职能部门的执法数据，不能实现真正意义上数据的共享，导致通过平台监督的成效尚不显著。

（二）恢复性司法理念适用中的难点

2016 年最高人民法院颁布实施《关于充分发挥审判职能作用为推进生态文明建设与绿色发展提供司法服务和保障的意见》将恢复性司法理念引入生态环境犯罪领域，旨在对受损的生态环境进行有效的生态修复。实践中，生态环境的不可逆性导致生态被污染后自然恢复很难在短时间内完成，甚至有些无法恢复，或者是恢复治理成本高、周期长，难以短时间内恢复，而又无法通过刑事惩罚来实现生态的恢复，成为生态环境资源案件刑事治理的难点。从破坏土地资源保护的案件看，2013 年的宁夏地区非法采矿的案件占比达 25.5%，而非法采矿的案件中主要考虑非法采矿的涉案金额，对其生态破坏的价值不属于刑罚本身评价范围，生态损害赔偿部分往往存在鉴定评估难、认定价值较小等问题。2023 年非法占用农用地的案件占比

①喻海松：《环境资源犯罪实务精释》，法律出版社，2017 年，第 29 页。

达 19.1%，但犯罪嫌疑人多为农民，无法缴纳生态损害赔偿金，导致这部分案件无法实现生态恢复并履行惩罚性的生态损害赔偿。

（三）诉源治理质效仍需进一步提升

一个环境事件的发生往往是多方面的因素造成的。刑罚的严厉性，使得刑法无疑是所有法律部门中最能发挥震慑和教育功能的部门法，环境刑法的风险防控功能是其核心功能价值。一方面，依法严惩污染环境和破坏资源的犯罪行为，有效威慑潜在的行为人，教育广大群众自觉保护生态环境，引领社会各界的行为选择，有效地防止环境风险，另一方面，通过制发社会治理类检察建议，督促环境监管人员积极履行监管职责，认真查处危害环境的行为，及时堵塞环境风险转化为现实危害的漏洞，对在环境监管中滥用职权、玩忽职守等犯罪行为依法严惩，充分发挥检察机关的监督作用，进而实现诉源社会治理的价值功能。从各级检察机关已经制发的检察建议的情况看，主要集中在公益诉讼和行政公益诉讼领域，依托刑事案件制发的类案检察建议数量总体不多。从检察建议的执行落实情况来看，由于检察建议没有刚性的考核指标，行政职能部门整改的情况并不理想，存在“纸面回复”“纸面整改”的情况，治理的实效并不理想。

四、宁夏生态环境和资源保护的刑事检察发展建议

（一）健全生态环境行政执法和刑事司法衔接机制

宁夏党委、人民政府印发的《关于深入学习贯彻习近平总书记重要讲话精神全面推进新征程生态文明建设加快建设美丽宁夏的意见》明确提出建立“行政执法和刑事司法的联动机制”。从法律执行层面讲，行政执法和刑事司法存在正向和反向的双向衔接，这一点最高人民检察院在《关于推进行刑双向衔接和行政违法行为监督　构建检察监督与行政执法衔接制度的意见》也有所明确，这主要是基于环境资源刑事案件的行政从属性的因素，故而要从行政法和刑事法的双重层面，全面考虑其“行政”与“犯罪”方面的双重违法性。正向衔接主要是避免出现以罚代刑、有罪不纠、降格处理等问题，要尽快打通数据信息壁垒，把行政执法和刑事司法的“信息孤岛”连接起来。而反向衔接是要避免出现“不起诉=不处罚”现象，要发

挥好检察机关的职能作用，对做出不起诉决定的案件建议行政机关予以行政处罚。从执法监督层面讲，强化知责明责、履职尽责、考责问责，构建工作机制和责任体系，推动企业、行业主管部门、属地党委和政府、生态环保部门、纪委监委各自履职尽责，推动行政执法与纪检监察有序衔接。

（二）深化推动生态环境损害赔偿制度改革

生态环境损害赔偿制度从 2015 年开始试点，至 2021 年民法典专门规定了“生态环境损害惩罚性赔偿制度”，将改革成果上升至国家基本法律。2022 年 5 月，生态环境部、最高人民法院、最高人民检察院和科技部、公安部等 11 个部门共 14 家单位联合印发《生态环境损害赔偿管理规定》，为深化生态环境损害赔偿工作提供了有力的制度保障。从 2023 年宁夏有罪判决的情况看，判处三年以上有期徒刑仅占当年审结人数的 16.1%，环境刑法的惩罚性功能远远小于其法益保护功能，而法益保护功能更多的是通过附带民事诉讼或者单独提起的民事公益诉讼实现。因此，一方面加强将恢复性司法的理念贯穿在检察机关的办案全过程，在检察环节实现生态的修复和生态损害赔偿金的缴纳，另一方面也要积极探索适用于宁夏本地的“异地修复、补植复绿、劳务代偿”等非刑罚处罚措施，特别是针对宁夏涉土地资源的案件占比较大，对于大量的无法支付土地损害赔偿的农民犯罪的，可以依法建议判处刑罚的同时，同时探索判决其履行劳务代偿等形式，避免赔偿成为“一纸空判”，实现恢复性司法理念的本土化与现代化才能有效解决环境治理中的难点。

（三）构建生态环境资源保护综合考核评价体系

生态环境的治理模式是一个系统的治理模式，追本溯“源”，有行为人的不知法、不懂法、不守法，也有行政监管部门的履职不当、监管不力，还有一些历史的遗留问题，等等。刑事打击“治已病”，诉源治理“治未病”，实现从治罪到治理的三个效果，要充分发挥检察监督职责，将法治功能和治理功能统一于国家治理法治化的长远目标。《中共中央关于加强新时代检察机关法律监督工作的意见》中明确了检察机关的监督职责，针对案件反映出来的生态环境资源治理中的突出问题、行政职能部门的监管失职问题、个案背后的行业类案问题，检察机关结合办案依法延伸法律监督职能，提出整改建议，促进堵漏建制、完善治理，从根源上防范生态环境和资源保护领域的违法犯罪反复多发。积极推动构建科学完备的生态环境考核评价体系，建议把社会治理类检察建议纳入平安建设、法治建设及年终绩效考核内容，对于地方政府或者相关职责部门实行“一票否决制”。聚焦治标、治源、治本、治制，做好检察监督、人大专项监督、纪检检察监督衔接，强化生态环境保护责任追究制度。

宁夏特色优势农产品区域公用品牌行政执法保护研究

唐　芳

为深入实施创新驱动与产业振兴战略，打造宁夏乡村全面振兴样板区，提升农产品区域公用品牌价值和经济附加值，打响宁夏特色农产品区域公用品牌，助推农业产业高质量发展，加强宁夏特色优势农产品区域公用品牌行政执法保护意义重大。

一、宁夏特色优势农产品区域公用品牌行政执法保护现状分析

（一）宁夏农产品区域公用品牌保护设有专门机构

通过对宁夏特色优势农产品执法部门的调研，发现在特色优势农产品执法保护上，各地一般会设有专门的执法保护机构。例如，宁夏贺兰山东麓葡萄产业园区管理委员会办公室、宁夏中宁县枸杞产业发展服务局等。设立专门的执法机构，可以根据农、林产品的特性进行针对性保护。但是，专门执法机构的责任落实情况和是否严格依法保护区域公用品牌是非常值得关注和重视的一个环节。

通过选取部分特色农产品区域品牌进行执法调研考察，发现宁夏特色农产品行政执法保护主要采取行政检查、行政强制、行政处罚等执法手段，集中对农产品商标侵权和地理标志专用标志的使用进行执法保护。例如，

作者简介　唐芳，宁夏大学法学院教授。

宁夏中宁县枸杞产业发展服务局负责“中宁枸杞”证明商标的监督管理，主要的工作职责是监督商标准用者严格按照《商标法》和《集体商标、证明商标注册和管理办法》的要求，合法正确地使用“中宁枸杞”证明商标，协助市场监督管理部门进行集体商标、证明商标的维权打假工作，开展集体商标、证明商标使用管理“双随机”监督检查，督促企业依法使用和管理好已经注册的商标。

（二）依据现行法律法规出台地方执法依据

为了强化对特色农产品区域公用品牌执法保护，做到执法有依据，执法要精准，保护要得力。各级地方政府及其相关部门依据现行法律法规，制定出台了一系列精准执法的条例、办法。以贺兰山东麓酿酒葡萄和葡萄酒为例，为进一步加强贺兰山东麓葡萄酒质量监管、品牌保护和市场开拓，推进贺兰山东麓葡萄产业集群发展和优化提升，依据《地理标志产品保护规定》《宁夏回族自治区贺兰山东麓葡萄酒产区保护条例》《贺兰山东麓葡萄酒原产地域保护管理办法》，制定出台《贺兰山东麓葡萄酒产区保护条例细则》，从贺兰山东麓葡萄酒产区环境整治、品种区域化、葡萄基地、葡萄酒质量、企业准入、市场流通、历史文化等方面明确保护重点和措施，依法推进产区品牌保护工作。①

2014 年 4 月 27 日，宁夏回族自治区人民政府办公厅出台了《关于加强贺兰山东麓葡萄酒质量监管品牌保护及市场规范的指导意见》，该意见以打造贺兰山东麓世界知名葡萄酒产区为目标，以加强酿酒葡萄和葡萄酒质量监管、完善质量标准、保护产区品牌、规范市场营销、拓展市场空间为重点，创新运行机制，健全管理制度，加大执法力度，建立和完善贺兰山东麓葡萄与葡萄酒质量标准体系、区域公用品牌保护体系、质量追溯体系、市场流通体系，推进葡萄与葡萄酒产业健康可持续发展。通过加强贺兰山东麓葡萄酒地理标志产品保护和证明商标的监督管理，规范葡萄酒企业准入制度和市场管理，重点培育贺兰山东麓国际葡萄酒博览会金奖品牌，

①马东杰、沈洁、窦慧萌：《消费者饮茶意愿和行为影响因素差异性研究——以大学生群体为例》，《中国茶叶加工》，2020 年第 1 期。

以酒庄酒品牌支持产区品牌培育，开拓产区公用品牌的市场空间。[①]2020年，“贺兰山东麓葡萄酒”列入中欧地理标志协定，在欧盟受到地理标志同等保护。

通过出台地方性执法依据，补充和完善现行法律法规的不足，更加精准地对接特色优势农产品品质的差异性特征，进行针对性的区域品牌执法保护。

（三）依法开展农产品的行业执法监管和农产品的质量监督

开展农产品行业执法管理是保护和促进农产品品牌建设的重要环节，通过行业执法管理不仅督促农产品生产销售企业、合作社和种养殖大户严格规范化操作，而且还能在执法中宣传、普及相关的法律、法规和操作规范，实现执法监管和宣传教育的双重效果。

此外，区域特色优势农产品的质量安全监管也是农产品品牌建立的基础，宁夏农业农村厅根据《宁夏农产品质量安全网格化监管实施方案》要求，通过印发《宁夏农产品质量安全网格化管理手册》，督促乡（镇）农产品网格监管员、协管员按照职责分工，以农产品质量安全追溯基点为重点责任覆盖区域，围绕用药高峰期、农产品采收期，加强田间巡查指导和现场检查力度，如实进行抽检监测，及时纠正违反农产品质量安全的行为，实现了农产品从种养殖到销售前的全程质量监测记录和追溯管理。

二、宁夏特色优势农产品区域公用品牌行政执法保护中存在的问题

近年来，宁夏针对特色优势农产品区域公用品牌的保护意识逐步加强，通过政府牵头各行政执法部门分工协作出台了一系列保护措施，对区域公用品牌的保护更加细化。但是，调研中发现仍然存在以下问题。

（一）行政执法职责划分不清，管理权限冲突

按照农业部2008年2月1日施行的《农产品地理标志管理办法》第四

①参见《自治区人民政府办公厅关于加强贺兰山东麓葡萄酒质量监管品牌保护及市场规范的指导意见》。

条规定："农业部负责全国农产品地理标志的登记工作，农业部农产品质量安全中心负责农产品地理标志登记的审查和专家评审工作。省级人民政府农业行政主管部门负责本行政区域内农产品地理标志登记申请的受理和初审工作。"第八条、第十五条规定，农产品地理标志登记申请人为县级以上地方人民政府根据条件择优确定的农民专业合作经济组织、行业协会等组织，符合条件的单位和个人，可以向登记证书持有人申请使用农产品地理标志。但是，按照国家知识产权局2020年4月3日施行的《地理标志专用标志使用管理办法（试行）》第三条规定："国家知识产权局负责统一制定发布地理标志专用标志使用管理要求，组织实施地理标志专用标志使用监督管理。地方知识产权管理部门负责地理标志专用标志使用的日常监管。"2020年5月，根据农民专业合作社申报、宁夏回族自治区市场监督管理厅知识产权局推荐，经国家知识产权局核准，宁夏万升实业有限责任公司、彭阳县金凯杏子营销农民专业合作社、彭阳县飞虎果树生产专业合作社、彭阳县金梅曹杏营销农民专业合作社等4家企业获得"朝那鸡""彭阳红梅杏"地理标志专用标志使用权。为促进枸杞产业的发展，宁夏中宁县设立了枸杞产业发展服务局，负责对枸杞产业进行管理。其中，就包括负责"中宁枸杞"产地证明商标的监督管理。但是，按照我国《商标法》的规定，接受商标申请、对商标进行监督管理的机关是知识产权局商标局。

总之，目前的执法监管体制不可避免地在部门权力行使、注册程序和法律效力等方面存在矛盾和冲突，造成监管混乱。

（二）执法机构和执法人员缺乏足够的品牌保护意识，监管严重不到位

近年来，宁夏农产品区域公用品牌"重建设、轻保护"的现象极为普遍。在宁夏枸杞、灵武长枣、盐池滩羊等宁夏知名区域公用品牌保护中，都存在地方行政执法机构和人员的品牌保护意识不强，地理标志专用标志的发放、使用和生产管理上存在执法部门管理严重不到位的情形。在具体执法过程中存在着松懈、麻痹思想，过分依赖举报和投诉，甚至存在个别执法人员不懂法、违法执法的现象，造成执法不规范、不严谨，适用法律的随意性比较大。另外，执法中还存在执法技巧和手段不到位，执法手段的运用不够准确，对区域公用品牌侵权行为造成的损失无法弥补和挽回的危害后果认识不清。

（三）农产品区域公用品牌联合执法保护的长效机制没有形成

近年来宁夏农产品区域公用品牌执法保护的重点，主要集中在特色农产品证明商标、集体商标使用的执法检查和打击假冒商标上。虽然执法部门也定期开展跨区域的联合执法监督、检查，每年开展企业集体商标、证明商标使用管理的“双随机”监督检查，督促企业使用和管理该注册商标，但是农产品品牌的价值和影响力是与高品质的农产品紧密联系的，必须与农产品生产、加工环节的品质保障和农产品流通、销售环节的品牌保护紧密结合，才能确保高品质的农产品借助区域品牌信誉度、知名度提升附加值。所以，必须形成对整个产业链常态化执法保护的长效机制。

（四）宁夏全区农产品区域品牌执法保护数据信息未实现共享

宁夏通过电子政务外网及云平台完成了 21 个区县的全面覆盖，实现了省、市、县政府部门间的互联互通和数据共享。但是，在特色农产品执法保护数据信息共享上，只有中卫市充分利用“云端中卫”网络信息平台，推行“一瓜一标、一年一印”的防伪溯源制度，查处打击印制假商标、使用过期商标、转卖统一印制的硒砂瓜防伪溯源专用标识，冒用、盗用硒砂瓜商标等不法行为。但是，“云端中卫”也仅仅是为中卫人民提供服务的云平台。根据调查了解，全区多数县市主要利用电商平台进行农产品的销售推广，在区域公用品牌执法保护上没有充分实现执法数据信息共享，也未通过建立信息共享平台，构建起“一处受罚，多处受限”的一张网的保护制度和机制。

三、加强宁夏特色优势农产品区域公用品牌行政执法保护的建议

为严格依法保护特色农产品区域公用品牌权利主体的权利，避免其合法利益受损。针对近年来宁夏特色优势农产品区域公用品牌行政执法保护中存在的问题，提出以下保护建议。

（一）提高执法保护意识，明确执法部门权责，加强全产业链的执法监管

因特色农产品区域公用品牌保护与农产品品质的依存度极高，所以行政执法部门必须要树立农产品生产、加工、销售全产业链执法监管保护的

意识，加强农产品全产业链质量安全监管体系建设，完善农产品种养殖、生产加工、市场准入、销售等环节相配套的监管制度，理顺各级执法监管机构的监管责任。做到“生产有标准，产品有检验，包装有标识，质量可追溯，品牌有保护”。杜绝农产品种养殖、生产加工环节的农药、重金属、硝酸盐、有害生物等残留超标，销售环节的假冒伪劣、制假掺假等严重侵害区域品牌商誉的违法犯罪行为。

通过落实全产业链网格化的质量安全监督制度，推进宁夏特色农产品标准化生产、产业化经营和品牌化营销，给予假冒地理标志农产品或者滥用地理标志产品专用标志的生产经营者最严厉的惩罚。以高品质农产品区域公用品牌知名度和影响力，确保地理标志、集体商标、证明商标使用人和消费者的合法权益。

（二）推进宁夏特色农产品区域公用品牌执法保护数据信息实现共享

2020 年 12 月 16 日国家新型互联网交换中心试点落地宁夏中卫市，建成后将为宁夏乃至全国互联网企业提供高性能、低成本的信息交换便利场所。由于中心能够实现“一点接入，全网连通”，促进网络信息资源开放共享，因而为宁夏特色优势农业产业高质量发展带来契机。因此，宁夏必须依靠中心数据资源共享优势，搭建起助推特色优势农业产业高质量发展的“执法保护云平台”，实现特色优势农产品全产业链执法信息共享。借助平台一方面加强种养殖、生产加工过程的标准化、数字化、智慧化执法监管，助力宁夏特色农产品品质提升，最终建立起农产品种养殖、生产加工全程可追溯的执法监管体系；另一方面以区域公用品牌执法保护数据信息共享为突破口，构建起“一处受罚，多处受限”的执法保护长效机制，有效杜绝区域公用品牌侵权违法行为。

总之，依靠互联网执法保护云平台，构建起从“田间到餐桌”一张网的农产品品质可追溯、区域公用品牌保护联合执法的长效制度体系和机制，依靠信息化助推宁夏特色优势农产品区域公用品牌维护和影响力提升。

（三）统一行政执法和司法裁判标准，完善行政执法和刑事司法衔接机制

1. 统一行政执法和司法裁判的标准

针对行政执法和司法裁判实践中出现的被侵权人举证责任重，对侵权事实、品牌信誉损失等实际损失数额难以确定和举证，对区域公用品牌侵权标准认定不统一、实际损失的判定标准不一致、损害赔偿数额认定难度大等突出问题，导致被侵权人的实际损失无法弥补，而侵权人因侵权行为获得丰厚的利益，出现反复侵权难以遏制的现象，严重扰乱市场经济秩序，损毁执法和司法公信力，建议在农产品区域公用品牌保护上，建立起联合沟通、协同办案的机制，实现侵权判断标准、实际损失的判定标准和损害赔偿数额认定标准的统一。

总之，通过部门之间的协同办案，实现行政执法标准和司法裁判标准的有机统一，使侵权人在每一起侵权案件中都得到同样严厉的制裁和处罚。这样既可以有效遏制农产品区域公用品牌侵权违法案件的频发，又极大地增强行政执法和司法裁判的公信力。

2. 完善行政执法和刑事司法衔接机制

根据 2020 年 8 月 7 日国务院修订后的《行政执法机关移送涉嫌犯罪案件的规定》第三条第二款规定："知识产权领域的违法案件，行政执法机关根据调查收集的证据和查明的案件事实，认为存在犯罪的合理嫌疑，需要公安机关采取措施进一步获取证据以判断是否达到刑事案件立案追诉标准的，应当向公安机关移送。"该规定从立法上完善了知识产权侵权违法案件中，行政执法与刑事司法衔接的程序和证据收集制度，解决了在农产品区域品牌保护行政执法中，因缺乏移交渠道或执法程序违法而出现的以罚代刑、拖延移送，致使犯罪分子逃脱本应依法承担的法律责任而助长其违法犯罪的嚣张气焰等突出问题。

因此，通过建立行政执法与刑事司法衔接机制，形成执法与司法办案合力，能够严惩侵害农产品区域品牌违法犯罪分子。此外，建议在区域品牌侵权行政执法和司法裁判中要加强信息沟通、个案沟通，建立联席会议制度、信息通报制度以及强化检察机关的法律监督制度。完善大案要案的查处工作机制，采取挂牌督办、集中办案等形式，查办一批大案要案，严惩一批违法犯罪分子，曝光一批典型执法、司法案例，充分彰显行政执法和刑事司法的震慑力。

（四）构建农产品区域公用品牌执法奖惩机制

提高执法人员的素质和执法能力是提高执法部门执法水平的关键。所以，构建起执法奖惩机制是必要和可行的。首先，建议各级行政执法部门要经常开展法律法规学习培训、执法经验交流、执法普法等形式多样的活动，进一步提高执法人员的法律素养和职业素养，增强依法执法、依法行政的意识和能力。其次，根据执法人员依法行政的效果和社会评价，制定执法业绩考评、奖惩办法，作为执法机关执法人员晋级、晋升和岗位绩效发放的主要依据，以此来激励执法人员严格依法执法。再次，执法部门要进一步完善案件回访制度、执法检查制度、责任追究制度等行政执法制度，加强行政执法部门的内部监督，严肃纪律。同时要虚心接受外部监督，提高办案效率，打造出一支文明、廉洁、公正、高效的农产品品牌维护的行政执法队伍。

（五）建立区域品牌农产品追溯系统，实现农产品唯一身份标识码追溯管理

结合宁夏农产品质量安全追溯系统的建设，开展农产品地理标志区域品牌追溯管理，将全部地理标志产品纳入追溯范围，以此来强化地理标志农产品的品质溯源和品牌塑造。建立区域品牌农产品追溯系统，对管理、控制和提升特色品牌农产品的品质，树立名优特农产品区域公用品牌形象至关重要。

随着我国物联网信息技术的飞速发展，运用数据化信息采集关联系统和多种物联网技术工具，赋予特色农产品唯一身份标识码，基于“一产品一溯源码”的追溯管理模式，实现对特色农产品品质和品牌的全程化管控，使生产、加工、销售能一码溯源。让消费者在没有时间、空间地域限制的情况下，随时随地上网查询、了解想要购买农产品的各类生产、加工溯源信息及其市场流通情况，包括农产品生产期、成熟期、采摘信息、出货信息以及销售渠道、认证管理信息等，做到溯源信息的全面透明化，实现来源可追溯、去向可追踪、责任可追究，增强市场购买者的安全感和产品认知度，以此提升区域公用品牌农产品的市场忠诚度、美誉度和品牌市场价值。

综上所述，特色优势农产品区域公用品牌保护是国家“品牌强农”“乡村振兴”战略实现的重要举措，也是提升我国“优质、特色、高端”农产品知名度、美誉度、信誉度和出口创汇能力的必然要求。所以，宁夏必须在全面落实自治区党委、政府建设黄河流域生态保护和高质量发展先行区的决策部署中，正视特色优势农产品区域公用品牌保护弱化，假冒伪劣猖獗，知名度、美誉度和信誉度降低，出口创汇能力弱，经济附加值低的现实。以强化特色优势农产品区域公用品牌行政执法保护，助推宁夏特色优势农业产业高质量发展，让宁夏名、优、特农产品区域公用品牌享誉世界。

宁夏农业绿色发展的现实挑战与法治应对

张　炜

习近平总书记在全国生态环境保护大会上指出，要加快推动发展方式绿色低碳转型，坚持把绿色低碳发展作为解决生态环境问题的治本之策，加快形成绿色生产方式和生活方式，厚植高质量发展的绿色底色。宁夏回族自治区党委十三届五次全会指出，要聚焦植绿增绿、降碳减碳，把绿色低碳作为解决生态环境问题的治本之策，围绕做优做强“六新六特六优”产业，大力推进产业绿色转型，促进产业数字化智能化同绿色化的深度融合，加快走出转型发展“绿色路”。农业绿色发展是践行新发展理念的重要途径，也是生态文明建设的重要组成部分。推进农业绿色高质量发展是践行习近平生态文明思想的具体实践，也是推动宁夏经济社会高质量发展的内在要求。

一、宁夏农业绿色发展的现状及成效

（一）宁夏农业绿色发展的整体概况

党的十八大以来，宁夏坚持绿色发展理念，农业绿色发展格局逐步形

作者简介　张炜，宁夏社会科学院《宁夏社会科学》编辑部助理研究员。

基金项目：宁夏哲学社会科学规划青年项目“宁夏创建国家农业绿色发展先行区路径研究”（项目编号：23NXCGL07）。

成，高质量可持续发展能力稳步增强。“十三五”期间，宁夏产业结构不断优化，现代畜牧业快速发展，特色优势产业进一步壮大，形成了以优质粮食、酿酒葡萄、现代畜牧、枸杞、瓜菜等为主导的产业格局，特色产值占总产值的比重达到88%。宁夏始终把产业发展作为巩固拓展脱贫攻坚成果同乡村振兴有效衔接的“重头戏”，依托农业农村特色资源，循着“六特”产业发展的路子，走“质量兴农、绿色兴农、品牌强农”道路。大力推行农业绿色生产方式，农业产地环境不断改善。当前，宁夏农业发展正在从扩张向质量提升转变，做优、做精、做特产业，让宁夏优质粮食、瓜果蔬菜等产业更“绿色”，葡萄酒、枸杞产业更“红火”，肉牛、奶牛产业更“牛劲”，滩羊产业更“洋气”，使更多具有宁夏特色的农产品走向绿色化、高质化，以适应人民对绿色、安全农产品的需求。2023年前三季度，宁夏农业增加值增长7.3%，农村居民人均可支配收入增长8%，增速分别为全国第3和第5位，位居全国第一方阵。在推进“六特”产业发展和现代农业全产业链建设方面，宁夏全链开发“六特”产业，实施特色农业提质计划。目前，宁夏“六特”产业综合产值已经突破2420亿元，有力促进了农业发展和农民增收。

2023年，宁夏持续实施品牌强农战略，预计将于2024年10月在宁夏银川举办第二十三届中国绿色食品博览会。在绿色农产品品牌建设方面，宁夏共获批有效期绿色优质农产品631个，其中绿色食品466个；创建全国绿色食品原料标准化生产基地13个；“盐池滩羊肉”“泾源黄牛肉”被评为“国家级农产品地理标志示范样板”。在农业数字化领域，宁夏灵武市2023年成功入选国家农业现代化示范区，建成宁夏首个数字化“无人农场”，绿色高质高效技术推广普及率达到85%以上，品牌强农战略实施效果显著。

然而，宁夏经济水平依然相对落后，水土资源约束趋紧，特别是在农业发展方式转型的关键时期，宁夏农业发展仍然面临发展动力不足、发展质量有限等问题。

（二）宁夏农业绿色发展取得的成效

在地方性立法方面，2023年11月17日自治区党委第十三届人大常委会第五次会议审议通过《宁夏回族自治区乡村振兴促进条例》，2023年11

月1日起正式施行。作为宁夏首部“三农”领域的基础性、综合性、系统性的地方性法规，该条例明确了宁夏农业农村生态环境保护的相关制度，为宁夏加快建设乡村全面振兴样板区提供了坚实有力的法治保障。宁夏将认真抓好条例的贯彻落实，按照自治区党委十三届五次全会部署要求，以国家农业绿色发展先行区建设为依托，加强乡村生态保护和污染治理。此外，《宁夏回族自治区建设黄河流域生态保护和高质量发展先行区促进条例》等地方性法规的颁布，共同形成宁夏生态环境法治保护的合力。

在农业绿色发展颁布的政策文件方面，2022年5月，农业农村部、国家发改委联合印发《农业农村减排固碳实施方案》，分别从种植业节能减排、畜牧业减排降碳、渔业减排增汇等六个方面确定重点任务，确立化肥减量增效、畜禽低碳减排、农机绿色节能等“十大行动”，为宁夏农业绿色发展提供了行动指南。

2022年4月，宁夏农业农村厅等七部门联合制定了正式发布《宁夏农业绿色发展“十四五”规划（2021—2025年）》，2022年12月制定印发《宁夏国家农业绿色发展先行区建设实施方案（2021—2025年）》，全力推动国家农业绿色发展先行区建设。该实施方案聚焦先行区建设面临的问题和挑战，对农业资源、产地环境、农业生态、绿色供给等5个类别19项主要指标确定了目标任务，具体规定了2025年之前需要完成的各项目标。通过量化目标任务、细化推进措施，构建了配套衔接、同向发力、梯次推进的协调联动工作机制。

此外，宁夏出台《关于加快推进高效节水农业发展的实施意见》《自治区人民政府关于加快建立健全绿色低碳循环发展经济体系的实施意见》《支持“六特”产业高质量发展有关财政政策措施》等一揽子政策文件。对此，自治区发改委、财政厅、金融局等部门完善相关配套政策措施，出台政策文件52项，安排专项资金支持5个县创建农业绿色发展先行区综合示范县（区）。

二、宁夏农业绿色发展面临的法治挑战

（一）亟须建构符合农业绿色发展需要的生态法治体系

从整体法律体系的角度看，农业与生态领域的法律规范主要是以经济

发展为重，围绕土地产权的变动与保护，生态环境保护所形成的一系列农业法律规范。纵观国内现行农业发展的法律法规，体现了以私权利为本位、以追求个人利益为目的、以经济效益优先为中心建构的法律制度体系。从立法目的上讲，现行农业发展法律制度是以经济发展为中心，围绕土地产权变动与保护所形成的一系列农业法律规范，并以经济效益优先作为发展理念。不管是针对大气污染、水污染等的污染防治法律规范，还是森林、草原、渔业、土地等资源保护的法律规范，其立法目的都是以经济建设为中心。

可以说，现行农业发展的法律法规缺乏“山水林田湖草是统一生命共同体”的绿色发展理念，没有完全将农业绿色发展理念纳入立法布局，缺乏全局性、统一性的绿色发展治理思路。同时，缺乏部门法与部门法之间、单行法与单行法之间以及部门性与单行性之间的协同效应。农业生态环境领域的法律法规没有充分体现“绿水青山就是金山银山”的绿色发展理念，没有从根本上将绿色发展理念与法律规范融合。因此，以整体法律体系和立法价值理念为视角，亟须建构符合农业绿色发展需要的生态法治体系。

（二）转变传统发展理念，将绿色发展理念与法律规范相融合

从法律救济手段的角度讲，传统法律规范无法为农业生态环境损害提供全面、有效的救济。民商事法律作为重要的法律规范，是维护和规范个人、家庭、财产关系及商业活动的法律制度，而依靠民事救济方式治理污染、修复生态，最终达到实现公众的环境利益诉求的目的十分有限。换言之，传统民事法律虽然可以对私权利主体的人身、财产利益实施有效的救济，却无法对由生态环境损害所造成的利益损失提供法律救济。农业绿色发展是解决农业生态环境问题的根本，而农业绿色发展的水平提升，很大程度上取决于法律规范提供的充足保障。因此，为农业绿色发展提供法治保障不仅要转变传统的农业发展理念，还要将绿色发展理念与法律规范相融合。

（三）未能充分发挥对生态补偿机制的保障作用

建立生态补偿机制是贯彻绿色发展理念的重要举措。大量农业环境污染和资源流失现象，给整个农业生态体系造成了损害，同时阻碍了农业、经济与社会高质量、可持续目标的实现。对此，农业生态补偿法律机制的产生，为农业发展中的经济效益和环境效益提供了平衡与协调。农业生态制度原本是为预防和修复被破坏的生态环境而产生的，而农业生态补偿法律机制是依据公平公正原则，对农业生态各方利益进行平和、协调和保障的法律机制。但在实践中，存在专项立法滞后、配套实施细则缺位、主体认识不足等问题，导致现行有效的法律未能充分发挥对生态补偿机制的保障作用。在现行有效的法律规范中，《中华人民共和国农业法》《中华人民共和国环境保护法》《中华人民共和国乡村振兴促进法》对农业生态补偿的内容都有所涵盖，但立法针对性不足，没有对补偿问题作出全面具体的规定，缺乏对农业生态补偿标准、补偿程序等问题的具体规定。特别是对于一些跨行政区域的农业生态补偿要求，目前缺乏明确统一的上位法规定。

（四）农业面源污染的法律规定可操作性不强

农业面源污染防治法律制度是我国现行农业绿色发展的法律制度之一。我国农业面源污染主要表现为滥用化肥农药、生活垃圾随意堆放、畜禽养殖粪污处理不当等。目前，黄河灌溉农业区化肥农药减量增效任务依然艰巨，瓜菜生产集中区尤为突出，亩均施用量均高于全国平均水平。同时，粪污资源化利用还不平衡，没有形成成熟模式，农用残膜回收利用率还需进一步提高。作为我国环境保护的基本法律，《中华人民共和国环境保护法》规定了各类污染源应当承担的责任和义务，《中华人民共和国农业法》《中华人民共和国水污染防治法》《中华人民共和国土壤污染防治法》《农药管理条例》等都规定了农业面源污染治理的防治措施和解决方案。然而，相关行政法规和部门规章中对于农业面源污染防治的操作性不强，相应的事后修复机制方面的规定也存在缺失。

三、宁夏农业绿色高质量发展的法治应对

（一）完善法规和制度监督，促进生态系统养护修复

目前，我国已经形成了以《中华人民共和国农业法》为基础，以《中华人民共和国农产品质量安全法》《中华人民共和国种子法》《中华人民共和国土地管理法》等法律规范为补充的农业法律体系。但在农业绿色高

质量发展方面，存在有机农业产品标准不全面、有机农业销售渠道等相关法规有待扩展等问题。在健全我国农业支持和保护方面的法律制度方面，继续加大对农业绿色低碳补贴力度，建立健全农业环境保护方面的法律制度，重点加强农业面源污染的控制、改善农产品生产环境。

培育和完善农业碳市场交易制度，在实现“双碳”目标的过程中，将农业纳入碳交易市场为大势所趋，今后要在思想认识、目标协同、方法开发、试点探索等方面下足功夫。健全草原保护制度，加强退化沙化草原管理治理，完善水生生态保护制度。完善农业投入品监管制度。加强种子、化肥、农药、饲料及饲料添加剂质量检验和抽查，强化市场监管，严格查处不合格产品，从源头保证农业投入品质量。建立农业投入品使用档案制度，加强农业生产经营主体农业投入品使用监管，规范农业投入品使用。建立完善农业投入品监管信息平台，推进农业投入品生产、流通、使用的全程追溯制度，从源头防控禁限用成分隐性添加风险。完善农产品质量安全监管制度。近年来，宁夏把农产品质量安全作为转变农业发展方式、加快现代农业建设的关键环节，健全农产品质量安全监测体系，强化质检机构考核与能力验证，强化自治区农产品质量安全追溯平台应用，建立农产品生产企业信用体系；推行食用农产品承诺达标合格证制度，落实农产品质量分级及产地准出、市场准入制度，推进农产品标识化、标准化、身份化管理。实施质量安全信息会商制度，建立农产品质量安全风险预警与联防联控机制。

（二）数字赋能绿色发展，让农业监管执法更“智慧”

在农村生态执法领域，需要优化农村生态执法体系，创新生态执法手段。科技创新和技术支撑作为农业绿色发展的重要推动力，能够有效推动绿色种植技术、灌溉技术等，从科学技术层面赋能农业绿色高质量发展。生态环境问题具有复杂性和系统性，往往涉及社会经济方方面面的问题。加之农村地区执法能力薄弱等问题，需要谨慎采取行政处罚等执法方式，充分尊重农民和农民组织的主体地位，利用村委会等村民自治组织，创新运用多元化执法手段。需要引进开发数字化管理平台和手机 App，加强智慧种植示范园区和无人农场建设。2023 年上线的“银川数字农业”App，涵盖精品农业、休闲农业、数字乡村、产权交易等八大应用服务板块，让银川市农业监管更加“智慧”。

科技创新还为农业执法提供了技术保障。农业智慧执法是指利用先进的信息技术手段，结合农业生产、农村管理和农业法规等多个方面的数据资源，通过数据分析、智能监测和预警等手段，实现对农业生产和农村环境的全面监管和执法。一方面，农业智慧执法的普及化提高了农业生产的效率和质量，推进了执法能力建设；另一方面，还能够有效解决农业领域存在的一系列问题。加快推进农业综合行政执法，完善执法管理制度，规范执法程序，提高执法水平。今后，要进一步加强执法设施装备建设，综合运用互联网、云计算、大数据等现代信息技术，提升农业综合执法科技支撑能力。加强联合执法，推动农业行政执法机关与司法机关、监察机关的工作衔接配合，提高执法效力。围绕农业资源环境保护、农产品质量安全等领域开展专项执法行动，加大破坏农业资源环境、农产品质量安全等违法案件的查处力度。

（三）公正司法，筑牢农业绿色发展的最后防线

司法作为农村生态治理的救济保障机制，是解决农村生态环境纠纷、救济生态环境权益的最后一道防线。农业发展的复杂性和特殊性决定了在其转型升级的过程中，需要有效完整的司法救济。考虑到农村司法资源的稀缺和设立司法机构的成本较高，可以在人口密度高、生态环境问题突出、相关纠纷多的城镇设立派出法庭和巡回法庭，解决农村生态环境纠纷案件的受理和审判问题。

首先，发展宁夏农村环境公益诉讼，使农村生态环境的公共权益能够获得更多的司法救济。当农民和其他农村社会主体的权益受到侵犯时，能够获得有效的救济。相对而言，农村环境公共利益的司法救济比农村个人环境利益的司法救济更为困难。其次，村委会作为自治主体，应被赋予环境公益诉讼原告的地位，并有权对其所在村庄的环境公益侵权问题提起法律诉讼。最后，要加强农村环境法律援助服务建设，使村民等主体有能力和机会实现其获得司法救济的权利。事实上，并非村民不需要法律服务，而是聘请律师的高昂成本往往导致村民负担不起。司法行政部门要全面落实农村法律援助法精神要求，构建农村环境法律援助服务体系，组织律师事务所、环保组织等社会力量积极参与，切实保障农村居民和其他弱势群体获得必要的法律服务。

坚持司法利民惠民原则，依托“智慧法院”建设平台，开辟优先立案、审判、执行“绿色通道”。以宁夏银川市兴庆区法院为例，已经建成33个“共享法庭”。2022年至今，兴庆区法院完成网上立案和跨域立案共3442件，线上审理案件2126件。

（四）加强法治宣传教育，增强农民群众法治观念

利用宪法宣传周、中国农民丰收节等重要时间节点，开展农业绿色发展法律法规宣传教育，增强农民和农村干部节约资源、绿色低碳、保护生态的法治观念。实施农业绿色发展全民行动，广泛开展绿色低碳生产生活宣传，推动形成厉行节约、反对浪费的绿色生活方式，营造全社会共同推进农业绿色发展的良好氛围。强化示范引领，在青铜峡、中宁两个第一批先行先试试点县（市）建设农业绿色发展全指标监测站（点），打造整县推进示范样板，总结建设成效和经验。各市、县（区）结合重点任务每年建设3个以上单项任务示范点，强化指标监测，打造具有区域或产业特色的绿色发展样板，形成可复制推广的农业绿色发展模式。

农业领域与其他行业不同，种植户、养殖户等作为农业生产行业的“一线工作者”，通常具有最丰富的农业生产经验，最熟悉农业绿色发展存在的种种问题。因此，要转变农户的传统发展理念，打破过去依靠政策实施农业管理的传统方式，加大对农民的农业法律培训，普及环保法治理念。

参考文献：

[1]刘香玲，孙斌.农业绿色发展理念的三维论析[J].江西社会科学，2023，43(4)：24-31.

[2]徐祥民，姜渊.绿色发展理念下的绿色发展法[J].法学，2017(6)：14-27.

[3]中共中央文献研究室.习近平关于社会主义生态文明建设论述摘编[M].北京：中央文献出版社，2017.

宁夏生态环境协同治理成效及其区域协同立法困境和应对策略

张宏彩

区域协同治理是生态环境保护的重要一环，强调了地区间统筹谋划、协同推进区域内生态环境和资源保护各项工作，是贯彻落实党中央和国务院关于区域协调发展、协同发展、共同发展的重要举措，是落实党的二十大报告关于促进人与自然和谐共生的方式之一。2023 年新修订的《中华人民共和国立法法》（以下简称《立法法》）和生效实施的《中华人民共和国黄河保护法》（以下简称《黄河保护法》，就地方开展“区域协同立法”也作出了明确规定。近年来，宁夏通过上下游、左右岸等多元协同举措，生态环境保护工作取得显著成效，但是由于缺乏立法刚性约束等原因，致使生态环境保护协同治理功能的实现，与中央和宁夏总体要求还有很大差距。因此，加快区域协同立法建设，对宁夏生态环境保护和先行区建设具有重要的意义。

一、宁夏生态环境区域协同治理成效

党的十八大以来，在以习近平同志为核心的党中央和国务院的高度重

作者简介 张宏彩，宁夏社会科学院社会学法学研究所助理研究员。

基金项目：宁夏哲学社会科学规划项目“宁夏实施依法治区战略路径研究”（23NX-CFX01）阶段性研究成果；宁夏法学会课题“区域协同立法视域下宁夏先行区建设的立法挑战与对策研究”（Z2023FXH02）阶段性研究成果。

视和深切关怀下，在宁夏党委和政府统筹谋划部署下，上下游、左右岸、干支流、山川间、城乡间等协同发力，推动宁夏生态环境保护工作取得了显著成就，美丽宁夏面貌发生了深刻的变化。

（一）宁夏协同治理的制度支撑体系初步建成

国家立法层面，2022 年修订实施的《中华人民共和国地方各级人民代表大会和地方各级人民政府组织法》（以下简称《组织法》）第十条第三款规定：“省、自治区、直辖市以及设区的市、自治州的人民代表大会根据区域协调发展的需要，可以开展协同立法。”2023 年修正实施的《立法法》第八十三条第一款规定：“省、自治区、直辖市和设区的市、自治州的人民代表大会及其常务委员会根据区域协调发展的需要，可以协同制定地方性法规，在本行政区域或有关区域内实施。”第二款规定：“省、自治区、直辖市和设区的市、自治州可以建立区域协同立法工作机制。”特别是 2023 年 4 月 1 日生效实施的《黄河保护法》第六条第三款规定：“黄河流域相关地方根据需要在地方性法规和地方政府规章制定、规划编制、监督执法等方面加强协作，协同推进黄河流域生态保护和高质量发展。”上述国家法律为地方更大范围开展区域协同的制度建设提供了明确的立法指引，也是国家在立法上承认了地方政府间框架协议、规范文件、执法协作等的法制规范性质。

自治区层面，2020 年宁夏出台了《宁夏回族自治区关于建设黄河流域生态保护和高质量发展先行区的实施意见》，提出了“协同联动大保护大治理格局”建设内容。2022 年 1 月 24 日发布的全国首个黄河流域地方性法规《宁夏回族自治区建设黄河流域生态保护和高质量发展先行区促进条例》第五十条和第五十六条作出跨部门和跨省区“协同推进”“协同发展”的规定。值得一提的是，2023 年 10 月，宁夏回族自治区党委办公厅和政府办公厅联合印发了《各级党委和政府及自治区有关部门（单位）生态环境保护责任办法》等 4 个生态文明建设专项文件，明确提出强化“指标协同、部门协同、区域协同”机制建设，提出了建立黄河宁夏段上下游跨省域生态保护补偿机制要求，明确了与甘肃省和内蒙古自治区共同设立省际流域横向生态保护补偿资金等协同治理内容。

宁夏各市及其县区层面，近年来，宁夏五市及县两级党委、政府也积极深化推进自治区党委、政府生态环境保护和治理制度落实落地，出台了对贺兰山、六盘山、罗山等跨市、县（区）的保护制度，还有发布了诸如《关于协同推进泾水河流域水环境、水生态、水资源保护工作机制的意见》等黄河干支流保护的地方规范性文件，实现了区—市—县—乡从上到下的协同联动机制的全覆盖。上述一系列法规、规范性文件及政策制度等的出台和发布，不仅破解了过去宁夏生态环境和资源保护的行政区划边界、行业管辖壁垒、领域部门职责隔阂，而且在压实各地区、各级党政机关、各部门生态环境和资源保护责任，同时为各地区各级党政部门协同推进大治理、大保护协同作战机制提供了明确的制度指引。

（二）宁夏全区上下跨部门协同治理格局初步形成

生态环境主管部门之间。近年来，宁夏沿黄四个地级市生态环境部门结合工作实际，分别完成了区域水污染联防联控合作协议的签署。此后，宁夏生态环境厅分别与应急管理厅、宁夏消防救援总队签订了“危险废物污染环境防治与安全生产监管联动工作机制”和“建立应急联动工作机制合作协议”，上述协议的签订，为宁夏生态环境和资源保护奠定了“预防为主、共保共治、上下游联动、权责明晰、合作共赢”制度基础，建立了全区上下实现跨市、跨部门协同联动治理机制。

司法部门间。自治区人民检察院、高级人民法院、公安厅会签了《宁夏贺兰山国家级自然保护区生态环境监管及执法长效机制》；宁夏回族自治区公安厅、人民检察院、高级人民法院、农业农村厅、市场监督管理厅、林业和草原局联合制定《关于办理野生动物案件有关问题的规定》，为各级生态环境和资源保护协同机制建设奠定了坚实的制度基础。

生态环境和资源相关管理部门间。宁夏各市自然资源、生态环境、水务、农业农村、市场监督管理等 8 家单位会签《关于建立部门间联合打击破坏自然资源违法犯罪工作机制的意见（试行）》，宁夏生态环境厅分别与应急管理厅、宁夏消防救援总队签订了《危险废物污染环境防治与安全生产监管联动工作机制》《建立应急联动工作机制合作协议》，宁夏水土保持监测总站和宁夏自然资源信息中心也签订了合作协议，上述一系列的跨部门合作协议的签署，推动了宁夏生态环境和资源保护跨部门协同治理格局进一步形成。

（三）宁夏与外省间跨区域协同治理模式成效初显

近年来，宁夏加强了与沿黄省区生态环境和资源保护协同治理机制的建设。从省际方面来看，宁夏探索创新与邻省建立跨域协作配合机制，加强省际协同联动，实现上下游水污染联防联控，与沿黄各省区共同落实《黄河流域河湖管理流域统筹与区域协调合作备忘录》，宁夏与甘肃、内蒙古等兄弟省区建立跨省河流河长制工作和水污染治理协作联动长效机制，签订《宁夏回族自治区、甘肃省跨界流域突发水污染事件联防联控框架协议》《甘肃省人民政府 宁夏回族自治区人民政府黄河流域（甘肃—宁夏段）横向生态补偿协议》。此外，宁夏还举办了黄河流域生态保护和高质量发展省际合作联席会议。与此同时，宁夏五市及其各县也积极探索跨区域生态环境和资源保护协同机制的落实，截至2022年底，全区五市及其各县（市区）生态环境和资源保护部门与周边相邻省区的市或县相关部门签署了生态环境和资源保护跨区域协同治理协议，例如，泾源县人民检察院与甘肃省庄浪县人民检察院签订了《关于建立六盘山脉跨区域生态环境和资源保护检察协作机制的意见》，还有吴忠市盐池县生态环境局与陕西省榆林市定边县生态环境局签署生态环境和资源保护协同治理协议。

上述各级各类跨区域生态环境和资源保护协同治理备忘录、协议等文件的签署，给宁夏有效保障和维护西北乃至全国生态安全提供了较好的实践经验参考，宁夏全区地级以上城市空气优良天数比例连续7年保持在83%以上，黄河干流宁夏段连续6年保持II类进出，劣V类水体、城市黑臭水体实现动态清零，土壤环境保持总体安全。

二、宁夏开展生态环境区域协同立法面临的困境

党的二十大报告指出，要在法治轨道上推进中国式现代化建设。法治是一种长期的、动态的、系统的工程，由若干个子系统、子体系组成，是不同区域的、地方的、行业的、领域的法律体系和法治体系的组成。对区域生态环境治理而言，需要地方间以共同的、同一的利益为导向，

制定更为精细、明确、具体、可操作的地方性法规，来推进区域生态环境协同发展。与此同时，宁夏在开展生态环境保护区域协同立法中面临以下困境。

（一）宁夏推进区域协同立法前置性障碍多

机制先行是立法的正当、科学、合法的前置程序，但是实践层面宁夏在协同立法机制建设层面存在以下困难。

1. 区域协同立法体制机制搭建难

区域协同立法的前提是区域内地方间共同的、同一性利益价值体的建构，以我国其他省份区域协同立法经验为参考，如云贵川三省共同制定的赤水河流域保护地方条例，是在全国人大的主导下推动实现的。虽然中央现行政策明确指出全国人大及其常委会要推动区域协同立法机制建设，但在实际操作中，需要宁夏与其他省份达成协同立法共识，需要形成省际间人大立法合作机制，才能进一步确立具体的立法领域或共同项目，进而才能明确区域协同立法启动申报程序，以及后续工作的推动和执行。

2. 上位法关于区域协同立法结构和要素还不明确

无论《立法法》、《中华人民共和国地方各级人民代表大会和地方各级人民政府组织法》（以下简称《组织法》），还是《黄河保护法》，其关于地方开展区域协同立法的内容、边界、标准均是模糊的。此外，参考我国现有的区域协同立法样例，其关于区域协同立法要素、结构等均系局部、某一领域、某方面的针对性的立法，且从立法要素构成上或结构上来看，多数地方协同立法是不具备或不完全符合某一领域地方立法构成要件和全部要素的。因此，对宁夏而言，缺乏区域协同立法参考的具体制度指引，要推进区域协同立法，将面临很多的制度突破和创新挑战。

3. 区域协同立法深度和广度拓展有限

目前，黄河流域九省区间经济发展与生态环境保护不平衡问题较为突出。无论是《立法法》，还是《组织法》，均未对区域协同立法的深度和广度作出明确规定，如果依照地方立法权限来推进区域协同立法，就仅能够满足地方在行政区划内的生态环境保护、基层治理等层面的行政执法指导，那么《立法法》第八十条关于区域法规适用的效力就成为空置，同时，这显然不能满足实践中跨行政区域的执法、司法操作的需求。

（二）宁夏的生态环境区域统筹驱动力不足

虽然宁夏定位“一河三山”生态坐标和“一带三区”的生态环境保护屏障，但实践中，需要统筹推动黄河流域的生态环境保护、修复、综合治理，而宁夏在黄河流域的区域统领能力、引领能力是有待商榷的。长期以来宁夏经济社会发展倚能倚重，致使其近年来在生态环境保护、修复和综合治理中任务艰巨。同时，宁夏优势特色产业主要是枸杞、葡萄酒、蔬菜、滩羊、黄牛等种养殖业，倚重土地和水资源，因此，造成水资源利用结构不合理问题依然突出。例如，2021 年，宁夏农业用水量占比超过 80%，农业灌溉用水占比达到 90%，两项指标都远高于全国平均水平。此外，宁夏用水方式还比较粗放。①还有湿地保护、沙漠生态保护不足，污水排放不达标等威胁流域生态环境的风险隐患仍然存在。因此，宁夏要从事整体上扭转生态环境保护和综合治理发展的短板和局面，在财政投入、产业结构等方面需要花大力气，且负担也较重。进而在其搭建区域协同立法机制、推动区域协同立法等工作上，存在生态环境治理压力大、财政负担能力低、产业结构改革发展压力大等现实困境和短板。

此外，2020 年先行区建设以来，宁夏的生态环境保护、修复及综合治理工作，无论从技术创新，还是从实践效能来看，在黄河流域九省区的排位中也是不够突出的。因此，宁夏在统筹生态治理的区域协同立法方面缺乏引领和带动能力。

（三）宁夏经济的区域协同带动影响力不够

长期以来，我国各地片面追求 GDP 增长，在一定程度上影响和制约了当前区域协调发展共同价值和目标的建构。研究表明，地方保护和地方 GDP 增速严重影响区域协同发展的地方立法建设。②国家统计网数据显示，2019 年沿黄九省区的地区生产总值，宁夏居第 8 位，至 2022 年，宁夏依然

①王愿如：《2021—2022 年宁夏黄河流域生态保护和高质量发展研究报告》，《黄河流域生态保护和高质量发展报告（2022）》，社会科学文献出版社，2022 年，第 149 页。

②陈俊：《区域一体化建设进程中地方立法协调机制建设研究》，法律出版社，2013 年，第 147 页。

位居第8位（见表1）。同样，宁夏人口基数（表2）、水资源总量等一直以来在黄河流域九省区居末位。可见，宁夏在人口资源禀赋、经济发展动力等方面与黄河流域其他省区存在差距较大，而且处于弱势地位。从城市规模和发展动力来看，宁夏共有银川市、吴忠市、中卫市、石嘴山市、固原市五个设区的市，其城市规模较小、资源和人口聚集效能较低，此外，高新技术企业也较少。据统计，2021年，宁夏煤炭、电力、原材料等高耗能产业占宁夏工业的75%以上。同时，在推进城镇化进程中，生态环境建设、公共服务基础设施供给等发展上资金缺口较大，财政负担较重。[①]

表1　2019—2022年黄河流域九省区地区生产总值统计（来自国家统计网）

地区	2022年	2021年	2020年	2019年
山西省	25642.6	22870.4	17835.6	16961.6
内蒙古	23158.6	21166	17258	17212.5
山东省	87435.1	82875.2	72798.2	70540.5
河南省	61345.1	58071.4	54259.4	53717.8
四川省	56749.8	54088	48501.6	46363.8
陕西省	32772.7	30121.7	26014.1	25793.2
甘肃省	11201.6	10225.5	8979.7	8718.3
青海省	3610.1	3385.1	3009.8	2941.1
宁夏	5069.6	4588.2	3956.3	3748.5

表2　2019—2022年黄河流域九省区人口总量统计表（来自国家统计网）

地区	2022年	2021年	2020年	2019年
山西省	3481	3480	3490	3497
内蒙古	2401	2400	2403	2415
山东省	10163	10170	10165	10106
河南省	9872	9883	9941	9901
四川省	8374	8372	8371	8351
陕西省	3956	3954	3955	3944
甘肃省	2492	2490	2501	2509
青海省	595	594	593	590
宁夏	728	725	721	717

①斑斓：《2022年西北地区经济社会发展报告》，《西北发展蓝皮书（2022）》，社会科学文献出版社，2021年，第37-38页。

基于前述宁夏经济社会发展状况分析，以及黄河流域生态保护和高质量发展战略的区域生态和经济共赢发展要求，宁夏在经济发展动能、资源环境禀赋、科技创新带动作用等方面，在黄河流域九省区发展中均不突出，缺乏呼吁协同合作发展的资源禀赋和能力。以经济总量为例，一直以来，宁夏生产总值位居黄河流域九省区末位，毗邻的甘肃、内蒙古、陕西三省区的经济总量、人口基数、地域面积等均远超宁夏数十倍之多。因此，宁夏在争取、参与区域协同立法项目方面的话语权和影响力都不足。

三、宁夏开展生态环境区域协同立法策略

在论证地方推进黄河流域生态保护和高质量发展区域协同立法路径前，从认知上要确立《立法法》《组织法》《黄河保护法》等法律制度中的区域协同立法不是地方立法的新事权，而是国家立法明确地方立法事项的进一步拓展，是地方与地方间推进协调发展过程中，通过立法确立协同发展和社会治理机制及其有效运行的法治化路径，也是通过立法促进地方发展与区域发展、地方稳定与区域稳定的保障。同时，也是更进一步实现法律总结地方文化知识、发展经验和自然秩序作用的正确表达。因此，宁夏应当充分发挥其立法积极性和主动性，尽早尽快总结各地及部门协同化发展经验，探索创新区域协同立法新机制、新路径、新方式、新领域，进而为宁夏加快黄河流域生态保护和高质量发展先行区建设提供立法支撑。

（一）积极创设和搭建跨区域的协同立法机制

机制建设是区域协同立法必要的前置条件，因而宁夏在推进区域协同立法进程中，首要的任务是如何搭建区域协同立法机制，解决区域协同立法机制包括参与主体、协同领域或范围、协同立法程序、协同立法运行机制等要件或要素如何规划等问题。

1. 认识到区域协同立法参与主体多元、复杂的特征

虽然《立法法》明确了协同立法的主体是省、自治区、直辖市或设区的市的人大及其常委会，但在实践中，某一领域特定区域的协同立法，除了有立法权限的人大及其常委会，也有同级人民政府、政府部门、司法机关、执法部门或企业，乃至相关领域的人民群众等，这不仅仅是立法参与

主体多样性或复杂性的现实问题，也是立法参与主体多样性、多元化的立法科学化、现代化的根本要求，更是基于事物的普遍联系理论所决定的。因此，建立区域协同立法机制首先在参与主体范围、准入、条件等方面需要确立广泛的、多元的、民主的制度机制。

2. 借助外力，通过智库平台化解协同立法领域或范围的法律边界模糊性影响具体立法项目确立路径难问题

《立法法》将区域协同立法放置在地方立法章节中，地方在推进区域协同立法机制建设过程中，首要明确的是地方立法的边界，进而确立哪些领域和范围才能达成区域协同立法项目。就宁夏先行区建设而言，在探索生态环境保护和经济社会高质量发展的区域协同立法领域，需要破解立法边界理论和实践把握不准、相应的配套衔接机制建设能力不足等困难。根据京津冀区域协同立法机制确立的经验启示，宁夏应组建区内外法学等相关领域专家库，借助区内外高校和科研机构等智库力量，厘清宁夏先行区建设区域协同立法边界，并明确具体可试行、可试验的立法项目。

3. 加快区域协同立法程序的制定

“立法程序是遏制不正当立法的保障。”①区域协同立法机制和平台的搭建，需要遵循一定的立法程序，以推动区域协同立法运作有章可循、有序推进。实践经验告诉我们，协同立法运行工作机制的运行前提是区域协同立法程序的制定，制度是机制运行的基础，也是协同立法的要件或要素，是启动立法和搭建立法平台、确定立法规划项目或内容的重要基础，也是区域协同立法的首要任务和难点所在。加紧区域协同立法制度的建设，是创造区域协同立法机遇的基础。

（二）积极探索小范围的区域协同立法项目创设转化

借鉴京津冀、长三角、赤水河流域等地区现行区域协同立法的样态和经验，区域协同立法主要是由政府合作框架协议的软法治理起步。因此，结合2019年以来宁夏在黄河流域的生态环境综合治理和修复经验，建议通过以下路径探索区域协同立法路径。

①孙潮，徐向华：《论我国立法程序的完善》，《中国法学》，2003年第5期。

1. 总结政府规章和政策，以及部门单位跨区域协作经验，探索地方立法转化路径

以宁夏检察公益诉讼为例，2021年以来，自治区层面，宁夏人民检察院与宁夏水利厅会签《关于建立健全水行政执法与检察公益诉讼协作机制的实施细则》，与宁夏林长办联合制定《关于建立“林长+检察长”工作机制的意见》；市级层面，银川市检察院与法院联合印发《消费领域惩罚性赔偿金管理办法》，吴忠市检察院与消防支队会签《关于建立消防行政执法与检察公益诉讼协作机制的意见》，中卫市检察院与法院、公安、水务等6部门建立生态环境和资源保护行政执法与司法联动工作机制。①建立的这些跨市域的信息共享机制、跨部门的联席会议机制等都需要通过立法固定和明确其职责权限，以推动司法实践和执法监督政策或制度的有效落地，也不可不称其为地方立法经验的参考。更进一步而言，这些协同机制也能为地方开展区域协同立法提供经验积累，以及地方立法转化启示或参考。

2. 探索跨行政区域政府间协作框架协议等政策类软法的立法转化路径

例如，2017年江苏与宁夏共同达成了两省区加强旅游区域合作协议，两省间就旅游投资、信息共享和互联互通、突发事件应急处置机制等做出形成明确的协作互助规范内容。从合同法上而言，两省间的合作协议规范和制约着两个省级主体的旅游相关各类行为。但从合作协议的目标来看，在促进两省间旅游事业发展的同时，合作协议也是区域旅游协同制度的实践，为两省旅游事业和谐发展提供了良好的制度基础。更具代表意义的是，宁夏与甘肃省签署了《甘肃省人民政府 宁夏回族自治区人民政府黄河流域（甘肃—宁夏段）横向生态补偿协议》，其成效和示范作用不言而喻。在此意义上，宁夏及其五市人大应当探索其协同立法转化，既为黄河流域区域协同立法提供政府立法参考，也是对黄河流域区域协同立法的尝试。

---

①张静：《稳中求进提质效　聚焦重点抓办案——宁夏检察机关公益诉讼守护美好生活》［EB/OL］.https：//www.nxnews.net/ms/gyxd/2023.06/t20230602_8065049.html 宁夏新闻网，最后访问时间：2023年8月23日。

3. 积极探索自治区内的市域间或跨省的市际间的区域协同立法路径

根据《立法法》规定，设区的市人大及其常委会立法是地方立法的重要组成，其形成的地方性法规是国家法律体系的重要内容之一。与省级单行条例相比，设区的市立法成本更小，其地方历史文化、经济基础、资源禀赋等法规的实践来源更为简单和明确一些，即设区的市地方立法更容易表达地方文化、更能够细化和明确某一目标、更具可操作性和执行力。因此，加快探索五市间区域协同立法，或五市与其他省份市际协同立法，构建先行区建设市域区域协同立法体系，是宁夏推进区域协同立法的有效尝试和探索。

（三）抓紧生态环境和资源保护区域协同立法工作推进

生态优先是黄河流域生态保护和高质量发展国家战略推进的基本原则。推动生态环境保护优先的区域协同立法，是宁夏坚决贯彻国家战略的重要举措。卢梭在《社会契约论》中对法律与自然关系的论证指出："要使一个国家的体制能真正稳固和持久，就必须严格按照实际情况行事，使自然关系和法律永远在每一点上都协同一致，而且可以这样说：法律只不过是在保障伴随和矫正自然关系。"①在此意义的基础上，就不难理解国家在推进黄河流域生态保护和高质量发展战略中为什么提出生态保护优先要求。因此，宁夏推动区域协同立法建设，要确立生态环境保护优先的区域统一、共同的基本原则。这一原则是黄河流域九省区区域协调发展的统一的、共同的立法价值遵循。。

近年来，宁夏在推进碧水蓝天保卫战、黄河流域生态保护等执法、司法过程中，与内蒙古、甘肃建立相关协同合作，建立信息共享、联席会议等机制，积累了许多地方协同治理经验，宁夏应当持续拓展周边省（区）间生态环境保护和综合治理区域协同立法转化路径。党和国家大力推进区域协同立法，其核心在于化解区域发展不均衡问题，目标在于推动区域协同一体化和谐发展机制，实则是通过区域协同立法，解决地方保护主义等不利于区域发展的理念和制度障碍。长三角和粤港澳大湾区的建设经验告

①卢梭：《社会契约论》，李平沤译，商务印书馆，2011年，第60页。

诉我们，区域内各地资源合理配置、产业协调发展是抗击各类自然灾难或紧急突发事件的坚实基础，通过法律制度凝聚区域内地方发展合力，规范和调整地方各主体共同努力，推动区域自然生态和谐和经济社会高质量发展，避免区域内恶意竞争，为区域共同的发展营造良性竞争法治环境，进而推动区域一体化和协同发展。

（四）凭借数字经济发展优势开拓区域高质量发展协同立法路径

近年来，宁夏贯彻落实国家数字化转型及数字中国整体战略取得一定成绩。以互联网、云计算和大数据等为例，宁夏如期完成了“互联网+教育”示范区、“互联网+医疗”示范区建设，在制度创新、信息系统平台建设等方面均得国家和全国其他省份认可。尤其是“东数西算”全国一体化大数据中心体系建设，受到全国瞩目，该大数据中心体系的建设将数据作为资源要素，实现数据资源跨区域联动调配，推动数字经济产业快速发展，带动宁夏及西部地区互联网+、5G、人工智能等新兴产业和领域发展。因此，宁夏当以此为契机，加快数字经济的新业态、新领域区域联动和协调发展机制建设，推动区域新业态新领域区域发展规划协同、立法协同建设，为宁夏推进黄河流域生态保护和高质量发展增添色彩。

法治调研篇

FAZHI DIAOYAN PIAN

宁夏法学教育和法学理论研究：现状、问题与思考

李　乐　李保平

2023年2月26日，中共中央办公厅、国务院办公厅印发了《关于加强新时代法学教育和法学理论研究的意见》（以下简称《意见》），是新时代加强法学教育、繁荣法学理论的行动纲领，为今后一个时期建设中国特色法学，构建内容科学、结构合理、系统完备、协同高效的法学教育体系和法学理论研究体系提供了根本遵循，必将对宁夏法学教育和法学理论研究从根本指导思想、工作原则、目标任务、研究范式到教学体系、研究体系、学科建设等方面产生重大影响，是推动宁夏法学教育和法学理论研究高质量发展的重大历史机遇。

一、宁夏法学教育、法学理论研究现状

宁夏的法学教育和法学理论研究经历了一个较为复杂曲折的过程，实现了从无到有、从小到大的发展嬗变。原宁夏大学校长吴家麟教授是我国著名宪法学家，但宁夏大学长时期没有法学专业，只是在政治系开设法学概论课程。20世纪90年代后，宁夏大学开始在原政治系基础上组建政法学院，设立法学专业。从时间看，宁夏法学教育实际上最早是从北方民族

作者简介　李乐，北方民族大学党委宣传部工作人员；李保平，宁夏社会科学院社会学法学研究所所长、研究员。

大学（原西北第二民族学院）开始的，1984 年北方民族大学成立之初就设有法学院，培养法学人才。40 年来，宁夏法学教育、法学理论研究取得一系列成绩，应用对策研究成果多次被党和国家领导人、宁夏回族自治区主要领导批示，在维护宁夏社会稳定、促进经济社会发展中发挥了重要作用。

（一）宁夏法学教育、法学理论研究机构建设情况

宁夏法学教学、法学理论研究机构主要有：宁夏大学法学院、北方民族大学法学院、宁夏社会科学院社会学法学研究所、宁夏区委党校法学教研部。由于特殊的区情，宁夏法学教育、法学理论研究机构建立时间不长，组建时间基本与改革开放同步，机构人员规模也相对偏小。

（二）法学学科建设情况

目前，宁夏大学法学院、北方民族大学法学院均设有法学本科专业。在研究生培养上，宁夏大学有法学一级学科硕士点，法学理论、民商法学、诉讼法学三个法学二级学科硕士点。同时，宁夏大学法学院还开展法律专业硕士培养，北方民族大学有法学和非法学两个法律专业硕士培养方向，两所高校均没有法学一级学科博士点。宁夏社会科学院设有政法重点扶持学科，在法社会学、民族宗教治理、基层治理、法治政府建设、设区市立法和法治应用对策等方面的研究，形成其研究优势，编纂出版的《宁夏法治蓝皮书：宁夏法治发展报告》成为社会各界了解宁夏法治建设成果的窗口，应用对策研究成果被全国政协原主要领导作出重要批示，20 余次被自治区领导肯定性批示。

（三）法学教育、法学理论人才建设情况

宁夏大学法学院除法学专业外，还包括行政管理、社会工作等专业，并不完全是纯法学。据不完全统计，宁夏大学法学院法学专业方向教授有 7 人、副教授有 8 人，北方民族大学法学院有教授 15 人、副教授 12 人，宁夏社会科学院社会学法学研究所有法学方向研究员（二级）1 人，宁夏区委党校法学教研部有教授 3 人、副教授 4 人。上述研究人员中，有十四届全国人大代表、十三届全国政协委员各 1 人，享受国务院政府特殊津贴 2 人、宁夏回族自治区政府特殊津贴 2 人，获评自治区塞上文化名家 2 名、自治区“四个一批”理论人才 1 名，担任自治区党委首届法律顾问 3 人，

10余人次获聘担任自治区人大立法咨询专家、自治区依法治区委员会专家组成员、自治区人民政府法律咨询委员会委员、自治区法官检察官遴选委员会专家组成员。

二、宁夏法学教育、法学理论研究存在的问题

党的十八大以来，我国法学教育和法学理论研究获得长足发展，在科学立法、法治政府、公正司法、法治社会建设方面均取得较大成就，为经济社会发展提供了坚强法治保障。但同时，我们也应看到，《意见》的出台，说明我国法学教育、法学理论研究存在许多问题，《意见》实际上就是奔着问题去的。经过改革开放特别是十八大以来法治建设不懈推进，宁夏的法学教育、法学理论研究取得较大进步，形成了一定的法学教育规模，法学理论研究也取得不错的成绩。但我们也看到，宁夏的法学教育和法学理论研究也存在一些亟待解决的问题，这些问题的存在，一定程度影响着法治宁夏建设的水平。

（一）对习近平新时代中国特色社会主义思想、习近平法治思想的学习在认识的高度、学习的深度、理解的宽度上还存在不足

近代以来，我国的法学教育和法学理论研究就深受西方法学特别是大陆法系的影响。新中国成立后，苏俄法学又对我国法学教育和法学理论研究产生了直接影响。改革开放后，为适应对外开放的需要，我们又通过法律移植，将大量西方法学教育、法学理论、学科建设、概念范畴包括司法理念等引入我国，使得我国法学教育和法学理论研究深受自由主义法学和实证法学等西方法学流派的影响。“言必称希腊”，西方法学曾经是法学教育和法学理论研究的圭臬，代表了法学研究的一种价值追求。中华民族是有着五千年优秀传统法律文化的国家，正如习近平总书记在哲学社会科学座谈会上所讲的，一个民族，不能没有自己的哲学社会科学。作为哲学社会科学大家族中的重要一员，法学研究也应该有自身的特色。坚定不移走中国特色社会主义法治道路，坚持党的领导、人民当家作主、依法治国有机统一，加快构建中国特色法学学科体系、学术体系、话语体系，是我们当前面临的一项十分迫切的任务。对西方“宪政”“三权分立”“司法独

立”等错误观念，既要坚决反对，也要对中国特色社会主义法治道路为什么好进行学理化阐释、学术化表达、中国化建构，推动法学研究成果社会化、大众化。在这方面，宁夏的法学教育和法学理论研究在理念上存在一定程度不适应，实践上还存在有理说不清、说了没人信的困惑。这种状况的出现，与我们法学教育、法学基础理论研究水平不高、同社会发展实际结合不够、对传统优秀法律文化认识不深有密切关系，也与对习近平新时代中国特色社会主义思想特别是习近平法治思想学习不透、参悟不深、用力不够有关。深入推进习近平法治思想学理化阐释、学术化表达、体系化建构，推动理论研究成果向课程体系、教材体系、教学体系转化，推动法学教育、法学研究成果社会化，是我们面临的重要任务。

（二）宁夏法学基础理论研究水平偏低，法学研究领军人才匮乏

作为欠发达地区的宁夏，哲学社会科学受制于经济发展，发展水平相对偏低。改革开放后，为了迎头赶上，我们采取了“特色优长”学科优先发展战略。一些与宁夏地域有关的特色学科获得较大发展，成为宁夏哲学社会科学教学和研究的标杆。这种换道超车的战略，虽然对提高宁夏在哲学社会科学研究中的国内外知名度产生了重要影响，但也产生了一定的负面影响。经济学研究成果表明，当学科建设资源总数给定时，投入到特定学科建设上的资源增加，必然意味着其他学科资源的减少。当以特色学科为代表的研究高歌猛进时，社会科学的其他学科包括法学学科发展就会受到一定程度的影响甚至呈现萎缩状况。从目前情况看，宁夏法学教育与法学理论研究同国内发达地区甚至西北其他省区相比，差距还在进一步拉大。这种差距既体现在法学教育、法学理论研究的成果上，也表现在法学研究领军人才的匮乏上。宁夏的法学教学研究领域，在全国范围内有影响的学者少是一个基本事实，这从一个侧面反映了宁夏法学教育和法学理论研究的实际水平。

（三）由于长期忽视法学教育和法学基础理论人才培养，导致宁夏法学研究人才断层严重

人事有更替，往来成古今。人才的培养是一个长期持续的过程，如果培养过程存在“断裂”现象，必然会导致人才断层出现。当前宁夏法学研究人才断层现象明显，大部分出生于20世纪60年代、具有较高知名度的法学专家面临退休，而新生代还没有成长起来。虽然近年来通过引进人才战略，吸引了大批法学博士加入法学教育和法学理论研究队伍中来，但年轻人的成长毕竟也需要一定的过程，不可能拔苗助长。从目前情况看，宁夏法学人才断层的现象在短期内还很难改变。

（四）宁夏法学研究学科建设力量薄弱，水平不高，专业门类不齐全

法学学科建设由于长期以来没有受到应有的重视，法学学科建设力量不足，教学质量、研究水平受到影响。在哲学社会科学座谈会上，习近平总书记曾点了一些亟待发展的学科，其中就包括法学学科。除传统法学学科外，在《意见》中，为适应法治建设新要求，明确提出要加强立法学、文化法学、教育法学、国家安全法学、区际法学等学科建设，推进法学和经济学、社会学、政治学、心理学、统计学、管理学、人类学、网络工程以及自然科学等学科交叉融合发展，培养高质量复合型人才。面对新的形势任务，宁夏在尚未高质量完成传统法学学科建设任务的情况下，又要推进新兴交叉学科的发展，难度可想而知。如果没有特殊的扶持政策，要完成《意见》所确定的目标是非常困难的。

（五）宁夏法学理论研究水平不高，存在低水平重复现象，理论研究与应用研究结构失衡，应用对策研究没有受到应有的重视，成果转化渠道不畅

受制于人才、资源、地域短板，宁夏法学理论研究水平普遍不高，不同程度影响了法学教育的质量。如果我们检索一下宁夏法学学者近十年发表论文、出版专著的情况，在核心期刊、国家级出版社发表的作品较少，在国家权威期刊发表的论文更少，参与国家级、国际学术交流频次不高，说明宁夏法学研究水平还偏低，缺少与国内外同行同台交流的能力和水平。法学是实践性很强的一门学科，在强化基础理论研究的同时，积极回应人民群众新要求新期待，系统研究立法、执法、司法、守法等法治领域人民群众反映强烈的突出问题，提出对策建议，是法学研究的重要内容。在宁夏一些高等院校和科研机构，还存在重视基础理论研究，忽视应用对策研究的现象，研究人员崇尚象牙塔学问，研究范围窄化现象突出，仅凭个人兴趣爱好选择研究方向，不能很好地回应现实对法学教育、法学理论研究的需求。应用对策研究长时期没有纳入学科评价体系，成果转化渠道不畅，导致应用研究长期不被重视，从事应用研究的研究人员也相对较少。

三、对宁夏法学教育、法学理论研究高质量发展的思考

（一）深入学习习近平新时代中国特色社会主义思想，挖掘习近平法治思想的思想内涵、理论伟力、实践要求，切实把习近平法治思想贯彻到平安宁夏、法治宁夏建设中

近期，党中央决定在全党开展学习贯彻习近平新时代中国特色社会主义思想主题教育，我们要抓住这个机遇，在习近平法治思想学深弄通上下功夫，在贯彻落实上出实效。一是由政法委牵头，成立习近平法治思想研究中心，以中心为平台，以课题研究、报刊理论文章为载体，进一步加强对习近平法治思想的学理化阐释、体系化建构。在此基础上，推进习近平法治思想的社会化传播和大众化理解，使习近平法治思想不但成为政法工作的基本遵循、实践要求，也成为规范公民行为的行动指南。二是全面落实中央依法治国办印发的《关于加强革命根据地法制史研究教学宣传工作方案》，加强对中国新民主主义革命法制史特别是革命根据地法制史的研究，传承红色法治基因，赓续红色法治血脉，深化对政法传统的认识。宁夏盐池县是革命老区，许多老一辈无产阶级革命家都曾经在那里工作生活过，红色法治史料较为丰富，建议宁夏以重点专项课题形式，组成课题组开展对盐池县红色法制史的研究。

（二）以学科建设助推法学基础理论研究上台阶，强化法学人才培养的力度和效度，切实解决法学研究领军人才短缺和法学研究人才断层问题

从哲学社会科学研究规律看，学科建设是人才培养的平台，加强宁夏法学学科建设是解决领军人才不足和人才断层的有效方式。一是在自治区层面，把法学学科建设摆上重要议事日程，将法学学科作为自治区重点学科来布局，纳入自治区哲学社会科学发展“十四五”规划，对宁夏大学、宁夏社会科学院政法学科在经费保障、人员编制、机构设置等方面给予倾斜。对《意见》所确定的交叉学科、新兴学科，更是要在学科建设上下功夫、出实招，才能见实效。二是借鉴教育厅教育科学研究项目经验，积极

推动将宁夏回族自治区法学会课题纳入宁夏哲学社会科学规划项目管理，增加经费保障，提高法学会课题研究的水平和影响力。三是开展宁夏中青年法学家评选活动。资深法学家、中青年法学家、优秀青年法学家评选活动在中国法学会已经开展了多年，其中有的已经评选十届，许多省区都已开展类似活动，旨在推动本省区法学领军人才脱颖而出。宁夏虽然法学研究人才短缺，研究能力与兄弟省区存在差距，但推选中青年法学家活动本身，也是培养、孵化人才的过程，只要我们有这样的制度机制，在人才培养上持续用力，久久为功，我们的研究水平一定会迎头赶上。四是处理好人才引进与人才培养的关系，不能只重视引进，忽视本土人才培养。引进与培养是解决人才不足的两种方式，在特定的时期，人才引进可以起到立竿见影的效应。但从哲学社会科学研究特别是人才成长的规律看，一个学科研究人才的成长，不能单纯依靠人才引进，最终还是要依靠本土人才的成长，才能形成规模效应。当前，宁夏人才引进已告一段落，要尽快转移工作重心，把资源投放到本土人才的培养上，只有这样，法学研究人才培养工程才能行稳致远。

（三）在强化法学基础理论研究的同时，高度重视法学应用对策研究，建立科学的评价制度体系，推动应用对策研究上台阶

秩序是人类社会生存发展的基本条件。作为为秩序建构提供理论与实践指导的法学本来是为解决社会问题而形成的一门学问，实践性是法学的重要特征。从宁夏法学教育、法学基础理论研究的实际看，重视基础理论研究，忽视应用对策研究的现象依然存在。《意见》要求法学研究要积极回应人民群众关切，加强对国家重大发展战略法治保障研究，加强国家安全、科技创新、公共卫生、生物安全、生态文明、防范风险、大国外交等重点领域法治实践研究，并提出对策建议。说明应用对策研究，是法学研究的重要内容，也是践行以人民为中心法治理念的生动体现。一是建议宁夏按照《意见》要求，由党委政法委牵头，积极推动科研成果代表作制度，完善将报刊理论文章、教学研究成果、决策咨询报告等纳入学术成果机制，把参与法治实践、咨询建言等纳入科研考核评价和科研评奖体系，提高科研考核评价工作的科学性，最大限度调动法学研究人员的积极性。二是畅通法学应用对策研究成果的报送渠道。当前，宁夏法学应用对策研究成果报送渠道基本是以研究人员所在单位为主，还没有建立起全区政法系统应用对策研究成果报送渠道，建议在宁夏回族自治区依法治区办公室或法学会设立相应机构，专司法治应用对策研究的报送工作。通过建立“直通车”制度，把应用对策研究成果及时报送中央政法委、中国法学会和自治区党委、政府，提高法学应用对策研究成果报送的时效性。三是建立应用对策研究成果奖励和领导批示督办机制，提高研究人员积极性，推动法学应用对策研究成果有效转化为治理效能。

（四）重视法治智库建设，打造适合宁夏实际，满足平安宁夏、法治宁夏建设需要的高端法治智库

《意见》指出，要建设国家亟须、特色鲜明、制度创新、引领发展的法治高端智库。在现代社会，智库建设和智库水平，对国家治理体系和治理能力现代化而言，具有十分重要的意义。和发达地区相比，宁夏还缺少专业化的法治智库，法治应用对策研究成果分散在不同单位部门，碎片化现象突出。打造高端法治智库，不仅是提升宁夏法治建设水平的务实之举，也是提高治理能力的重大工程。一是建议在宁夏大学成立宁夏法治理论研究中心，充分利用宁夏大学法学院人才优势，加大法治人才培养的力度，深化法学基础理论特别是习近平法治思想研究，在学科建设、人才培养、基础理论研究方面取得突破性成果；二是建议在宁夏社会科学院成立宁夏法治应用对策研究中心，充分利用宁夏社会科学院法学社会学研究所的力量，强化法学应用对策研究，以高水平应用对策研究成果，在全区做出示范；三是建议在宁夏区委党校成立宁夏法治教育培训中心，充分利用宁夏党校法学教研部力量，在干部法治教育培训中积累新经验，寻求新突破，做出新成果。三大中心建设要做细做实，要有制度、有经费、有人员、有成果，不能挂牌了之。

（五）举办法治宁夏论坛，积极参与国内外学术交流，扩大宁夏法学教育和法学基础理论、应用对策研究成果的影响力

学术交流平台的搭建，对提高法学教育、法学研究水平意义重大。时至今日，宁夏法学研究在论坛品牌方面还处于空白状况，与法治宁夏、平安宁夏建设的地位与作用极不相称。一是建议举办年度法治宁夏论坛（也可以考虑两年举办一次），制定举办规则，明确由自治区政法委或依法治区委员会办公室主办，宁夏各政法单位、法学研究机构、高等院校轮流承办，为法治教育研究提供交流平台，让外界更多了解法治宁夏建设成果。二是积极开展对外学术交流，提升宁夏法学研究水平。充分利用中国社会科学院与自治区人民政府战略合作机制，加强与中国社会科学院法学研究所、国际法研究所、中国社科院大学法学院的交流合作，积极拓展与国内外高校法学学术交流，参加中国法学会组织的法学研究学术交流活动。三是借助外力，联合开展有关课题研究，为自治区法治建设把脉定向。针对宁夏重大法治问题，通过联合调研，合作开展课题研究、课题研讨等环节，可有效助力法学教学研究，提升法学研究和法治应用对策研究水平。

2023年宁夏行政复议工作调研报告

郑清源　马永靖

2023年，宁夏行政复议工作坚持以习近平新时代中国特色社会主义思想为指导，深入学习贯彻习近平法治思想，坚决贯彻落实习近平总书记关于“发挥行政复议公正高效、便民为民的制度优势和化解行政争议的主渠道作用”重要指示精神，紧紧围绕服务经济社会发展大局，以行政复议质量提升年活动为抓手，不断深化行政复议体制改革，增强监督行政机关严格规范公正文明执法和有效化解社会矛盾纠纷的意识和能力，奋力推进新时代新征程行政复议行政应诉工作现代化。

一、2023年宁夏行政复议工作做法及成效

（一）坚持“一个统领”，政治建设更加有力

1. 加强政治建设

坚持以习近平新时代中国特色社会主义思想为指导，全面贯彻党的二十大和习近平总书记视察宁夏重要讲话和重要指示批示精神，深入践行习近平法治思想，全面落实自治区党委和政府工作部署，紧密结合学习贯彻习近平新时代中国特色社会主义思想主题教育，全面加强对行政复议人

作者简介　郑清源，宁夏回族自治区司法厅行政复议与应诉监督指导处处长；马永靖，宁夏回族自治区司法厅行政复议与应诉监督指导处二级主任科员。

员的思想政治、复议业务、党风廉政等教育。自治区本级行政复议机构以“复议为民”党建品牌创建为抓手，积极开展“支部联建”“业务讲坛”“每周学法”等活动，引导行政复议人员将习近平新时代中国特色社会主义思想转化为指导行政复议工作实践的强大力量。

2. 坚持高位推动

自治区党委、政府高度重视行政复议工作。2023 年，强化行政复议工作被列入自治区党委常委会工作重点，并写入自治区政府工作报告，自治区政府主要领导同志对行政复议工作作出批示。自治区人大对全区行政复议工作进行调研，专题听取自治区人民政府行政复议工作报告并进行询问。在自治区党委、政府的坚强领导和自治区人大的有力监督下，行政复议工作目标更加明确、责任更加明晰、局面更加积极。

3. 严格请示报告制度

建立了涉众、涉外等重大复杂案件跟踪和风险排查机制，守牢意识形态安全底线。要求各级行政复议机构每年至少向同级党委和政府及上级行政复议机构报告 1 次行政复议工作情况，对有关工作重要进展、重大案件、重点问题等，及时向同级党委和政府请示报告。2023 年，全区各级行政复议机构向同级党委和政府请示、报告工作 78 次。

4. 强化廉政意识

健全完善并严格执行廉洁办案规章制度，建立行政复议办案述廉机制，办案人员签订《廉洁办案承诺书》，严禁行政复议人员与当事人及其代理人违规接触交往，严禁违规过问和干预其他人员正在办理的行政复议案件。2023 年，全区行政复议机构开展思想政治教育 85 次、党风廉政教育 87 次、其他学习教育活动 213 次，廉洁办案意识进一步增强。

（二）突出“四个一体化”，改革任务落实更加深入

1. 一体化推进行政复议权集中

按照 2018 年中央机构改革部署要求，全区各级政府行政复议工作由本级司法行政部门承担，自治区本级在司法厅设立行政复议与应诉局。2021 年 6 月，自治区党委全面依法治区委员会根据中央关于行政复议体制改革方案要求，印发行政复议体制改革实施方案，在区、市、县三级同步推进行政复议体制改革。自治区政府发布关于集中行政复议权的通告，明确除实行垂直领导的行政机关、税务和国家安全机关外，县级以上一级政府只保留一个行政复议机关，由本级人民政府统一行使行政复议职责，地方各级人民政府所属部门不再承担行政复议职责，行政复议资源得到全面整合优化。

2. 一体化推进审理机制完善

按照自治区行政复议体制改革实施方案要求，全区各级政府承接、完善和搭建各级政府行政复议办公室架构，县级以上地方人民政府司法行政部门作为本级人民政府的行政复议机构，以本级人民政府行政复议办公室的名义依法办理本级人民政府行政复议事项，并承担相应的行政应诉和行政赔偿等事项。2023 年，全区进一步建立健全行政复议配套工作机制，对行政复议受理、审理、决定、执行、监督等实施全流程全要素管理，审理机制进一步优化；市、县两级普遍建立由政府主导，相关政府部门、专家学者参与的行政复议委员会，为重大疑难复杂案件提供咨询意见；探索案件繁简分流模式，积极构建多元矛盾纠纷化解机制，行政复议规范化水平逐步提升。

3. 一体化推进人员编制落实

改革当年，自治区司法厅提请自治区党委机构编制委员会印发《关于全区行政复议体制改革等机构编制事项的通知》，规范调整了行政复议职责，加强了行政复议工作机构，为全区各级行政复议机构增加人员编制 49 名。其中，自治区本级增设行政复议与应诉处 2 个，增加处级领导职数 2 正 2 副，增加 13 名司法专项编制；银川市、石嘴山市、吴忠市、固原市各增加 2 名司法专项编制，中卫市增加 6 名司法专项编制；其他 22 个县（市、区）各增加 1 名司法专项编制。同时，要求配备人员中，初次从事行政复议的人员应当通过国家统一法律职业资格考试。目前，自治区本级行政复议机构人员全部持有法律职业资格 A 证。各市县通过公开招录、遴选、选调人员，充实复议队伍，目前已有 112 名符合任职条件的专（兼）职行政复议工作人员配备到位，各级机构人员力量逐步夯实。

4. 一体化推进信息化建设

按照司法部统一部署，在全区全面推广应用全国行政复议行政应诉工作平台，自治区人民政府行政复议办公室印发通知，要求全区各级行政复议机构和区直各单位法制机构及时完成平台信息维护、账号注册、系统登录工作，指导全区各级相关行政机关完成注册行政应诉平台账号 874 个，全区行政复议案件实现了网上受理（登记）、网上办理、网上审批、网上统计分析等功能。1 月至 11 月，全区各级行政复议机构通过全国行政复议工作平台录入、办理行政复议案件 1258 件。

（三）锚定“主渠道作用”，复议功能发挥更为充分

1. 增强复议申请便捷性

在各级公共法律服务中心（站）设置行政复议窗口、代收点，向群众提供行政复议咨询、宣传等服务，代收行政复议申请，将行政复议的救济渠道铺设到群众家门口。加强行政复议信息化建设，打通“指尖上”的行政复议申请渠道，全面推广应用“掌上复议”小程序和互联网平台，要求各地在政府网站开通行政复议申请端口，健全线上案件受理机制，提高群众申请行政复议的便利度。不断拓宽群众申请行政复议的方式和途径，积极引导群众通过邮寄、传真、微信小程序、网络平台、电子邮箱等多种方式表达诉求。今年以来，全区各地通过“不见面”方式接收行政复议申请比例达 70%以上。

2. 扩大行政复议救济面

坚持“应收尽收、存疑先收、容缺受理”，探索登记受理制，对符合形式要件的及时受理，对不确定能否受理的先行受理，最大限度扩大行政复议救济面。1 月至 11 月，自治区本级行政复议案件容缺受理比率达 20.6%，行政复议受理审查时限缩短为法定审查期限的三分之一。1 月至 11 月，全区各级行政复议机构共收到行政复议申请 1491 件，同比增长 80.7%；经审查，依法受理 1258 件，同比增长 67.3%；行政复议案件与未经复议直接提起行政诉讼的案件数量比为 61.5%，同比增加 14.5%，越来越多群众选择通过行政复议解决行政争议。

3. 提升群众满意度

实施来访“首办首问制”，对群众来访实行全流程跟踪服务，各地在政务服务、行政复议、公共法律服务等窗口放置行政复议申请书格式样本，为群众现场申请、口头申请行政复议提供便利。始终坚持以人民为中心，坚持对行政行为的合法性、合理性进行全面审查，严格依法办理行政复议案件，坚决纠正违法和不当行政行为。1月至11月，全区通过撤销、确认违法、责令履行等直接纠错166件，占结案总数的16.1%，同比增加0.5%；复议后被提起行政诉讼196件，复议案件被诉率为19.0%，同比下降16.7%，人民群众对行政复议的满意度明显提升，行政复议化解行政争议的主渠道作用进一步彰显。

4. 提高监督针对性

着力强化重点民生领域案件办理，加强对关系群众切身利益的重点执法领域的监督，对行政执法共性和突出问题进行归类总结，及时向执法机关反馈。开展错案讲评，对行政复议办案中发现的类型化执法问题，指导执法单位及时整改规范。以类案分析推动行政复议监督效能向案前、案后充分延伸，针对办案中发现的管理措施不合理、履行职责不规范、制度建设不完善等问题制发行政复议意见书、建议书19份，推动从源头上减少行政争议的发生，不断提升行政执法规范化水平。

（四）构建多元化机制，行政争议化解更显实效

1. 提高行政复议案件调撤率

坚持“凡进必调、能调尽调”，统筹运用各级行政机关资源，不断完善诉调对接、访调对接、仲调对接的纠纷化解联动机制，对行政复议案件进行全过程调解，抓住调查核实、听证审理等关键节点进行释法析理，积极引导当事人达成和解。各地聘请退休法官、检察官、法律服务志愿者等参与行政争议化解，提高行政复议案件的调撤率。起草《自治区行政复议案件调解工作指引（试行）》，推动行政复议调解常态化制度化。1月至11月，经复议机关协调，当事人主动和解或达成调解协议258件，调撤率达25.0%，同比增加9.4%。

2. 拓宽多元纠纷化解新路径

聚焦社会矛盾风险点，畅通诉求表达渠道、整合多方优势资源、完善争议解决机制，构建起复议机构主导、行政机关配合、人民法院参与的纠纷化解格局。指导各市、县（区）进一步理顺行政争议协调化解中心工作机制，积极开展配套制度试点，不断探索、完善协调化解机制。银川市本级聘用40名专职律师担任行政争议协调化解中心调解员，贺兰县争取财政追加资金作为经费保障，吴忠市本级和同心县探索行政复议导入机制，对收到的行政诉讼优先导入行政复议程序，努力将行政争议化解在行政程序中。1月至9月，全区行政争议协调中心共接收行政争议489件，成功化解191件，成功化解率39.1%，同比增长21.0%，行政争议协调化解的能力和水平迅速提升。

3. 构建府院联动工作新格局

2023年8月，自治区人民政府、自治区高级人民法院召开联席会议，修订了《宁夏回族自治区预防和化解行政争议联席会议制度》。自治区司法厅与自治区高级人民法院组织召开专题会议，就投诉举报、婚姻家庭、工伤认定等行政争议处理进行研讨，统一了思想认识和裁判尺度。指导市、县（区）参照自治区本级府院联动预防和化解行政争议联席会议制度，建立完善府院联动机制和配套工作制度，定期通报行政执法、行政复议、行政诉讼重大事项。1月至11月，全区共召开府院联席会议20次，组织庭审观摩33次，全方位、多层次、常态化的府院联动工作格局基本形成。

4. 推动专项治理取得新成效

将人民法院生效裁判和司法建议履行情况纳入自治区党委依法治区监督和府院联席会议通报重要内容，各级人民法院将司法建议发送情况、行政执法机关将司法建议落实反馈情况抄送同级法治建设议事协调机构的办事机构，督促各级行政机关支持人民法院依法行使审判权。持续开展行政应诉突出问题专项治理，充分调动行政机关负责人参与庭审和行政争议化解的积极性、主动性，推动行政机关负责人出庭应诉从“出庭出声”向“出力出彩”转变。1月至9月，全区76名正职出庭应诉，行政机关负责人出庭应诉率达99.2%，“告官不见官”问题得到有效解决。

（五）聚焦“规范化建设”，复议工作基础更加坚实

1. 开展质量提升年活动

积极开展行政复议规范化建设试点和推广工作，自治区人民政府行政复议办公室印发《关于开展行政复议质量提升年活动的通知》，确定行政复议质量提升十项重点工作。2023年9月，在中卫市召开全区行政复议质量提升年暨行政复议规范化建设现场会，持续深化行政复议质量提升年活动。对2020年至2022年制发的行政复议决定文书，特别是行政复议意见书、建议书进行全面梳理，重点分析案件涉及的深层次矛盾，持续跟进妥善化解，推动行政复议决定书、意见书、建议书100%履行。

2. 加强配套制度建设

对全区行政复议行政应诉工作、行政争议协调化解工作开展专题调研，在对调研问题进行全面梳理、分析的基础上，自治区司法厅起草并提请自治区政府常务会议审议通过了《关于加强行政复议行政应诉工作的意见》，从8个方面提出32条举措、27项量化指标，对行政复议受理、审理、调解和行政复议工作质效评价等作出全面规定。自治区司法厅制定《行政复议案件工作流程》，起草《宁夏回族自治区行政争议协调化解中心工作规定》《宁夏回族自治区人民政府行政应诉工作办法（试行）》，行政复议配套制度不断健全完善。

3. 注重树立正反典型

坚持正面典型示范、负面案例示警，开展典型案例评选和复议文书评比活动。对全区三级行政复议机构2020年至2023年4月30日办理的不受理案件、涉企行政复议案件和九大行政执法领域的2630件案件开展跨市交叉评查、评审，评选出典型案例24件、优秀文书15件，邀请专家学者对典型案例和优秀文书进行了复查评审。全面梳理行政败诉案件，编印《全区行政机关败诉典型案例选编》，向各级行政复议机关、行政执法机关通报，为行政执法和行政复议案件办理提供参考。

4. 夯实基层工作基础

以学习贯彻新修订的行政复议法为契机，着力提升行政复议业务水平。2023年11月，自治区司法厅联合自治区高级人民法院举办行政复议、行政执法、行政审判人员同堂培训班，重点对新修订的行政复议法进行专题培训。加强基层办案保障，分两期为市、县两级行政复议机构拨付746万元转移支付资金，用于行政复议办案场所规范化建设，县级以上人民政府普遍将行政复议工作经费列入本级人民政府财政预算，行政复议机构工作保障不断加强。目前，全区各级行政复议机构已基本具备满足办案需要的标准化工作场所，为行政复议高质量发展打下了良好基础。

5. 广泛开展复议宣传

自治区守法普法协调小组、自治区司法厅印发《新修订的行政复议法学习宣传方案》，明确四个方面、十五项重点任务，以“加强行政复议，推进依法行政”为主题开展行政复议宣传月活动，以学习宣传新修订的行政复议法为重点，广泛开展“十个一”系列宣传活动，在全社会迅速掀起学习宣传热潮。各级行政复议机构利用行政复议窗口、行政复议代收点，放置宣传彩页、网络申请端口二维码等，常态化开展行政复议咨询、宣传，利用“报、网、端、微、屏”等媒体平台，全方位开展行政复议宣传，不断提升行政复议知晓度。

二、宁夏行政复议工作面临的问题

2023年，宁夏行政复议工作稳步推进，取得了一些成绩，但也存在许多问题和不足。

（一）行政复议“首选率”仍然偏低

群众对行政复议的知晓度和认可度仍然有待提高。今年以来，尽管行政复议申请数和案件受理数同比有较大幅度提升，但仍有大量行政争议未经行政复议直接流向行政诉讼，与“有行政争议找行政复议”的目标还有较大差距。

（二）行政争议“化解率”还需提升

行政复议纠错力度还不够大，内部监督作用尚未充分发挥，重点执法领域突出问题长期存在、常纠常犯。全区行政复议案件纠错率和调解（和解）率与先进省份仍有较大差距，综合运用各种手段化解行政争议的能力仍显不足，行政复议主渠道作用发挥不够充分。

（三）围绕中心服务大局的精准性有待增强

在对标高质量发展要求和护航先行区建设方面，没有找准关键点和切入点，缺乏一些切实、精准的举措，在解决群众急难愁盼问题、强化重点民生领域保障方面还需要有效、可行的动作。

（四）组织保障的执行力有待加强

个别地方基础建设工作进度较为缓慢，在标准化、规范化办案场所建设上还有差距。一些地方人员队伍不稳定，分级分类、覆盖全员的培训制度尚未建立，行政复议考核评价机制还不健全。

（五）行政应诉的实效性有待提升

经过专项治理，行政机关负责人不出庭应诉问题基本得到解决，但总的来看，“一把手”出庭应诉仍然较少，出庭应诉准备不充分，应付型出庭较为普遍，导致出庭不敢发声，应诉效果不佳，怠于举证、逾期举证甚至不举证等问题时有发生。

三、2024年宁夏行政复议工作思考与建议

2024年是新修订的行政复议法实施的第一年，全区各级行政复议机构要以深入学习宣传贯彻新修订的行政复议法为主线，聚焦行政复议工作的痛点、难点和堵点，以更大的力度、更实的举措，打造“受理便捷、过程开放、结果透明、追责有力、评估有效”的行政复议规范化工作体系，切实推动新时代行政复议工作高质量发展，助力法治政府建设实现率先突破。

（一）坚持政治建设，将党的领导贯彻落实到行政复议工作的全过程各方面

坚持以习近平新时代中国特色社会主义思想为指导，全面贯彻落实习近平法治思想，加强政治建设和思想理论武装，贯彻落实“第一课题”要求，引导全体行政复议人员深刻领悟“两个确立”的决定性意义，增强“四个意识”、坚定“四个自信”、做到“两个维护”，不断提高政治判断力、政治领悟力、政治执行力。牢记“国之大者”，从讲政治的高度妥善处理各类重大疑难复杂行政争议。坚持重大事项请示报告制度，持续开展“复议为民”党建品牌创建活动，不断巩固和深化“我为群众办实事”活动成效，真正让行政复议成为化解行政争议的主渠道、首选渠道、管用渠道。

（二）坚持规范复议建设，更好发挥化解行政争议主渠道作用

继续完善行政复议配套制度建设，尽快完成涉及行政复议政府规章和行政规范性文件清理工作，修订《宁夏回族自治区行政复议条例》，进一步

优化行政复议审理机制，缩短办案期限，建立健全听证审理、行政复议委员参与办案等程序规范，进一步理顺行政复议受理、审理、调解、执行等工作机制。坚持“谁执法谁普法”，强化新修订的行政复议法学习宣传，重点推进“行政复议大学习大宣讲”“行政复议进企业”“行政复议开放日”等活动，使行政复议化解行政争议主渠道的制度形象和“有行政争议、找行政复议”的理念更加深入人心。

（三）坚持能动复议建设，主动服务保障经济社会高质量发展

紧紧围绕黄河流域生态保护和高质量发展重大战略的工作要求，找准行政复议服务大局的切入点和着力点。充分发挥行政复议治理效能，在提前介入、风险防范、重点监督、服务保障上下功夫，对涉及重大项目落地、重点资源保护管理、重要利益关系协调、重大风险防范化解等方面的行政争议事项加强行政复议服务保障。

（四）坚持有效复议建设，力促行政执法水平提升

充分发挥行政复议内部监督职能，坚决纠正违法行政行为，结合提升行政执法质量三年行动，大力开展公安、人力资源和社会保障、市场监管、自然资源、房屋拆迁等重点执法领域的行政复议案件评查和行政执法问题检视，促进严格规范公正文明执法。开展领导干部及一线执法人员旁听庭审和观摩行政复议听证活动，综合运用行政复议意见书、建议书、约谈、通报、专题培训等手段，规范行政行为，从源头上预防和减少行政争议。

（五）坚持便民复议建设，着力扩大智慧手段应用

持续畅通“指尖上”的复议渠道，健全线上案件受理机制，积极运用行政复议行政平台接收线上申请，在各级政府网站、“我的宁夏”APP 开通行政复议申请端口，探索运用远程听证、视频调查等方式审案，不断加强基层基础建设和办案保障，为群众充分行使复议权提供便利，更好发挥行政复议高效便民制度优势。

（六）坚持专业复议建设，有效提升复议工作水平

坚持事编匹配、人岗相适，配齐配强人员队伍，确保行政复议人员数量符合新修订的行政复议法要求。常态化组织行政复议与行政审判人员同堂培训，开展岗位练兵、案件讲评、效能评价等活动，加强对行政复议人员分级分类培训，打造革命化、正规化、专业化、职业化行政复议工作队伍，提升行政复议工作能力和水平。

（七）坚持规范应诉建设，切实提高行政应诉效能

坚持用法治给行政权力定规矩、划界限，不断完善行政应诉机制，提请自治区政府印发《宁夏回族自治区人民政府行政应诉工作办法（试行）》，进一步规范行政应诉工作，推动实现行政机关负责人出庭应诉率100%、答辩举证发声率100%。用足用好生效裁判书和司法建议书，有效减少行政诉讼案件数量。发挥考核评价“指挥棒”作用，把行政败诉纠错、行政机关负责人出庭应诉、履行生效裁判等纳入法治政府建设考核，建立行政败诉案件定期通报、追责问责机制，倒逼行政机关提升自我识错、自我纠错、自我防错的能力。

宁夏法治化营商环境司法保障现实状况、存在问题与优化对策

刘振宇　高雪莉

法治化营商环境是指通过健全的法律制度和法治环境，在市场经济中保障公平竞争、企业合法权益和经济发展。建设法治化营商环境是激发市场活力的重要保障，也是助力高质量发展的根本之策。实现法治化营商环境需要有效的制度、规范的执法和公正的司法，以平等保护市场主体，为各类市场主体投资兴业、为区域经济高质量发展，打造稳定、公平、透明、可预期的法治化营商环境。

一、宁夏法治化营商环境司法保障实施现状

2012 年，中央政府提出“放管服”改革总体方向，宁夏积极响应，加强了企业法治保障工作，为营商环境提供了新的制度保障和工作思路。2014 年，宁夏加快推进法治化营商环境建设，明确建设路径和实施细节，提高了项目审批流程的处理速度。同时，建立了专门的执行法官和调查取证机构，加强“执转破”工作对接，加大执法和司法保护力度，排查逾期未结和执行难案件并加以解决，提升了司法公信力。2019 年，宁夏完善各级法院执行工作机制，建立执行联动制度，确保执行工作的高

作者简介　刘振宇，宁夏大学法学院副教授，法学博士；高雪莉，宁夏大学法学院法学理论专业硕士研究生。

效推进。打造“轨道追溯、绿色办证、创新审批、精细服务”为特点的创新法律服务机制，促进经济转型升级。2022年，宁夏颁布《宁夏回族自治区优化营商环境条例》，该条例共分为8章70条，既对当前宁夏优化营商环境的有力措施予以立法确认，又对宁夏营商环境的探索创新给予立法引领，通过体制机制持续完善创新，不断优化政务环境、市场环境和法治环境。

（一）积极推进“执转破”工作对接

2020年8月，宁夏高级人民法院和宁夏发改委联合印发了《宁夏回族自治区企业破产统一工作协调联动机制》。该机制提出了三项制度，包括建立企业破产工作联席会议制度、信息通报机制、联合调研和提案制度。宁夏21家单位，如工业和信息化厅、财政厅等，均参加了联席会议，旨在推动做好方便破产企业退出和“僵尸企业”清理工作。宁夏高级人民法院与银川、石嘴山、吴忠市中级人民法院进行了“执转破”工作对接，并公告发布《破产管理人、清算组织中介机构成员名册》，实行管理人分级管理监督。银川市中级人民法院成立了破产案件府院联动办公室，并起草了《破产援助基金管理使用办法》等配套措施，每年由银川市财政提供破产案件援助基金，为无产可破案件提供经费支持。

（二）加强知识产权保护

2023年3月13日，宁夏市场监督管理厅印发《优化营商环境 促进民营经济高质量发展若干措施》，从准入准营更加便利、加大标准制定奖补、强化知识产权保护等方面出台22条“硬核”举措，持续推动宁夏民营经济高质量发展。与此同时，全区法院在知识产权审判方面加强系统研究谋划，紧扣优化知识产权保护工作机制，充分发挥知识产权审判职能作用，为全区创新驱动发展、科技自立自强营造了良好法治环境。为加强宁夏知识产权保护，宁夏高级人民法院知识产权庭、宁夏知识产权局和银川中院联合开展了商标、地理标志、高新技术、非物质文化遗产等知识产权系列宣传、调研和法律服务活动，重点关注全区优势产业，特别是贺兰山东麓葡萄酒、宁夏枸杞和民间剪纸等，提高生产经营中的知识产权意识，为宁夏特色经济和优势产业发展提供法律支持。

（三）防范打击虚假民事诉讼

宁夏采取严厉措施惩处妨碍企业正常经营发展的虚假诉讼和恶意诉讼等不诚信违法诉讼行为。为了防范和打击虚假民事诉讼，各级人民法院加强对调解协议的审查力度，对诉讼当事人达成调解并请求法院出具调解书的情况，结合具体案件事实进行审查。依法规制不诚信诉讼行为，包括虚假诉讼和提供虚假证据等，若构成犯罪，追究行为人的刑事责任。依法治理重复起诉和滥诉行为，既要落实立案登记制，又要严格执行《民事诉讼法》规定的受理条件，切实避免滥诉行为的发生。宁夏各级人民法院持续加大公开审判力度，增加案件审理的透明度，对与案件处理结果可能存在法律上利害关系的，可依职权通知其参加诉讼，避免其民事权益受到损害，防范虚假诉讼行为。

（四）优化涉企诉讼服务

宁夏积极推进涉企服务优化提升。首先，宁夏法院系统相继推出服务保障民营企业健康发展、促进企业家创新创业等一系列意见，以保障中小投资者的合法权益。各地在执行中，严格保护各类市场主体的合法权益，加强对中小股东依法享有的表决权、知情权、利润分配请求权、优先购买权、监督权等权利的司法维护，推动公司治理规范化。其次，宁夏强化对投资者民事权益的司法保护，确保投资者财产安全。在处理证券期货纠纷等问题时，宁夏各地法院全面落实《最高人民法院、中国证券监督管理委员会关于全面推进证券期货纠纷多元化解机制建设的意见》，建立证券期货纠纷多元化解、繁简分流速裁审理、委托调解等工作机制，充分利用司法服务保障社会经济健康发展，全力维护中小投资者的合法权益。最后，宁夏各级人民法院共同努力加快在线诉讼智能化，推进诉讼事务网上申办和网上通办。宁夏智能化诉讼服务中心涵盖宁夏法院在线服务、宁夏法院诉讼服务网、“12368”诉讼服务热线、涉诉信访服务等功能。智慧司法为企业带来了切实便利，高质量、有效率的在线诉讼，2020年至2021年，宁夏各级法院充分运用智慧法院建设成果，探索“指尖”立案、“云端”办案、“智慧”执行新模式，加速构建线上诉讼工作闭环，实现诉讼“一网通办”，让公平正义一触即达。截至2021年初，网上立案12706件、在线开庭 1485 件、电子送达 50056 次、网上调解 68902 次。智慧法院的建设，牢牢抓住信息化建设这一重要载体，增强主动服务意识、创新司法服务措施，在提升工作质效上持续发力，切实以更加有力有效的举措服务好宁夏营商环境建设，为优化宁夏法治化营商环境贡献力量。

二、宁夏法治化营商环境司法保障中存在的问题

（一）法治化营商环境整体合力不够、联动性不足

尽管宁夏的法治化营商环境建设取得了不少成就，但是仍然存在相关部门认识不一、缺乏联动、沟通不畅、各自为战的情形。一方面，营商环境优化必须依靠法律的保护与支持，法治化营商环境建设要求司法机关和政府部门之间密切配合，形成良性的联动治理效能。宁夏政府部门与司法机关之间的协同联动不足，导致企业投诉和纠纷处理等问题得不到及时有效解决，给企业经营带来了许多不稳定因素。另一方面，各部门之间的交流沟通机制还不够完善，导致信息流通瓶颈等一系列问题。这种情况可能导致相关决策出现偏差，对企业带来较大影响与负面效应。要解决上述问题，需要政府部门、司法机关加强合作、形成联动关系，并建立沟通机制，加强信息共享，促进各部门之间的协调和合作，以提升宁夏营商环境治理能力，促进宁夏营商环境顺利发展。

（二）“案多人少”矛盾突出，司法效率有待提升

首先，“案多人少”矛盾突出，尤其是专业化司法人才仍然紧缺，不足以满足保障营商环境的司法需求。个别员额法官在法律适用上存在差异，当庭认证、裁判文书说理等方面的工作较欠缺，这些问题对案件审判质效产生了消极影响。其次，司法诉讼成本高、耗时长，企业在发生纠纷后寻求司法救济存在较大顾虑。同时，法官需要参加太多的事务性工作，一定程度上影响了法官的开庭办案，并导致办案周期延长。最后，司法智能化程度还有待提升。近年来，为及时为企业和群众解纷清障，宁夏各级人民法院积极推进智慧司法建设，但仍有不少法院缺乏适用远程庭审案件的条件，未规范远程庭审案件的诉讼程序和举证质证规则，从而降低了司法效率。

（三）“执行难”情况仍旧存在

由于执行力量不足，联动机制不够完善，异地执行难度大，影响法院的执行效率。在司法执行方面，也存在着诸多问题。第一，资产难以查控，被执行人的财产、资产信息不完整，且容易变更，法院难以及时查控执行财产，进而影响案件的执行效果。第二，人员难找，由于人员流动性大，移动范围广，一旦发生被执行人、第三人或证人无法找到的情形，也会导致执行难。第三，被执行人转移、隐瞒财产，导致执行难度大大增加。第四，执行实施前后的费用比较高，较高的执行成本也是执行难的原因之一。司法执行难问题比较复杂、涉及面广，解决起来也比较困难。司法执行难问题不仅困扰了法院自身工作，也使社会各界对司法权威产生疑虑。执行不到位本身是司法不公的一种表现。因此，为了建设公正、透明、可预期的法治化营商环境，宁夏需要破解司法执行难问题。

（四）对民营企业的司法保护有待加强

习近平总书记在民营企业座谈会上指出，“在我国经济发展进程中，我们要不断为民营经济营造更好发展环境，帮助民营经济解决发展中的困难，支持民营企业改革发展，变压力为动力，让民营经济创新源泉充分涌流，让民营经济创造活力充分迸发。”然而，在司法保护方面，宁夏民营企业仍面临许多挑战。例如：一些民营企业存在信息不对称和合同风险等问题，这些问题可能会影响企业长期发展及生存能力。近年来，随着涉诉案件数量不断增加，司法审判周期长、效率低等问题导致诉讼拖延，给企业生产经营带来了很多不良影响。在当前环境下，加强对民营企业的司法保护显得尤为重要。法院应该更多地关注民营企业的合法权益，提高审判效率和质量，维护公平正义，为企业提供更好的司法保障。民营企业是我国经济的基石，宁夏需要以科学的态度和政策，为民营企业搭建更加稳定和可靠的发展平台，为其长远发展提供必要的司法保护与支持。

三、新时代宁夏法治化营商环境司法保障的优化对策

（一）加强部门之间协调联动，密切协作配合

营商环境是社会主义市场经济的“培育之土”，是社会主义市场主体的

“生命之氧”。宁夏优化营商环境要坚持加强沟通协调，进一步汇聚做好优化营商环境合力，全面提升司法服务保障水平。

第一，完善破产处置府院协调联动机制。2020 年 8 月，宁夏建立企业破产协调联动机制，解决企业不愿退、退不出等问题。但实践中仍然存在着各部门之间缺乏沟通的问题。为充分发挥企业破产法律制度在优化资源配置和规范经济秩序方面的作用，需要落实各级政府部门密切沟通、协调解决破产重组过程中的问题，包括经费保障、维持企业经营保值以及资产恢复利用等。要积极推进企业破产处置工作，创造良好外部环境，实现破产案件的顺利推进。宁夏应当建立健全规范化破产工作协调联动机制，以协助企业破产重组过程中的财产接管与处置、税费办理、风险防范和信用修复等各项工作。只有实现各部门之间更畅通的沟通协调，才能为企业提供更优质的破产重组服务。

第二，涉案企业合规改革需要强化“刑行衔接”。人民检察院与行政监管部门需要积极配合，在程序启动、合规考察、处理结果三方面强化“刑行衔接”。首先，建立检察引导下的刑行联合办案小组制度。企业涉嫌犯罪的，行政执法机关不得先行作出处罚决定，应当移送公安机关刑事立案并参与联合执法。其次，应当明确适用第三方监管必要性原则。第三方监督评估机制只适用于那些合规整改难度大的案件，对于那些合规整改难度较小的案件，检察机关自主履行合规监管更能实现社会资源的优化配置。最后，应当建立合规结果互认事先协议制度。在刑事实体法确立合规的罪责减免功能以前，检察机关需要商请行政执法机关和涉罪企业达成合规监管协议并采取补救措施。

第三，加强司法机关之间的相互协作。首先，司法机关之间应建立起有效的合作机制和协同体系。通过加强信息沟通、协调配合，可以有效地推进破产重组案件的处理。其次，司法机关之间可以建立破产重整案联席会议，由人民法院、公安等部门组成，协同做好涉企案件的审理、执行、交割等环节，全面维护企业合法权益，确保涉企审判工作顺利进行。最后，应当建立信息共享机制，以便及时解决涉企案件过程中出现的问题，增强司法机关处理破产案件的可靠性和透明度，使涉企案件处理过程更加公正。

（二）缓解司法工作压力，提高司法工作效率

习近平总书记强调："营商环境只有更好，没有最好。"宁夏各级人民法院要充分发挥司法职能作用，依法平等保护各类经营主体的合法权益，不断提升审判质量、效率和透明度，持续打造一流法治化营商环境，为经济高质量发展保驾护航。

一是加强诉调对接，推进纠纷解决机制多元化。为深化多元纠纷解决机制建设，强化源头防范和多元化解。要把矛盾纠纷防范在源头、解决在前端，不断拓展人民调解工作领域，加强知识产权等重点领域行业性、专业性人民调解委员会建设，推动纠纷化解关口前移。优化诉讼与非诉讼纠纷解决方式衔接，提高纠纷化解实效。针对那些时间跨度长、成因复杂或具有较大社会影响的涉企纠纷案件，成立工作专班，推动矛盾纠纷的实质化解。

二是加快建立速裁标准模式，推进执行繁简分流。宁夏要建立系统化的分流和标准化的速裁工作模式。在部分市县区开展改革试点，发布并实施系列细则，且推广成功经验。为解决审判队伍整体司法能力较低的问题，应精细化区分审判过程，实现审判队伍的精简。

三是加强智慧司法建设，提升审判人员素质。建立知识产权国际商事调解云平台，借助数字化手段线上调解，为高效化解矛盾纠纷贡献力量。

四是规范远程庭审案件的相关规则，培养在线平台专业审判人员。为提升简易破产和强制清算案件办理效率，应尽快出台文件建立快速审理机制。通过简化破产程序、缩短办理时间，提升债权回收率。为打造高素质审判队伍打下基础，对知识产权等专业性较高的案件，应组建专家咨询委员会，建立专家陪审员名单并实现动态管理。

（三）加大执行力度，提升执行规范化水平

积极破解司法执行难，让胜诉当事人的权益得以实现，让企业干事创业更有底气、更有信心，为宁夏法治化营商环境持续健康发展提供有力的司法保障。

其一，加强执行行为规范化。持续推进执行联动，强化失信惩戒。首先，开展规范执行专项活动，要求执行行为规范化，依法、文明、高效执行。其次，对执行人员进行教育培训，提高执行人员的素质水平与执行能力，与协作联动单位对接，确保解决综合治理执行难的措施落地落实。最后，发布典型案例，加大宣传力度，灵活采取执行措施。

其二，推进执行联动工作。首先，政府要建立常态化、规范化的执行联动协调机制，实现多维度、多层级、多领域的联动协作，强化司法、行政等部门的协同合作，打破部门之间的壁垒，加强信息共享和联合惩戒，提高执行效率和质量。其次，建立执行立案前督促履行机制，保障民营企业债权及时实现。积极督促被执行人及时履行还款义务，辅之以必要的强制措施。最后，对被执行人财产实行网络联动查控。加强“智慧执行”建设，推动资产处置工作。法院执行局内部成立专业资产处置团队，落实人员保障。加大执行资产处置力度，坚持公正、善意执行，拓宽思路，创新模式，争取地方政府支持，将涉案企业资产处置与政府招商引资项目有机结合，努力将资源转化为生产要素。

其三，加强执行结果统计和评估。要完善和健全执行结果统计及评估机制，及时收集本区执行案件数量和效果，分析执行案件处理情况，提出改进建议，并通过公开透明的方式，让社会公众了解和监督执行情况。通过数据分析和效果评估，不断完善执行运行机制，提高执行效率和执行质量。

（四）持续加大对民营企业司法保护力度

民营经济是社会主义市场经济的有机组成部分，是推动经济社会发展的重要力量。宁夏要提供精准优质的司法服务保障，推动民营企业持续健康发展。

首先，加强商事审判队伍建设。宁夏各级人民法院要始终坚持以习近平新时代中国特色社会主义思想为指导，深入贯彻习近平经济思想和习近平法治思想，秉持依法保护、能动保护、平等保护、全面保护、实质保护、及时保护理念，为民营企业高质量发展提供司法服务保障。进一步提高商事审判专业化水平，建设高素质商事审判队伍。充分利用司法手段，保护民营企业生存权益，特别是小微企业要予以重点保护。加强对企业的法律服务，积极开展司法救助，促进民营企业和中小微企业的健康发展。

其次，实施包容审慎的司法措施。对民营企业犯罪情节较轻、社会危害性较小的情形，应当从宽处理；对长期正常生产经营、犯罪行为轻微且危害不大的企业，可以不予追究刑事责任。在强制措施方面，应当审慎适用。依法慎用查封、冻结、扣押等强制措施，保障企业正常生产经营。在刑事司法政策方面，落实“少捕慎诉慎押”原则，对经羁押必要性审查不需继续羁押的，应及时变更或解除强制措施。

最后，回应市场需求，延伸司法服务。广泛宣传法治化营商环境最新成果和创新实践做法，通过个案解读、专题讲座、开放日等多种形式，推进民商事法律法规的解读和舆论引导工作，打造依法经营、依法治企的浓厚氛围。同时，深入民营企业和生产一线进行走访调研，关注困难，提出对策。了解企业生产经营状况，汇集企业遇到的法律难题，并制定有针对性的企业法律“处方”。

参考文献：

[1]谢红星.营商法治环境的地方评估及其优化——以江西为例[M].中国民主法制出版社,2021.

[2]张善斌,陈晓星,刘兆君.营商环境背景下破产制度的完善[M].武汉大学出版社,2020.

[3]董彪,李仁玉.我国法治化国际化营商环境建设研究——基于《营商环境报告》的分析[J].商业经济研究,2016(13).

[4]宋林霖,何成祥.优化营商环境视阈下放管服改革的逻辑与推进路径——基于世界银行营商环境指标体系的分析[J].中国行政管理,2018(04).

[5]袁莉.新时代营商环境法治化建设研究:现状评估与优化路径[J].学习与探索,2018(11).

[6]谢红星.营商法治环境评价的中国思路与体系——基于法治化视角[J].湖北社会科学,2019(03).

[7]陈伟伟,张琦.系统优化我国区域营商环境的逻辑框架和思路[J].改革,2019(05).

[8]刘智勇,魏丽丽.我国营商环境建设研究综述:发展轨迹、主要成果与未来方向[J].当代经济管理,2020(02).

[9]石佑启,陈可翔.法治化营商环境建设的司法进路[J].中外法学,2020(03).

[10]胡晓霞.论法治化营商环境之司法方案[J].中国应用法学,2021(06).

[11]常健.国家治理现代化与法治化营商环境建设[J].上海交通大学学报(哲学社会科学版),2021(06).

[12]黄建东.创新立审执破一体化机制　优化法治化营商环境[J].人民司法,2022(31).

宁夏立法质量评估制度调查报告

刘淑萍　吴　楠

立法质量是立法的生命。完善地方立法质量评估制度是我国立法工作的重要任务和现实必然要求。随着法律的不断完善，社会和群众从单纯追求结果的公正，向关注如何保证过程和结果的公正发展；立法工作也从注重数量的立法转向注重质量的立法，从“粗放型立法”转向“精细化立法”。二十大报告强调“推进科学立法、民主立法、依法立法，统筹立改废释纂，增强立法系统性、整体性、协同性、时效性”。从“数量立法”向“质量立法”转型的必经之路必然为通过科学、民主、系统的方式对立法质量进行评估。

如何来评定和解决“闲置”“不恰当”的法律对立法行为至关重要。我国暂未对立法后评估制度作出统一具体规定，各地关于立法后评估办法的规定也各不相同。2023 年 1 月，宁夏回族自治区人民政府令第 124 号公布了《宁夏回族自治区人民政府立法工作规定》，要求起草单位或实施机关进行立法后评估，以作为政府规章的修订和废止的重要参考。但目前宁夏地区并没有相匹配的评估办法。基于此，本文将以全国 50 份可查询的立法后评估报告为研究案例，结合相关理论研究成果，参考国家层面以及地方

作者简介　刘淑萍，宁夏大学经济管理学院副教授；吴楠，宁夏大学法学院 2021 级硕士研究生、国浩律师（银川）事务所律师。

层面对立法后评估出台的有关规定，归纳概括出地方立法后评估制度存在的问题，在总结和借鉴学术界已有成果的基础上，提出建议，以期为推动宁夏地方立法后评估制度化、规范化、标准化提供有所裨益的参考。

一、地方立法质量评估现况

（一）基于50份立法后评估报告的文本分析

这50份评估报告是全国各地地方立法评估报告。从评估主体上看，现阶段的实践过程中主要存在主管部门评估以及委托第三方评估两大类评估主体。委托第三方主要委托的机构分别为学术研究机构、律师事务所以及其他咨询公司、智库等机构。近五年来，主管政府部门自行进行立法质量评估占比57%，委托第三方机构占比43%，其中委托学术研究机构占比19%、委托律师事务所占比13%、委托其他机构占比11%。从统计可以看出主管部门进行立法质量评估活动依旧占据主导地位。

从评估启动方式上看，主要分为主动启动和被动启动。主动启动是指主管部门因立法质量评估计划或依据相关评估办法的规定开展质量评估活动。典型的依据工作计划启动评估的有《〈杭州市公共信用信息管理办法〉立法后评估报告》，该报告是基于杭州市司法局《关于开展规章立法后评估工作的通知》要求开展的。典型的依据相关评估办法启动评估的有《〈上海市查处车辆非法客运办法〉立法后评估报告》，该评估报告是根据《上海市规章立法后评估办法》第八条第四项规定“与经济社会发展或者公众利益密切相关，且实施满5年以上的”进行立法质量评估。被动启动是指评估启动主体在申请人的申请、建议之下作出启动地方立法评估活动，对相关地方性法规进行评估决定的行为。具体应当包含以下两种情况：一是因地方政协的建议启动；二是依公众的建议而启动。但在当下实践中，只有主管部门或立法部门主动启动立法质量评估的情形，而不存在依据地方政协或公众的建议启动立法质量评估的情形。50份立法后评估报告中，没有被动启动模式，全部为主动启动。其中依规定启动占比47%，依计划启动占比53%。

从评估方法上看，立法质量评估方法是指立法质量评估主体开展质量评估活动时所采取的一系列具体手段。评估方法是否科学、全面，直接关系到评估结论的真实性和可靠性。就本文所观察的样本来说，在立法质量评估过程中常用的评估方法为问卷调查、召开座谈会以及文献研究。

表 1　评估方法使用次数和占比统计表

评估方法	使用次数	占比
问卷调查	46	92%
召开座谈会	24	48%
文献研究	23	46%
实地调研	22	44%
专家讨论	12	24%
立法比较分析	10	20%
网上征求意见	7	14%
个案分析	2	4%
行政机关自我评估	2	4%
典型案例分析	1	2%

鉴于立法质量评估是对规章的立法质量、实施效果及社会影响所进行的调查、分析与评价活动，因而“问卷调查”和“个案分析”此类客观性评估方法是更为重要的质量评估方法，对于摸清规章实施成效具有不可替代的作用。值得关注的是，92%的质量评估活动采取了问卷调查方法，另有 4%的质量评估活动采取了个案分析方法。在问卷调查过程中，一般仅设置一份问卷，未针对不同层级的调查对象设置不同的调查问卷，且问卷调查数量较少，样本不足以支撑得出较为客观的结论。

从评估结果上看，在本文选取的样本下，评估结果以修订为主，占比 84%，仅有 8%的立法质量评估建议继续实行，6%的立法质量评估建议将规章上升为法规，2%的立法质量评估建议废止评估对象。

（二）基于 31 份宁夏法律文本与德尔菲专家调研数据

经对 31 份宁夏的法律文本进行统计，如图 1，在立法质量评估标准中，31 部相关法律中“合理性”出现次数最多为 29 次，“合法性”28 次，“协调性”26 次，“可操作性（操作性）”20 次，“实效性”19 次，“规范性”19 次，“执行性”8 次，“效益性（绩效性）”7 次，“科学性 3 次”，“有效性”2 次，“立法技术性（技术性）”“适当性”“必要性”

“完善性”分别出现 1 次。为了对法律法规进行全面、及时评估，以便于发现问题和不足，为后续的修改和完善提供依据，31 份法律文本中有 26 份均对应当进行立法质量评估的范围进行了陈述，并结合我国地方立法评估制度的实践经验，均对立法后评估主体、评估标准、评估范围进行明确规定。这些经验及做法为地方立法的质量提升和效果评估提供了支持和保障。

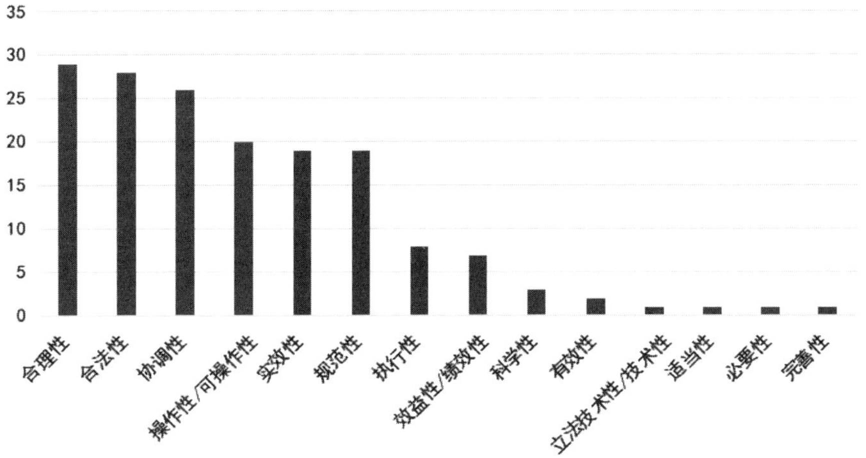

图 1　31 份法律文本评估标准统计图

为进一步确定立法质量评估标准的客观性，调研组运用德尔菲法向宁夏 6 位专家征询意见。6 位专家中有 3 位为高校法学研究人员，3 位为宁夏回族自治区人大立法咨询专家委员会委员。在第一轮征询中，调研组通过访谈形式，邀请 6 位专家进行开放式调查，调查结果未超出 31 份法律文本的评估标准，故不再进行讨论。第二轮征询，调研组运用 31 份法律文本统计出的评估标准向专家发放函询表，邀请专家对函询表所列的评估标准做出选择。根据第二轮专家函询表统计情况得出，6 位专家均选择 5—6 个指标作为评价标准一级指标。其中，6 位专家均选择“合理性”“合法性”“实效性”作为评估标准。选择“协调性”的有 4 次，选择“操作性”的有 4 次，选择“绩效性”的有 4 次，选择“规范性”的有 3 次，选择“技术性”的有 1 次，选择“适当性”的有 1 次。

专家征询意见与 31 份法律文本统计数据趋近，因而地方立法质量评估标准应当至少考虑“合理性”“合法性”“实效性”“协调性”“操作性”

“绩效性”问题。

二、宁夏立法质量评估制度存在的问题

作为立法行为的延续，立法后评估的意义因此凸显。随着立法质量要求的提升，各级政府均选择积极开展对地方立法的审查，及早发现并纠正其存在的缺陷，以确保地方立法实施的正当性与实效性，从而推进中国的法治建设，提高地方立法水平，达到社会公平、透明、正义、开放的目标。林秋萍等（2022）通过289个设区市的立法质量评估报告研究发现地方立法质量评估实践中，仍然存在评估程序不规范、评估主体单一、评估方式不科学、内容不具体、结果衔接转化能力差等问题；陈伟斌（2020）对地方立法质量评估成果进行梳理分析；康建胜（2020）对通过对地方立法质量评估办法的研究，提出地方立法还需要在立法能力、立法效率以及操作性等方面进行优化。对现有文献进行总结可以得出我国立法存在以下三个较为集中的问题：第一，部分地方性法规、规章存在大量重复和抄袭上位法规定的情形，结果是导致地方立法不能解决实际问题，反而导致了立法资源的浪费；第二，部分地方性立法未能发挥承上启下的衔接功能，缺乏可操作性，表现为既未能实现与上位法有效衔接，也未能结合本地实际对上位法的规定作出具体的细化，结果导致其无法被执法部门和司法部门采用，只能沦为“纸面上的地方立法”；第三，有些地方性法规或规章出台合理性和必要性不足、资源配套欠缺，浪费立法资源导致立法闲置。

（一）宁夏回族自治区层面缺乏统一立法后评估制度

从2008年开始，杭州、哈尔滨、宁波等多个地市出台了相应的规范性文件，对立法后评估的评估主体、评估指标、评估方法、评估结果等内容作了具体规定。但是宁夏回族自治区仅能查询到2022年12月16日银川市司法局发布的《银川市政府规章立法后评估办法》（以下简称银川《评估办法》），尚未有宁夏自治区级地方人大在自治区级层面对地方立法后评估进行统一规范，且银川《评估办法》系征求意见稿，并未正式施行。故宁夏回族自治区地方实践中虽然在不同程度上开展着地方立法后评估活动，

但并没有具体的立法质量评估办法或实施细则。

（二）评估主体的多元化有待提高

立法质量评估主体应当具有多元化，组织者、实施者、参与者都应当成为评估主体的选项。立法质量评估的主体除了制定机关和实施机关之外，还应该包括行业专家学者、人大代表、政协委员、社会组织、公民、法人以及其他第三方机构。在立法质量评估的实践中，实际进行评估的工作人员并不一定具有法学、经济学、社会学背景，也不一定具备被与评估对象相关的专业背景，加上缺乏理论化评估培训，在缺乏科学的、客观的评估手段辅助时，其个人主观意见很容易成为评估意见，导致评估结论缺乏科学性和客观性。

（三）评估程序启动方式单一

如上文所述，评估启动方式主要分为两种，主动启动和被动启动。而在我国的立法质量评估实践中，几乎仅存在主动启动立法质量评估的情形，而不存在依据相关主体的建议启动质量评估程序的情形。仅依靠行政主管部门主动启动立法质量评估程序具有一定的局限性，无法全面合理选择评估对象，使得一些应当进行修订、废止等规章没有及时进行立法质量评估，使得法律法规所暴露的问题长期得不到解决，长此将激化社会矛盾，损害法律法规的权威性。

（四）尚未形成统一的评估标准，评估指标缺乏层次性

我国尚未形成立法质量评估统一的标准和要求。虽然有的省市对行政规章立法质量评估的标准作出了规定，如《无锡市规章立法后评估办》规定规章立法质量评估标准包括合法性、合理性、协调性、操作性、规范性、绩效性。《西安市政府规章立法后评估办法（2020修订）》规定规章立法质量评估的标准为：立法质量、实施效果、社会影响。但是各地规定的标准不一且宏观难以量化。

评估指标的设计和安排上缺乏适当的层次和次序，会导致评估工作的流程不清晰，评估结果不具有科学性和有效性。《银川市政府规章立法后评估办法》中对立法后评估标准进行罗列，可以进一步细化指标以及权重，进一步确保评估结果不会因为具体操作中评估主体差异性与专业性所带来的不客观影响。

（五）需要更科学、客观的评估方法

50份立法质量评估报告统计结果显示，评估方法中使用问卷调查、座谈会等社会实证调查法较多。但是调研组在文本分析中发现，尽管评估实践中不乏使用问卷调查方法的案例，但是其样本数量都较小，对抽样方法也未进行陈述，是否科学有待考量。

（六）评估对象未进行性质区分，适用统一评价要求

立法后评估缺乏针对性，在实践中，为了简化评估过程和确保评估结果的客观性，一些地方在制定评估指标时往往采用一些通用的指标，忽视了地方立法的特殊性和差异性，对异质性对象适用统一标准，往往不能准确地反映地方性法规的特点和需要。

（七）评估结果的使用不充分

首先，调研组在收集报告时发现，以上海、杭州、南宁等城市为例，此类城市将立法后评估报告进行统一发布，但该类城市屈指可数，绝大多数城市仅将其作为内部资料向上级报送，不予以公布。调研组通过多种平台在网络上寻找宁夏相关立法后评估报告文本，但一无所获。其次，评价结果基本上没有相应的反馈机制，没有公示，很多也难以查询其评估对象是否进行修改或者废止。

三、宁夏立法质量评估制度的完善建议

（一）制定宁夏自治区级层面的地方立法质量评估规则

宁夏还未公布立法质量评估具体制度规定，现有的评估均是依靠经验和参考外省市进行。立法质量评估作为地方立法“立、改、废”的基础应当对其具体评估规章进行规定，提升立法效率、提高立法质量，防止地方过度的自由裁量权的行使。

（二）构建多元评估主体

在立法质量评估的实践中，第三方机构和组织应积极参与发挥重要作用，构建立法质量评估的多元主体，促进和保障立法评估质量。地方立法质量评估不是割裂的、单一的评估行为，而是应当放入实际的经济、社会

发展中的。作为价值判断，无论手段如何客观和科学，都难以排除评价主体的主观性，如果此时评价主体单一且不专业，就会让评价结果出现极强的个人意志，丧失立法质量评估的意义。所以，通过立法形式保障评估主体的多元形式，规范评估主体的资质及培训，可以有效防范立法质量评估的人为性和随意性。

（三）强化主动启动与被动启动相结合

要加强立法机关主动启动与被动启动相结合。发挥“自行评估与委托评估”相结合的模式有助于解决立法后评估中的行政懒政和行政垄断问题。自行评估能够确保行政机关主动承担立法后评估的责任，进行自身的评估和反思。而委托评估则能够通过引入第三方机构，提供专业的评估服务，减少政府的行政负担，确保评估的客观性和独立性。通过签署后评估委托协议，明确各方的权利义务，能够确保后评估任务的顺利进行。主动启动过程中应建立“有效期制度”，有利于促进地方性法规的不断更新，避免立法的随意性。

（四）提倡科学的评估方法

立法质量评估方法的客观性、中立性、科学性不仅会极大地增加评估结果的科学性，更可以保障立法质量评估的实效。在立法中提倡更优、更客观的评估方法，明确评估方法的适用以及程度，很好地在门槛处排除评价主体单一且不专业的可能性，可以有效防止评价的主观性，提升立法质量评估的客观、科学度。

（五）细化立法质量评估标准

调研组通过文本分析法与德尔菲法，确定了六项评估标准“合理性”“合法性”“实效性”“协调性”“操作性”“绩效性”，但在实际的评估工作中，如何评价“合理性”“合法性”“实效性”，其具体的二级指标有哪些需要进一步细化。就“实效性”来讲，如何评判立法的知晓度、满意度，选择多少样本容量进行问卷调研均应有相应的指导意见，以确保评估的科学性和准确性。

（六）评估应当考虑异质性法律类型设置不同要求

为了提高评估的针对性，地方立法质量评估制度应当根据地方实际情况，制定具有一定针对性的评估指标，以全面、准确地评估地方性法规的质量和效果。学界对评估对象类型进行分类，多以城市建设领域、社会管理领域、经济领域、政治领域、文化领域和生态环境领域六种类型进行划分。比如，针对城市建设领域，应当加入城市规划质量以及长远发展需求的考量，也即其对文本的合理、合法性要求更高，对成本收益要求更高，对实效性（短期）考量相对较轻；针对社会管理，应当侧重社会治安、社会福利、公平正义以及对权利保障的考量，也即其应当更注重实效性而非绩效性。

（七）明确评估回应机制

立法质量评估结果的回应是法律、法规、规范性文件“立、改、废”的依据和基础。立法质量评估其目的不仅是评估本身，更重要的是帮助立法机关对现有法律情况和状态进行决策，以期更好地为社会发展、经济发展提供保障。如果仅评估而没有回应机制，就很有可能造成立法资源的闲置和浪费，与评估本身的目的背道而驰。通过立法形式明确评估回应机制，确保程序的完整，有助于发挥立法职能、推进立法进程。

中国式现代化法治建设，人民对民主、法治、公平、正义有了更高的要求，也对立法工作提出了更高的要求。优化立法评估程序，确保立法的科学性、合理性，提升立法质量对于法治建设具有重要意义。完善宁夏立法质量评估制度建设，通过立法形式明确立法质量评估的社会实施情况、评价标准，可以更科学、更客观地分析宁夏区域内法律、法规、规范性文件在社会经济运行中起到的实际作用，综合评价其带来的社会效益，加强地方立法的实效性，并为宁夏区域内立法机关和行政机关提供更加科学、全面的指导和依据，以实现更高水平的立法质量。

涉案企业合规改革的宁夏实践调查研究

徐　荣　徐立军

2023 年 7 月，《中共中央　国务院关于促进民营经济发展壮大的意见》出台，在“强化民营经济发展法治保障”的内容中明确指出：“深化涉案企业合规改革，推动民营企业合规守法经营”，这既是对涉案企业合规改革成效的肯定，也为改革提供了更加明确的方向。

2022 年 4 月，涉案企业合规改革试点在全国范围推开，宁夏积极贯彻落实最高人民检察院试点改革要求，加强制度保障、创新举措、服务效能等建设，取得了一定的成效。但在实务推进中依然存在经费来源难、规范管理欠缺，宣传程度把握难、全流程适用不足等普遍性问题，也有专家人员闲置、结构不合理的特殊性问题。当前宁夏涉案企业合规改革工作已全面展开，结合宁夏实际，深入分析研究，对于依法平等保护各类市场主体，落实“六稳”“六保”，促进宁夏经济平稳健康发展，营造法治化营商环境，加快构建新发展格局，推进涉案企业合规改革走深走实具有十分重要的意义。

作者简介　徐荣，宁夏社会科学院助理研究员；徐立军，宁夏回族自治区人民检察院政策研究室主任。

基金项目：宁夏哲学社会科学院规划项目“宁夏实施依法治区战略路径研究”(23NXCFX01) 阶段性研究成果。

一、宁夏涉案企业合规改革的实践状况

（一）宁夏涉案企业合规改革成效初现

1. 初步建立了涉案企业合规改革制度体系

作为涉案企业合规改革重要的第三方组织，强化其组织建设是改革的必选题。2022 年 4 月全国改革试点启动以来，宁夏实现了省、市两级第三方监督评估机制管委会全覆盖，建立了包括律师、会计师、企业合规师及相关专家学者在内的自治区级第三方监督评估机制专业人员名录库，市一级也已实现相关专业人员库全覆盖，其中中卫市沙坡头区还建立了县一级第三方监督评估机制，并建立专业人员库。同时，自治区工商联、检察院、财政厅、国资委等 19 个部门联合下发了《宁夏回族自治区涉案企业合规第三方监督评估机制实施办法（试行）》《宁夏回族自治区涉案企业合规第三方监督评估机制专业人员选任管理办法（试行）》等相关文件，为更好地开展涉案企业合规工作搭建了基本制度框架。

2. 涉案企业合规改革案件办理稳步推进

全国涉案企业合规改革实践在制度建设和实践操作层面为宁夏推进这项改革提供了许多样本和经验参考，对宁夏推进改革过程中可能遇到的问题有了基本预期。自 2022 年 4 月全国试点开展以来，宁夏检察机关坚持依法能适用尽适用，合规办案的数量不断增加，合规办案检察院覆盖率不断提升，已实现五市全覆盖，合规案件类型不断拓展，有串通投标罪、重大责任事故罪、单位行贿罪、非法采矿罪等类型。

（二）涉案企业合规改革的典型模式分析

1.“走在前”的石嘴山市检察

石嘴山市是宁夏最早建立市一级相关机制和启动适用涉案企业合规的市级院。在 2022 年 4 月，石嘴山市检察院联合石嘴山市工商联等 8 家单位会签了《石嘴山市涉案企业合规第三方监督评估机制实施办法》，成立了第三方机制管委会，健全完善联席会议等制度，组建了涵盖法律、金融、财会、生态环境、市场监管等领域由 31 人组成的第三方专业人员名录库，并开展了第二批名录库入选工作。打造合规典型，2022 年 8 月全国工商联、

最高检发布的100对“工商联与检察机关沟通联系机制典型事例（2019—2022）”，宁夏检察机关入选3例，其中石嘴山市2例。大武口区检察院培育的企业合规案例入选“宁夏全区政法机关服务保障黄河流域生态保护和高质量发展先行区建设典型案例”选编。规范的内部管理提升了员工责任感

2.“树标杆”的银川检察

创新涉案企业合规宣介，2023年6月28日，银川市人民检察院开展以“充分发挥检察职能 护航民营健康发展”为主题的检察开放日活动，邀请市人大代表、政协委员、人民监督员、民营企业家及媒体代表等20余人走进银川—中关村创新中心，实地感受检察机关服务保障“强首府”战略实施的举措。运用“企业合规审查”工作展板，以“案例讲解+分析”的方式，介绍全市检察机关在优化法治化营商环境方面的工作及取得的成效。检察开放日选择在企业所在地举办，且对媒体宣传企业相关涉罪信息公开作了要求，既做到了宣传，又最大程度减少对企业的影响，是对涉案企业合规改革案件宣介的有益尝试和生动实践。

（三）宁夏涉案企业合规改革案件的特点

历时1年多来，在宁夏各单位统筹协调，积极履职尽责，协同协力、同频共振的努力下，宁夏涉案企业合规改革各项工作取得一定成效，为宁夏持续推进改革奠定了较好的实践基础，并呈现出以下特点。一是涉案企业合规案件实现五市全覆盖，罪名集中且涉罪主体主要为中小型企业。除固原市案件较少外，其余四市的案件区域分布相对平衡。罪名主要为串通投标罪，占比63.6%。二是采取提前摸排案件的方式，更好地把握案件质量。引导公安机关收集企业规模、经营状况、纳税情况、就业等方面的证据，为企业合规审查做好前期准备。三是适用主要为轻罪案件，启动合规均在审查起诉阶段。

二、宁夏涉案企业合规改革实务中的实践困境

（一）第三方评估机制不畅影响运行质效

1.专家人员库组建考虑实际不够，专家资源闲置、管理未步入正轨

宁夏全区三级6个专家人员库，3个未达到50人，2个刚达50人，在

组建专家库中未能结合宁夏地域范围小、案件量少、专业人员缺乏等实际情况，以相邻市联合的方式组建专家人员库，而是各市各自组建专家库，造成“不完整”专业人员库的存在。省级专业人员库资源利用率低，尚无以省级专家人员身份参与的涉案企业合规整改评估，专家库处于闲置状态，造成专业人员资源浪费。对专业人员调查问卷发现，专业化培训需求旺盛，且尚未按照相关制度规范对专家履职情况建立台账等，这些都影响了第三方评估工作的开展效果。

2. 第三方监管机制专业人员内部结构不合理，经费保障规范化不足

省、市、县三级 6 个专业人员库组成人员中，律师占比一半以上的有 3 个，如下图。其中银川市建立了 206 人的专家库，地区发展极不平衡。银川市专家库专家人员数量庞大，其中律师为 119 人，占比近 60%，省级、固原市、沙坡头区专家库人员中律师占比均在 50%以上，人员结构不合理问题相对突出。有关经费保障存在国家层面的制度缺口，需地方补缺。宁夏采取企业负担的方式，符合罪责自负原则，但可能会产生影响评估人员和评估结果的中立性的问题。目前五市检察机关启动适用第三方评估的案件尚未落实相关合规考察经费，也未配套管理制度。同时，第三方评估难以延伸到对企业合规建章立制实际运行效果的判断，可能造成评估结果不准确进而导致案件处理出现偏差的情况。

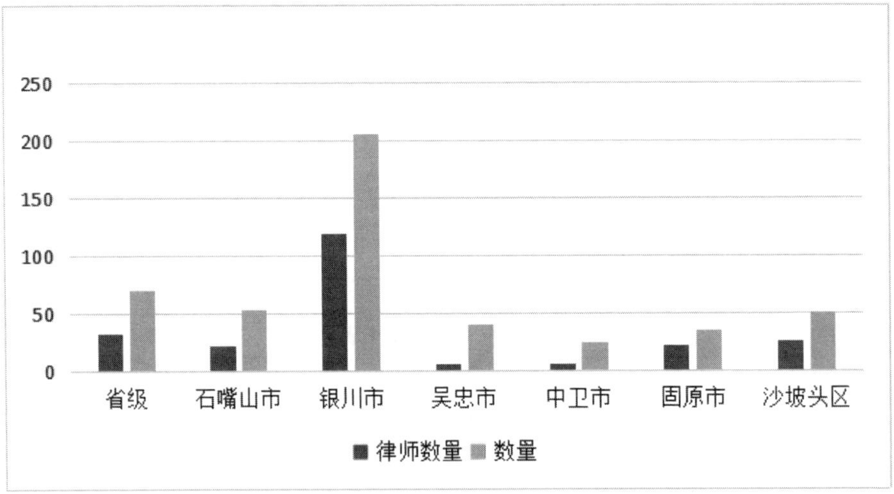

宁夏回族自治区三级第三方专家库人员数量对比图

（二）合规“负担重”削弱办案人积极性

调研发现，办案人员在推进涉案企业合规案件的办理过程中，基于制度不成熟等因素，办案人有适用风险担心。虽然有改革政策支持，但也要在法定的条件下开展相关工作，对有些不在类型范围的案件是否适用，对案件作出不起诉决定后，企业再犯是否会追究办案人责任；对涉案企业合规从宽不起诉或从宽建议量刑等，在保守宣传中，如何以公开促公正，减少司法腐败，保护办案人。在“检察官办案质量终身责任制”下，检察官对案件的态度更为审慎。如何把改革的效果宣传到位，又不影响企业，如何把握公开的度是办案人要面对的问题。而且由于程序的复杂、人员的短缺、工作开展的协作性要求高、新问题新情况不断出现等因素，在实质上对检察官办案积极性产生了消极影响。

（三）向侦查、审判、行政延伸不足消减改革成效

侦查阶段的涉案企业合规，在宁夏的探索方式主要是提前介入侦查，通过在侦查阶段引导公安机关调取符合涉案企业合规启动条件的相关证据资料，如企业经营状况、企业合规意愿、企业规模、企业纳税等情况，这也是解决审查起诉诉讼时间与合规考察时间冲突的有效举措。但是办案实践中，侦查阶段启动合规尚无实践，一方面受到“重刑主义思想”的长期影响，追求批准逮捕（羁押）、提起公诉、判处刑罚（实刑）等。另一方面增加了工作量，不起诉或者是建议缓刑等结果，又使得刑事追责效果大打折扣。

审判阶段涉及的涉案企业合规，在宁夏的探索方式主要是在审查起诉阶段启动合规，再延伸到审判阶段继续，如某基层院办理的某企业非法采矿、单位行贿案，因属大型企业，合规整改延伸到审判阶段。或是合规考察合格后，建议在审判阶段判处缓刑，如某基层院办理的某企业串通投标案，在审查起诉阶段启动合规整改，合格验收后，结合其他情节，建议人民法院判处缓刑，尚未有在审判阶段启动合规的案例。

刑行衔接在刑事、行政、公益诉讼检察等领域均有衔接需求，在涉案企业合规改革中也不例外。一是涉案企业合规合格不起诉后，行政处罚的从宽互认。实践中，检察机关合规不起诉后，要建议行政主管部门处罚，但处罚金额过高，可能会造成企业因行政处罚而重新面临倒闭，失去合规为企业健康发展的初衷。但合规整改在法律法规上并未确认其从宽属性，行政机关面临从宽无法可依的情形，无法实现在最终环节的从宽激励。二是涉案企业合规整改后的全面合规与后续的行业监管，形成从涉案企业合规到企业合规行刑“大合规”。刑事诉讼阶段的合规，不能替代行业主管对企业合规的监管和企业内生动力形成的企业合规，如何将刑事诉讼阶段的合规，延伸到行政环节，从行政日常监管传导到企业长期合规经营，任重道远。

三、对策建议及改革展望

（一）优化第三方机制运行的举措

1. 构建共享机制，释放闲置资源，强化第三方评估规范化专业化发展

结合宁夏“小”的地域优势和实际，打破区域障碍，缓解地区不平衡矛盾，尽快建立宁夏全区涉案企业合规专家人才库和平台系统，以平台系统和专家库为媒介，建立第三方评估专家共享机制，通过系统随机筛选、政府购买等形式，实现专业人员服务向宁夏全区辐射。此外，第三方机制管委会应组织开展常规培训和启动合规考察前专题辅导等活动，通过组织开展交流会、讨论会，搭建专家交流平台，利用已启动合规评估的案件，让有经验的专家现身说“法”。加强对省、市、县三级专家库的管理，尽快建立第三方机制专业人员履职台账，收集专家意见建议，为指导全区涉案企业合规改革顺利开展打好基础。

2. 优化专家库人才结构，深化经费及其管理制度落实

专业人才库应充分考虑专家类型比例，在已经选用人才库人员的基础上，进行资源整合。要尽快落实经费，可以采用“政府+企业”的多元化支付方式，同时建立统一的经费使用配套办法，规范经费使用。对于报酬的标准，可参照 2007 年最高人民法院《关于审理企业破产案件确定管理人报酬的规定》，对管理、支出、标准等进行规范。也可借鉴“张家港”经费管理模式。张家港市合规监管委员会制定了《张家港市推进涉案企业合规经费管理暂行办法》，规定合规专项资金包括三块：一是刑事合规费用，包括合规计划审查费、监督考察费、合规评估费；二是事前合规费用；三是顾

问费用，包括劳务费、材料费、会议费、其他费用等。市工商联负责编制项目预算和决算，并按照项目批复预算、计划书和相关管理制度使用资金，市检察院负责对资金使用的合法性、合理性、真实性进行监督。①

（二）推动涉案企业合规适当公开化

涉案企业合规在改革之初，因流程的内部化而受到公正性的质疑，检察官对案件处理存有司法风险担忧。因此，如何减少质疑和为检察官风险担忧松绑，就要在公开化方面下功夫。在涉案企业合规改革中应当遵循公开化，以公开促公正，以公开促公平，以公开促质量，尽量在启动、整改、验收、宣传、回访等各流程实现公开化。同时，在宣传中注重“相称性原则”，加以适当限制。

一是在简式合规中适当引入第三方机制，可通过邀请第三方参与合规计划、整改过程、合规评估验收等程序，让第三方专业人员合理介入到简式合规中，提高简式合规的专业化、精准度和公开化。二是检察听证全覆盖，检察机关应当将公开听证融入企业合规，邀请听证员对合规整改落实等情况发表意见，结合听证意见，客观公正地作出决定。依托听证人员库，实现对拟适用案件的检察听证全覆盖。三是开展涉案企业整改观摩。在整改验收、回访等阶段，邀请人大、行政主管部门、工商界、企业家代表等，宣介涉案企业整改成效，对企业合规考察评估进行监督。组织开展类似以“企业合规”为主题的检察开放日或者企业合规开放日活动，将参观企业、公开宣告、座谈交流、讲课、成果宣传、法治教育等融合在活动中，亦可借鉴“深圳模式”组建合规讲师团。②

（三）实现全流程合规突破和刑行衔接的展望

加快推动侦查阶段和审查起诉阶段涉案企业的合规启动。尽快与侦查机关、审判机关达成企业合规共识，多邀请侦查机关、审判机关参与企业合规。从基层中选取合适案件，建立相关合作机制，为逐级推动合作机制

---

①邓根保、丁胜明、丁建勤等：《涉案企业合规第三方监督评估机制的建立与运行》，《人民检察》，2021 年第 20 期。

②唐荣、李文茜、胡聿琦：《深圳宝安检察院积极探索中小微企业合规建设模式》，《法治日报》，2023 年 8 月 29 日。

建立提供样本参考。尤其在最高法积极支持和各级法院积极探索的大环境下，通过合规合格建议缓刑、合规启动延伸至法院的案例，促成检法在合规量刑、合规启动上的共识，以案促制，形成宁夏检法合作新局面。在刑行衔接方面，一方面要积极促成企业行业主管行政机关在合规整改期间的参与，另一方面要加大合规整改合格从宽的行政处罚互认。

涉案企业合规作为一项促进企业合规整改的改革举措，是法律治理与公司治理的结合，正在走向刑事诉讼全流程适用。深化涉案企业合规改革，要坚持依法办案和积极推进相结合，切实细化工作措施，完善制度机制。运用这项刑事激励措施，营造法治化营商环境，激发企业合规经营内生动力，以涉案企业合规，带动行业合规，规范企业经营活动，实现推动民营企业合规守法经营的最终目标，助力企业长远发展。

宁夏公共法律服务数智化平台应用实践及效能提升的制度路径研究[①]

白　杨

2019年1月，习近平总书记在中央政法工作会议上的讲话中强调，政法机关要深化公共法律服务体系建设，加快整合律师、公证、司法鉴定、仲裁、司法所、人民调解等法律服务资源。各地将数字化建设作为资源整合的重要技术路径，宁夏公共法律服务数字化建设亦是如火如荼。随着各大平台的建成，"部门壁垒""职能碎片化""公私合作的公共责任与合作边界失衡""指尖上的形式主义"等问题也显现出来。而上述问题的解决制度缺位直接制约了数字技术整合公共法律服务的效能。下一步，宁夏公共法律服务数字化建设必须聚焦到制度保障上，以制度化的方式实现革新。

一、宁夏公共法律服务数智化搭载平台建设情况

当前，宁夏各地方、各部门、各领域公共法律服务相关的实体、平台建设迅猛发展，除司法行政部门的实体、网络、热线三大平台外，还依托政法委综治平台、智慧公安、智慧法院、数字乡村、数字社区、数字企业

作者简介　白杨，宁夏社会科学院社会学法学研究所实习研究员。

①本课题系2023年宁夏法学会青年课题"数字赋能背景下宁夏公共法律服务整合提升的法律保障体系构建研究"部分成果（立项编号Q2023FXH17）。

等平台提供公共法律服务。

（一）司法行政部门公共法律服务平台建设

近年来，宁夏回族自治区司法厅围绕《宁夏公共法律服务实体平台建设实施方案》《宁夏“12348”公共法律服务热线平台建设实施方案》《宁夏公共法律服务网络平台建设实施方案》三个实施方案着力打造了三大公共法律服务平台。其中，在实体平台建设上，依托法律援助中心、司法所及乡镇村（居）社区办公场所分级建设，在市（县）建公共法律服务中心，乡镇（街道）建公共法律服务工作站，村（社区）建公共法律服务工作室。在办公场所中，设置公证、律师等多个维权帮扶窗口，突出法律咨询、法律援助、人民调解公共服务职能，部分公共法律服务中心（站、室）还投放公共法律服务自助终端机和公共法律服务智能可视电话。在公共法律服务热线建设中，依托政务热线，实现信访事件转办等多行政部门与“12348”公共法律服务热线的联动对接，实现案件的分流。在公共法律服务网络建设中，有“我的宁夏”APP 法律服务专区、“12348 宁夏法网”、“宁夏智慧法律服务调度管理平台”等，打造网站、微信、移动客户端“一网通办”。可以说，司法行政部门的这三大平台极大拓展了公民寻求公共法律服务的渠道。

（二）政法委综治中心平台建设与公共法律服务

2020 年，银川市、吴忠市、石嘴山市作为第一批市域社会治理试点城市，以矛盾纠纷发现化解为目的，将打造社会治理平台作为创新突破口，纷纷打造了综治中心。上述三市通过三级综治中心的规范化建设，实现上传下达。其中，县（区）级综治中心按照“一中心五平台”模式整合综合执法、社会治安、政务服务、舆情监控、信访矛盾处理五大平台，形成指挥中心、协调中心、调解中心、信息中心四位一体功能，履行信息收集、分析研判、提前预警、指挥调度、协调督办等职能。乡镇采取“综治中心+N”运行模式（红寺堡区整合“一部一队两所三办”，即武装部、综合执法队、派出所、司法所和综治办、禁毒办、信访办），履行指挥调度、组织协调、治安防控、矛盾调处等职能。村级综治中心采取单设或多室合一模式，与村（社区）民生服务中心结合，设置综治工作岗，履行基层网格员管理、矛盾排查调解、群防群治、政策宣传、便民服务等职能。政法委搭建的这一综治平台，基本上全流程覆盖矛盾纠纷排调处的整个过程，但实际上，整合的力量仅在政法委可调动的人员范围内，且平台也未调动起各主体的作用，与各部门的数据对接还存在部门掣肘，设计机理上还是存在其他数字平台都存在的问题。

（三）智慧公安平台建设与公共法律服务

公安系统平台建设起步早、资金投入力度大、硬件设施强、信息整合程度较高，各平台的建设重点在扩大治安防控的覆盖面。如，依托“雪亮工程”建设的覆盖全省市、县、区的视频监控网络体系，对重要道路街区、重点单位、人员密集场所视频监控实现了全覆盖。同时，部分市通过打造试点，对城乡公共安全视频监控系统进行高清改造和智能升级，推进“一网一系统一掌上网格”智慧安防小区建设，安装网格化可视联络系统，升级改造电子警察和老旧小区地网工程。在热线上，公安系统通过“110”报警服务台与“12345”政务服务热线融合互通，实行“365 天×24 小时服务”受理办理机制，分流非警务警情和非工作日办件量效果明显。业务系统上推进执法办案管理中心建设，具备远程提审会见、执法办案 APP 证据上传、快速办理等功能应用。公安系统的各平台内部整合程度高，掌握的大量的数据信息，与各部门共享壁垒厚，主要还是信息处理归置未实行分类。

（四）智慧法院平台建设与公共法律服务

法院系统在用的信息平台主要有两类，一类是微法院、办案系统、执法系统等法院的业务系统，另一类是各类关联业务的政务系统。按照《全区法院信息化建设五年发展规划》《关于加快建设宁夏智慧法院的实施意见》，宁夏各级法院司法审判信息资源库实现了与政务数据平台、统一征信平台等数据共享，可将直接获取的案件相关信息精准推送给政务平台相关部门或社会信用平台。宁夏全区基本形成了集调解、诉讼服务、律师服务等一站多元的智慧法院服务体系，建成了覆盖宁夏全区的在线诉讼服务和律师服务平台。法院的审判人工智能辅助系统和“12368”诉讼热线电话及网上咨询解决案件数量不断上升。提升基层法院诉讼服务多功能终端机“24 小时自助诉讼服务区”配套设施覆盖率，群众可以通过法院人工智能辅助系统，自助查询、检索、打印、办理诉讼业务，通过人工智能辅助系统智能分析相关案件预期结果、立案流程或者已立案办理流程和进展等信息。

（五）数字乡村（智慧社区）平台建设与公共法律服务

宁夏通过试点的方式，在部分农村打造了数字乡村平台，如吴忠市盐池县郑家堡石山子村“数字乡村智慧大平台”、青铜峡“一图一舱两端”等试点。此类平台的思路还是依托村庄各类数据，进行公共服务和矛盾纠纷排查化解。以红寺堡区构建数字乡村“一张图”为例：该平台依托地理信息、GIS地图等技术，整合基层党建、阳光村务、农村集体资产、人居环境资源等与乡村治理相关的关键资源，将产业发展、公共服务、村务管理等信息精准录入，建立乡村基础信息数据库，搭建数字乡村平台，建设数字乡村“一张图”，可视化展示乡村规划、经营、服务、治理等运行状况。智慧社区平台机理基础亦是建设辖区居民基本信息统一数据库，主打的是集基层治理、社会服务和民生保障为一体的平台。较数字乡村平台，社区数字平台使用重点是线上矛盾纠纷排查收集、处理、反馈，以及特殊人群、流动人群和物业智慧管理。

（六）公共法律服务企业平台建设

营造良好营商环境是司法行政部门的重点工作，相关部门也通过建平台、联平台的方式畅通非公企业获取法律服务的渠道，将公共法律服务送入企业。最直接的是依托现有平台，推进网上咨询、网上办。另外，建设有宁夏信用信息的共享平台，如宁夏“双随机、一公开”综合监管平台收录经营异常名录、严重违法失信名单。推广电子证照生成和应用技术，用“互联网+监管”规范执法。此外，自治区司法厅通过落实“百所联百会”机制，组建法律服务团，开设法商服务在线、法商服务直通车、维权服务中心、商会法律服务中心（站）、调解工作室、法商论坛等，服务企业的同时也提高了企业的法治意识，挖掘企业法律需求，实现互惠共赢。红寺堡以政府购买服务的形式建设“城市大脑”，对接县域视频监控、工业园区信息化数据，实现优化营商环境和重点工程项目实施并联审批平台，提供企业开办、建设工程审批、医疗保障报销等跨层级、跨部门重点应用的实时数据共享服务。银川市设立企业投诉“直通车”专线，向企业发送投诉制度宣传及问题征集短信，督促兑现奖补资金。

二、公共法律服务数字化建设的制度障碍

不难发现，宁夏各平台走的是模仿路径，并未进行突破创新。目前在用的和正在打造的数字化平台，都是在打“数据战”，实际是衍生出大量“指尖上的形式主义”：数字化原本应该解决的各种碎片化以及数字化本身建设和运行中新产生的碎片化依然存在，不但没有实现部门整合、数据整合的功能，更没有减少矛盾纠纷的数量。数字化像皇帝的新装，并没有带来治理效能的提升，甚至衍生了矛盾，增加了工作数字化的负重。

（一）法治建设本身碎片化

数字化只是工具，政府建立数智化平台将自身塑造为数字化组织，推动数据资源向社会治理各单位、各平台分级分层分权限共享，实现跨部门、跨区域共同维护和利用，促进业务协同办理，本质是解决政府运行中的各种碎片化问题，但是，法治建设本身的碎片化，直接制约着组织、资源整合。法治建设的碎片化表现为：一是法治思维模式的碎片化，治理、管理等各个要素价值理念间相互作用的关系机理没有整体性与系统性解决；二是组织模式的碎片化，政府部门条块分割、过度分权，各部门之间职责定位藕断丝连，为追求各自利益逐利避责，缺乏向心力；三是服务内容的碎片化，法律服务内容复杂，包含法律咨询、司法鉴定、公证、人民调解、律师调解、知识产权和商事调解、行业调解等，每一类型的服务又横向细化为申请、调解、诉讼等环节，这些内容与环节又由不同的主体承担；四是多元参与主体的碎片化，一方面是政府供给端断层，另一方面是公民需求端错位，两者不能精准匹配，呈现双头碎片化。这些主体通过技术赋能分享“社会治理权”，出现有权无责、有责无权以及各主体参与机会、能力不均等问题，导致的主体间信息失真和沟通不畅，带来凝聚力差异。

（二）数字化带来碎片化

数字化带来的碎片化包括平台开发主体的碎片化和平台数据系统设计标准的碎片化。首先，政府各部门是执法机关，再有司法机关、检察机关，

与之相关的部门超过40个之多，这些部门主体基本上是各自开发信息系统，已经建成的平台由不同的运营商进行前期投入建设和初期维护，互不兼容，数据重复录入、信息资源联网共享不足、使用效率较低，今后数据共享、互联互通和统筹利用都会存在数据壁垒。其次，在各平台的数据体系下，数据基础多而不全，民情数据闭环流通，而各部门基本上都已经形成了较完备的数据系统，各部门对综治平台数据的需求与寻求合法性基础的障碍存在较大差距，麻烦大于获利，吸引力不足，导致市域社会治理数据共享实现程度大打折扣。

（三）政策配套力度与政策创新度不高

从宁夏现有数字化政策文件看，以数字技术解决制度空白的政策配套力度与政策创新度并不高，主要表现为未出台政策统筹规划统一的数智化平台建设标准规范体系。就已建成和在建平台来看，法院、检察院、行政机关、政法委以及各行政执法部门均在创新数字化平台，在制定各自的平台建设规范标准，但实际各平台的技术机理相似、规范标准大差不差，制度性障碍相似，仅是在业务内容上有所不同。但是聚焦到各平台的公共法律服务数字化的标准规范上，又不契合司法行政系统信息化标准规范体系，甚至同一部门的不同业务系统在信息数据整合共享上都难。对地方来说，如何通过数字技术完善公共法律服务体系、推动司法行政机关部门协调，政策先行是唯一可行的路径。

（四）忽略政企合作机制建设

政企合作机制直接影响着数据和隐私安全风险。宁夏数智化服务平台多依托电信、联通、移动三大运营商投资，这种“部门搭台、企业投资、共建共享”的方式下，如何防范数据与技术失控风险，并无相关规范规制。再看，由政府组建专门的数据平台开发公司这一模式下，由大数据运营公司统筹部门信息化和智慧城市建设、各级机关新建的信息系统必须依托城市数据运营中心云空间资源和基础资源建设，而政府能否授权大数据运营公司对数据进行编制、采集、共享、交换，需要经过什么样的授权程序，授权的范围是什么？这些都没有法律支撑。而且，大数据公司只负责技术，政府只负责出资，双方都在回避数据平台建设的合法性，政企合作的责任划分与合作边界的不明确性使这种模式也存在诸多隐患。与此同时，作为终端用户的公民在公共法律服务规则的代码化过程中，其知情权和表达权基本是被忽视的，个人用户参与程度不够，监督权不能得到充分发挥。

三、公共法律服务数字化建设体制机制改进建议

本课题主张聚焦制度建设，从“数字获取、使用、流转、保存规范”“公私合作责任规范”“民众表达权、监督权保障”等领域审视平台建设的技术边界和合规监管，在制度框架中，推进公共法律服务资源的整合，提升公共法律服务效能。但是，课题将从制度建设的另一模式，即“政策试点”这一路径进行构建。因为站在宁夏地方问题解决路径的可行性上看，以地方立法直接解决数字制度缺失这条路径目前还走不通，但是通过政策先行试点这一路径为实践工作开路是可行的。

（一）建立部门一把手负责的协调小组，负责数字化全局工作

调研发现，数据壁垒、部门壁垒最大的障碍不是制度障碍，而是工作方式、工作利益、工作能力障碍。部门一把手的威慑力、与各部门领导的关系直接决定了一个部门与其他部门和部门内部工作的开展情况。有的部门工作能得到其他部门配合、可以调动其他部门的资源，靠的不是制度耦合，甚至不是部门共同利益，最直接的就是靠领导的工作方式和能力。数字化如此大的一盘棋，牵头领导必须有足够的魄力，各部门的领导要有大局观意识，摒除唯部门利益、唯个人政绩利益的观念。数字化的红利已经走向尾声，通力合作才是新的出路。

（二）在政策上统一全区数字化平台建设标准

一是要为数字技术整合功能制度赋能，加快制定《信息系统整合共享实施方案》等制度措施和管理办法，处理好信息收集、流转和使用的合法性问题。二是重构各主体职能、资源，明确数据权利归属，规范数据资源标准，构建动态更新、统一且权威的政务信息资源目录体系。三是从以政府为中心的管理模式向以人民为中心的治理模式转变，让公民全方位、全过程、全链条参与到数字平台监督中，确保数据收集、使用的合法性基础，实现决策的公开透明、程序正当。

（三）以社会治理这一综合平台为样本，整合现有资源

数字化平台的下一步重点工作不在打造“新”的平台，关键在整合试点资源，从自治区一级全面统筹各类平台建设，解决全区信息化建设遍地开花的现象。首先，要立足各部门的数据需求，将社会治理所要解决的问题链接在治理的链条上，在制度设计、治理技术上更精细，构建统一接入、统筹利用、覆盖全域、灵活服务的数据资源共享体系，吸引各部门采用综合治理平台的数据。将法院、检察、公安、司法行政的数字平台和社会治理相关部门数据融入社会治理智能化综合平台，实现部门、市县（区）信息互通，信息共享。

（四）加快“智治”人才队伍建设

数字化平台建设目前主要依靠开发公司的专业运行维护人员，存在信息技术人才短缺，信息化、智能化水平和质量城乡、区域不平衡等问题。在政府层面，一是研究智能化人才队伍建设中长期规划，加强各类应用人才引进、培养、激励、管理等机制建设工作，加强专业人才队伍储备工作；二是组织面向政法各机关的信息化、智能化培训，提升智治行业监管能力；三是加强智治人才的法治意识培训，在法治轨道上开展数字化工作；四是加强数据分析人才培养，推动数据深度应用。

法治市域篇

FAZHI SHIYU PIAN

2023 年银川市依法治市工作发展报告

杨爱军　蒋丽萍　杨晓彤

2023 年，银川市深入践行习近平法治思想，深入贯彻落实党中央关于法治建设的决策部署和宁夏党委工作要求，持续推进法治银川、法治政府、法治社会一体建设，全面推进科学立法、严格执法、公正司法、全民守法，为实现“四个示范引领”目标、建设黄河流域生态保护和高质量发展先行区示范市提供有力法治保障。

一、坚持党的领导，为法治银川建设提供坚强保证

（一）全面加强法治统筹力量

充分发挥市、县两级党委法治建设议事协调机构及其办事机构职能作用，研究部署法治建设工作方向和重点任务，2023 年以来，先后召开市委全面依法治市委员会会议 1 次、委员会办公室会议 2 次、各协调小组会议 3 次。印发《关于认真贯彻落实党的二十大精神深入推进新时代全面依法治市的实施方案》《深化法治领域改革任务清单》《银川市关于推进法治政府建设“八大提升行动”的实施方案》，全面落实各项重大决策部署，常态长效推进依法治市工作走深走实。

作者简介　杨爱军，银川市司法局党委书记、局长；蒋丽萍，银川市司法局党委委员、副局长；杨晓彤，银川市司法局秘书科工作人员。

（二）全面深化理论学习教育

不断深化习近平法治思想学习宣传、研究阐释、贯彻落实工作，将习近平法治思想纳入各级党委（党组）理论学习中心组重点学习内容和干部教育培训重要内容。2023年以来，市委常委会、政府常务会会前学法10次，举办法治专题培训班2次，市委党校在主体班次设置法治课程10次，累计培训干部1000余人。开展专题学习宣传活动、举办专题培训班及专题考试等200余场次，全市举办习近平法治思想报告会、宣讲会900余场次，推动学习宣传贯彻往深里走、往心里走。

（三）全面开展法治督察督查

落实法治督察与政府督查协作配合机制，将法治建设纳入政府年度督查计划，在宁夏五市率先出台了《银川市人民政府重点工作落实事项事前提示事中督办事后通报工作推进机制（施行）》。充分发挥法治督察在法治建设工作中督促推动、压力传导、责任落实作用，对全市51家市直部门和6个县（市）区扎实开展“一规划两方案”中期评估法治督察，召开法治政府示范创建协调推进会，现场通报督察中发现的问题，确保边实践边探索、边督察边整改，有力推动全市法治建设水平实现全面突破、整体提升。

二、坚持立法引领，构建更高质量的法治保障体系

（一）突出畅通民意诉求

按照“有意愿、有特色、有条件”的原则，体现群众性、代表性、多样性的要求，从基层单位和组织中筛选出银川市西夏区市人大常委会、银川律师协会、银川市金凤区上海西路街道办事处等10家单位确定为首批银川市人大常委会基层立法联系点，不断畅通人民群众权益表达的渠道和参与过程，确保立法工作更好地体现民情、汇聚民意、集中民智。

（二）突出体现地方特色

坚持“小切口”“小快灵”立法，率先在全国以立法形式设定“黄河流域生态保护主题宣传实践月”，有效推动民生改善和社会治理创新。修订《银川市历史文化名城保护条例》《银川市城市噪声污染防治条例》等地方

性法规和政府规章，有效解决人民群众的急难愁盼问题。出台《银川市政府规章立法后评估办法》，着力查找和解决现行立法存在的制度机制问题，实现政府立法既符合经济社会发展需求，又符合人民群众的意愿。坚持维护法治统一，开展黄河流域涉及生产安全和生态环境保护领域法规的专项清理，确保法规规章在“上下”“左右”以及“新旧”多个维度，与其他法律规范保持协调一致。2023 年以来，共制定政府规章 1 件，修订地方性法规规章 15 件，废止地方性法规 2 件。

（三）突出提升依法决策能力

出台了《银川市重大决策合法性审查规定》，公开发布市政府年度决策事项目录并实时更新。法律顾问全程参与交通疏堵“6+N”“办证难”专项整治等重点工作。充分发挥政府法律顾问参谋作用，在重大决策作出前，常态化采取召开座谈会、论证会、书面征求意见等形式，推动政府法律顾问参与重大行政决策全过程。2023 年以来，全市共邀请市政府法律顾问全程参与市政府常务会议 17 次、专题会 36 次，审查合同 33 件、涉法性文件 80 件，代理政府作为被告的诉讼案件 11 件。

三、坚持提质增效，构建更高水平的依法行政体系

（一）着力推进法治政府建设示范创建

以全国第三批、宁夏第三批法治政府示范创建活动为抓手，以创建促提升、以示范促发展，全面推动银川市法治政府建设快速突破、有效提升。将法治政府建设示范创建工作写入年度政府工作报告，印发实施方案，成立工作专班，建立工作专报机制，向市领导报送专报 6 期。以“一案三单”模式推进 104 项示范创建指标任务落地落实。对示范创建指标进行四轮审核，发出审核意见反馈函 15 件、提示函 38 件，有效指导各县（市）区、市直各部门落实整改，示范创建指标任务稳步推进。全力打造法治政府建设示范项目，“规范涉企执法监督 护航经济高质量发展”“联动发力　共绘行政争议协调化解‘同心圆’”等 5 个项目入围第三批宁夏法治政府建设单项示范项目名单，再度成为宁夏示范项目入围数量最多的地级市，为争创全国法治政府建设示范市夯实基础。

（二）着力打造高质高效的法治化营商环境

在全国省会城市率先出台《优化营商环境实施细则》，深化“证照分离”“清障”攻坚行动等改革，营商环境投诉举报“直通车”“政企通”服务平台等一大批首创经验享誉全国。创新打造“一网一表一章一诺一评”极简审批模式，行政审批事项办理时限压缩率达68.8%。全面推行“企业开办全程网办”“新企业设立全程免费代办”，实现企业开办时间缩短至3小时以内。畅通涉企法律服务“绿色通道”，在“12345”热线开通“企业投诉及营商环境”专席，组建“贺兰山东麓葡萄酒产区知识产权法治服务百人团”等律师服务团队，常态化开展“法律体检”服务活动，以实际行动提振市场主体信心，更大力度激发市场活力。

（三）着力打造公正透明的执法环境

深化涉企行政执法检查登记备案制度，银川市24个涉企执法部门（含2个自治区垂管部门）均研究制定了2023年度涉企执法检查工作计划，共确定涉企检查事项163项。研发“银川市规范行政执法小程序”，在全市执法部门推广使用，推动行政执法规范化、透明化。在银川市范围内聘用15名行政执法监督员，组织81名行政执法监督业务骨干参加行政执法监督证申领考试，全面提升执法监督工作能力水平。推行包容审慎监管，在银川市15家有行政处罚权的部门建立包容免罚清单，明确“首违不罚”适用范围。坚持法治助企、执法便企，出台《银川市涉企行政执法检查登记备案制度》，制定综合执法、市政管理等部门联合执法“综合查一次”年度清单，大幅减少执法扰企，涉企行政执法检查满意率达100%。推动纪检监督与行政执法监督有效衔接，率先在宁夏五市印发《关于加强纪检监督与行政执法监督衔接规范行政执法行为的实施方案》，明确联合监督范围，关注重点领域执法，向市纪委监委移送行政败诉案件148件，追责问责5人，促进监督成果互通共享，全面提升监督效力。扎实开展道路交通安全和运输执法等重点领域突出问题专项整治，2023年以来，全市交通事故“四项指标”（道路交通事故发生起数、死亡人数、受伤人数、直接财产损失）同比分别下降4.71%、10.55%、8.5%、24.81%。

四、坚持公正司法，筑牢经济社会高质量发展法治屏障

（一）准确落实司法责任制

持续发挥决策意识机构核心作用，常态化推进检察长列席人民法院审判委员会会议制度。完善领导干部办案责任制，引导领导干部带头办理“硬骨头”案件。探索开展违反检察职责情形追责惩戒工作，积极发挥检务督察作用。市公安局推进执法责任制改革，深入开展“好好说话、规范执法”活动，建立完善执法办案积分管理制度，实体化运行两级执法管理委员会，不断提升执法办案质效和监督制约效能。

（二）准确落实行业领域性改革

聚焦以审判为中心的刑事诉讼改革，推进以捕诉一体为核心的内设机构改革，落实庭前会议、非法证据排除、法庭调查“三项规程”实施办法，推动认罪认罚从宽制度落地见效，落实刑事案件律师辩护全覆盖试点工作。推行民事诉讼案件繁简分流，结合“示范市”庭审，带动批量案件快速化解。深化行政复议体制改革，打造全区行政复议规范化建设试点，在银川市市民大厅设立行政复议案件办理规范化场所，集中行使复议咨询、申请受理、案件审理、复议听证、文书送达、卷宗整理归档等事务，实现了从“多地、多窗、多次”到“一地、一窗、一次”的转变，为人民群众提供“一站式”服务。组建行政复议探索建立“行政复议+调解”机制，将调解贯穿行政复议案件办理全过程，行政复议案件调解成功率达 23.3%。持续规范和加强行政应诉工作，行政机关负责人出庭率提升至 100%。

（三）精准管控各领域安全建设

强化社会面治安管控，深入排查风险隐患，加强预判预警预防，2023 年以来，刑事、盗窃、治安案件同比分别下降 13.45%、20.36%、6.19%。严格落实“1+37+8”系列文件精神，紧抓“防查改教强技制督调究”各项工作，健全公共安全风险监测预警体系，深化城镇燃气、交通运输等重点行业领域安全风险排查整治，完善各类应急预案 30 余份，完善各类应急预案 30 余份，组织“铁拳”2023 专项打击整治等演练活动 10 余次。聚焦社

会治安态势，组织开展“清风”“百日行动”等专项整治行动，重拳打击黄赌毒、盗抢骗、食药环等突出违法犯罪，挂牌整治13处治安乱点和社会治安突出问题，2023年以来，电诈发案数、财损数同比下降35.6%、13.6%，实现“两升两降”目标。

五、坚持人民至上，构建更高标准的法律服务体系

（一）优化法律服务，构建联动格局

高标准建设一体化银川市市级公共法律服务中心，并持续推进全市公共法律服务实体平台建设，全市共建成市、县（市）区公共法律服务中心7个、乡镇（街道）公共法律服务工作站54个、村（居）公共法律服务工作室576个。依托银川市公共法律服务中心，打造现代公共法律服务“会客厅”，将法治宣传、法律援助、人民调解、律师、公证、司法鉴定等职权整合，实现公共法律服务领域六大类12项服务一体化办理。为辖区656个偏远村居配备智能终端，开发微信小程序，实现了公共法律服务“抬头能见、触手能及、扫码可得”。2023年以来，全市智慧终端访问量达40036人次，微信小程序访问量达4129人次。

（二）深入源头治理，抓好矛盾纠纷化解

打造“一站式”矛盾纠纷调解中心309家、综治中心61家、“塞上枫桥”品牌警务室和调解室110家，全市矛盾纠纷化解成功率达96%。创新发展“塞上枫桥”人民调解品牌，“和谐大叔”“小燕”调解等先进经验走向全国。深入践行新时代“浦江经验”，全面推行领导干部接访下访、包案化解信访积案，市委、市政府主要负责同志一线督办，群众办理房产证遗留问题等信访难题有效化解。

（三）深化普治并举，践行法治为民

推进法治文化阵地建设，建成民法典主题公园、宪法主题公园（广场）19个，全市575个村（社区）基本实现法治文化阵地全覆盖。大力推进法治乡村建设。持续深入开展全国民主法治示范村（社区）创建，对银川市6个全国民主法治示范村（社区）进行复核，银川市9个村（社区）被推荐为自治区首批民主法治示范村（社区）。全面实施“法律明白人”培育工

程，培育“法律明白人”6948名，做到全市村（社区）全覆盖。扎实推进村（居）法律顾问工作，在全市范围内遴选44家律师事务所386名律师与各村（居）签约服务协议，实现了村（居）法律顾问全覆盖。运用新技术新媒体开展精准普法，充分发掘传统媒体和新媒体优势，搭建法治VR云展厅，打造多场景、多维度、多层次的云普法展馆。

六、银川市依法治市存在的问题及发展展望

2023年，银川市全面依法治市工作虽然取得了一定成效，但离党中央和自治区党委的要求以及人民群众的期盼相比，仍存在一定差距，主要表现在以下几个方面。一是法治建设责任仍需强化。个别地方和部门主要负责同志履行推进法治建设第一责任人职责还需加强，对法治建设工作重视程度有待提升，对法治建设工作部署的少、过问的少、协调的少，各县（市）区、各部门法治工作推进力度还存在不均衡现象。二是行政执法行为仍需规范。行政执法“三项制度”落实还有差距，一些执法单位执法程序还不规范。执法人员能力参差不齐，对执法流程和裁量尺度还需进一步规范和提升。三是法治人才培养仍需加强。市、县两级法治人才队伍培养力度还不均衡，还需进一步健全完善梯次化法治人才队伍体系，缺乏系统完备的培训计划，培训的针对性还需增强。

2024年银川市将深入贯彻中央全面依法治国委员会和宁夏回族自治区党委依法治区委员会部署要求，认真落实自治区党委十三届四次、五次和市委十五届八次、九次全会精神，坚持全面依法治市，推动全市各方面工作法治化，坚定信念、踔厉奋发、真抓实干、攻坚克难，奋力谱写法治银川建设新篇章。首先，以更高站位深化思想认识。加强党对法治工作的集中统一领导，紧紧围绕“强首府”战略，定期研究部署，谋划推动。全面落实党政主要负责人履行法治建设第一责任人职责，着力解决法治领域的突出问题，不断增强人民群众的法治获得感、幸福感、安全感。其次，以更大力度推进法治建设。以争创全国法治政府建设示范市为契机，深入推进行政执法规范化建设、行政机关负责人出庭应诉等重点工作，力求法治政府建设重点工作快突破、整体水平大提升。最后，

以更高标准培养法治人才。全力落实《银川市新时代法治人才培养规划（2022—2025 年）》，进一步建立完善法治人才培育制度，与高校法学院系建立常态化合作，建立协同育人责任落实机制。完善法治队伍培训计划，优化调整培训课程，强化培训的针对性和科学性，不断提升法治人才队伍的能力水平。

2023年石嘴山市依法治市工作发展报告

牛志军　马国桢　李顾然

2023年，石嘴山市坚持以习近平新时代中国特色社会主义思想为指导，深入学习贯彻党的二十大精神，全面贯彻落实习近平法治思想、习近平总书记视察宁夏重要讲话和重要指示批示精神，紧紧围绕市委、市政府中心工作，以推进依法治市各项任务为抓手，系统推进科学立法、全面落实严格执法、大力促进公正司法、积极倡导全民守法，为保障经济社会高质量发展提供了坚强有力的法治保障。

一、2023年石嘴山市依法治市工作现状

（一）以党的领导为引领，法治石嘴山建设实现新发展

充分发挥党委在推进法治建设中的领导作用，认真履行依法治市委员会职责，专题研究部署法治建设工作，召开委员会及委员会办公室会议3次，指导各协调小组、各县区召开会议13次，研究制定《中共石嘴山市委全面依法治市委员会2023年工作要点》《石嘴山市落实〈党政主要负责人履行推进法治建设第一责任人职责规定〉市级层面工作责任清单》《石嘴山市推进法治政府建设“八大提升行动”实施方案》等，全面安排法治建

作者简介　牛志军，石嘴山市司法局党组书记、局长；马国桢，石嘴山市司法局党组成员、副局长；李顾然，市委依法治市办秘书科（市司法局法治调研与督察科）科长。

设各项工作。

把法治建设、创建全国法治政府建设示范市等纳入全市年度效能目标考核及巡察范围，列入年度重点督查检查计划，会同市委督查室、政府督查室组织开展各类专项督查 2 次，紧盯短板弱项，整改完成问题 381 项，推动各项工作任务整改到位、落实落细。将习近平法治思想及宪法法律法规、党内法规纳入各级党委（党组）理论学习中心组学习计划、党校（行政学院）必修课，2023 年以来开展习近平法治思想学习、宣讲、专题讲座 317 次，开展市委理论学习中心组学习及政府常务会议会前学法 7 次。承办了宁夏全区法治政府建设示范创建培训班，举办了石嘴山市全市学习习近平法治思想暨全面依法治市、法治政府建设示范创建专题培训班，组织部分部门主要负责人在市委全面依法治市委员会办公室第八次会议上现场述法、考核评议，扎实落实述法任务。

（二）以科学立法为目标，良法善治实现新成效

以“小切口”立法着力解决工业遗产保护与利用工作中的重点、难点、热点问题，力求“立得住、行得通、真管用”，制定实施石嘴山首部历史文化保护领域地方性法规《石嘴山市工业遗产保护与利用条例》，修订了《石嘴山市饮用水水源保护条例》。配合开展宁夏回族自治区各类立法调研 23 次。充分发挥基层立法联系点和县乡人大的桥梁纽带作用，延伸地方立法网络和触角，组织开展立法计划项目征集调研，参与地方性法规草案修改等活动，吸纳基层单位、群众的意见和建议，集思广益，立法草案公开征求意见率达 100%。

制定规范性文件备案和审查责任清单，建立备案审查“零报告”制度，开展涉及黄河流域生态保护的地方性法规、规章等规范性文件集中清理工作，对现行有效的 10 部石嘴山市地方性法规、8 件市县区人大常委会决议决定，市人民政府规章及市县区人民政府与有关部门制发的110 件规范性文件进行了全面自查清理。开展涉及安全生产领域、生态环境保护领域的地方性法规集中清理工作，明确责任部门及清理范围、重点、标准、时限等，对纳入专项清理范围的 9 部地方性法规开展全面自查。

（三）以依法行政为核心，法治政府建设实现新突破

深入开展法治政府建设示范创建活动，印发《石嘴山市进一步实施市域社会治理法治保障提升法治建设效能争创“全国法治政府建设示范地区”工作方案》，成立领导小组及工作专班，召开全市动员部署会、调度推进会、协商会 4 次。建立全域覆盖创建模式和“红黄绿”预警挂牌督办机制，在《石嘴山日报》推出头版栏目“全力交出法治政府建设高分答卷”“创建全国法治政府建设示范市在行动”系列报道 6 期，开展专项督查、法律知识考试 5 次，资料审核 4 轮次，制发提示函、督办单 41 份，跟踪督促县区、部门整改推动，认真抓好各项任务落实。

严格落实公众参与、专家论证、风险评估、合法性审查、集体讨论决定程序，全面推行目录化管理，公布《石嘴山市人民政府 2023 年度重大行政决策事项目录》。充分发挥法律顾问、公职律师服务依法决策作用，提出专业法律意见 1286 件次。强化规范性文件监督管理，印发《石嘴山市进一步加强行政规范性文件合法性审核工作的通知》，截至 2023 年 10 月，市本级合法性审查重大行政决策、行政规范性文件、协议、合同等 70 余件，公平竞争审查 34 件，备案市级行政规范性文件 2 件、党内规范性文件 36 件，备案审查县区及市直部门行政规范性文件 11 件、党内规范性文件 115 件，报备及时率 100%。市政府官网设置“行政规范性文件”栏目的做法被国务院办公厅通报表扬。大武口区“统筹公职律师使用机制　助力法治政府建设”获评宁夏全区法治政府建设示范项目。

完善行政执法程序，全面推行行政执法公示、执法全过程记录、重大执法决定法制审核制度，加大食品药品、公共卫生、生态环境、安全生产、知识产权、教育培训等涉及企业、群众切身利益的重点领域执法力度，截至 2023 年 10 月，开展跨部门跨领域执法 191 次。强化执法监督和执法资格管理，开展年度行政执法证、行政执法监督证年检工作，完成全市 916 名行政执法人员证件年检。实行行政执法人员持证上岗和资格管理制度，开展申领、换发执法证件及行政执法人员综合法律知识考试，通过率达 95%。全面推进道路交通安全和运输执法领域突出问题专项整治，成立领导小组和专项整治指挥部，开展督查暗访、调度督办，全市共收到涉及整

治重点问题方面的投诉举报 27 件、自查自纠 74 件，截至 2023 年 10 月，已整改完成 101 件，整改率 100%。

实施“百名领导”包抓稳大盘、“百名干部”帮扶保主体、“百个项目”推进促提升、“百企征集”纾困解难题“四百行动”，印发了《石嘴山市关于优化法治化营商环境　服务保障产业转型示范市建设若干措施》《石嘴山市 2023 年营商环境提升行动工作方案》《石嘴山市服务保障优化营商环境　推动民营经济高质量发展的实施方案》等，2023 年以来，共解决企业反映困难问题 4 批次 100 余件。聘请营商环境监督员 18 名，上线投诉意见“码上说”二维码，常态化开展政策落地体验式暗访，下发提醒函 8 份、督办函 11 份，解决问题 61 件。深化“一业一照一码”集成化服务，在餐饮、超市、小作坊、药店、美容美发 5 个行业全面推行“一业一照一码”改革，实现企业办事“一照通办”，惠及市场主体 205 户。全面推行行政许可、备案事项清单化管理，修订公布 316 项行政许可事项清单（2023 年版），制定公布 143 项行政备案清单，开展全市证明事项清理和告知承诺工作，积极打造“无证明城市”。实施市场准入负面清单管理，依法推进社会信用体系建设，印发《石嘴山市关于推动社会信用体系高质量发展服务和融入新发展格局的实施方案》，累计完成信用修复 150 件。打造政务服务升级版，“快捷键”打造人社服务快办“石好办、事好办”获评宁夏全区法治政府建设示范项目。

（四）以司法为民为宗旨，群众法治获得感实现新提升

开展石嘴山市全市涉民生和农民工工资案件、“春雷行动”、涉金融案件等集中执行专项活动，两级法院执行到位 2.9 余亿元，执行工作被宁夏高级人民法院在宁夏全区法院通报表扬。持续优化一站式诉讼服务，巩固拓展立案登记制改革成果，截至 2023 年 10 月，全市法院网上立案 4921 件，跨域立案 4 件，电子送达率 88.85%，网上缴费 84.34%。以“黄河石嘴山段水资源保护”等专项监督活动为依托，立案公益诉讼案件 14 件，督促清理整治黄河岸线堆放固体废物、建筑垃圾 14 亩，督促封填地下取水井 14 眼、填埋蓄水池 13 座。开展公益诉讼助力生态环境保护专项监督活动，督促恢复耕地 9.82 亩，恢复永久基本农田 1.6 亩。

常态化开展扫黑除恶专项斗争，打掉涉黑涉恶团伙17个，破获刑事案件223起，抓获犯罪嫌疑人424人，处置黑财30亿元，肖永生、徐凤祥、张凯等一批黑恶势力犯罪分子受到依法严惩，中央和宁夏挂牌督办的“9·03”郑二虎黑社会性质组织犯罪案件提级办理并顺利审结，受到中央扫黑除恶督导组领导高度肯定。

深入推进反诈人民战争和打击整治养老诈骗专项行动，电信网络诈骗案件立案数、财产损失数同比分别下降17.2%、29.7%，破案数同比上升72%。深化联勤联动大巡防等综合执法模式，开展缉枪治爆专项行动和夏季治安打击整治“百日行动”，全面净化社会治安环境。率先在宁夏推出乡村“小翼看家”云防控云治理模式，新增公共场所电子监控和一键式报警装置4335套，织密城乡技防天网，视频监控为案件侦破贡献率达85%以上。大武口区委政法委获评全国新时代政法楷模集体。

（五）以法治社会建设为载体，全民法治意识实现新提高

深入落实普法责任制，组织全市国家机关“谁执法谁普法”履职报告评议活动，开展“宪法宣传周”“民法典宣传月”等集中宣传活动，组织开展网络答题、国家工作人员学法用法考试等，累计参与人数达41068人次。扎实开展“全国民主法治示范村”创建，7个乡村获评全国民主法治示范村。集成打造石嘴山市新时代“枫桥经验”创新实践基地（主题展示馆、法治文化公园）、“宪法主题公园”、“黄河流域法治文化带”等立体化普法阵地，2个法治文化宣传教育示范阵地被命名为宁夏自治区级阵地。推进“法律明白人”培养工程，重点培育“法律明白人”及骨干2834名，参与法治宣传达530余场次、排查矛盾纠纷680余次，提供法律服务1895人次。

坚持和发展“枫桥经验”，发挥全国最美法官“陈美荣调解工作室”、全国模范调解员“马清华工作室”等典型示范作用，构建“法院+工会+人社+司法”劳动关系多元化解新模式，截至2023年10月，全市共建成四级“一站式”矛盾纠纷多元调解中心158个，建立个人调解工作室24个，开展矛盾纠纷排查3786次，调解矛盾纠纷2995件，调解成功率99.1%。市医疗纠纷调解委员会被评为全国模范调委会。大武口区“加强争议调解工作 构建争议多元化解新格局”获评全区法治政府建设示范项目。

成立市政府行政复议委员会及办公室，完善复议案件审理配套规则，打造标准化行政复议听证室、接待室，推动规范运行。截至 2023 年 10 月，受理市政府行政复议案件 124 件、行政应诉案件 34 件。加强复议监督，实现纠错功能，已审结的复议案件纠错 22 件，纠错率 20.56%。健全府院联动工作机制，加强和规范行政应诉工作，推进行政争议源头治理和实质化解，截至 2023 年 10 月市本级行政诉讼 51 件，败诉 10 件，败诉率18.86%，行政机关负责人出庭应诉率 100%。

实施法治惠民提升行动，持续开展法律援助惠民生品牌，实行经济困难告知承诺制，推行异地协作机制，法律援助业务全市通办。截至 2023 年 10 月，全市各级公共法律服务机构共办理各类法律服务事项 29358 件，提供来电来访法律咨询 20169 人次，办理各类公证事项 5422 件，累计受理法律援助案件 1407 件，帮助受援人挽回经济损失 2511.02 万元。宁夏宁聚易诚律师事务所党支部作为西北唯一一家在全国中小型律师事务所党支部工作推进会上做经验交流。

率先在全国创新建立市域社会治理“1+5+5”长效运行机制，成立 11 个工作专班，扎实开展“平安拉练”活动，健全“一套组织体系”，开展“五大攻坚行动”，实施“五大治理工程”，推动形成富有活力和效率的社会治理长效常治体系。实施一县区一品牌、一行业一特色、一乡村一亮点建设工程，形成 100 例市域社会治理典型经验，组织开展“市域社会治理·我为石嘴山代言”活动，构建人人参与、人人有责、人人尽责的社会治理共同体。大武口区万盛社区党建引领“四联四网五提升”、惠农区水韵名都社区 36℃党建品牌、广西社区“党建引领·五心益民”项目、平罗县金顺社区“456”治理模式有效解决居民急难愁盼问题。

二、石嘴山市依法治市工作存在的问题

（一）地方立法水平还需提升

2015 年《中华人民共和国立法法》赋予设区的市立法权以来，石嘴山持续深化推动地方立法建设，通过“小切口”“小灵快”等举措，制定出台了近 10 件支撑经济社会发展的地方性法规，但是基于各种现实制约因

素，石嘴山市的地方立法水平和质量仍存在一定差距，例如，现有的人大和政府立法工作机构队伍结构不够合理、人力资源力量薄弱，队伍专业化、综合性等立法素养还有待提高。实践中的法规草案的起草、研讨、修改、审议水平还不够高，新形势下立法工作机制还需健全完善。

（二）法治政府建设还需加强

法治政府建设牵涉到方方面面的工作，石嘴山市法治政府建设仍存在诸多薄弱环节，有待持续加强建设。突出表现在：一是政府和部门信息公开不全面、不及时，政务服务流程不透明，政策和信息群众知晓率低，严重影响群众办事效率；二是执法人员依法行政、规范执法能力有待进一步提升，个别部门因执法人员执法程序中的不规范行为，很容易引起行政诉讼，例如行政执法人员送达执法决定不及时，延误相对人行政复议等问题实践中常见；三是执法队伍力量比较薄弱，专业化、综合型人才紧缺，行政执法效果不佳，执法案卷规范化、标准化程度较低等。

（三）基层法治文化建设有待加强

虽然实现了基层（村和社区）法律顾问、法律明白人全覆盖，也实施了法官、检察官进社区（村委）、进校园、进企业等工程，但基层普法宣传教育效果依然很不理想，实践中，存在法治宣传形式单一、载体不够丰富、实效性和鲜活性不够强等，以及“法律明白人”培养渠道、形式单一，队伍的整体素质和法律素养有待提高。

三、石嘴山市推进依法治市工作的对策与建议

2024 年，石嘴山市将以实施“依法治区”战略为牵引，以建设社会治理和谐市为主攻方向，以更高水平的平安石嘴山、法治石嘴山建设为目标，全力创建法治政府建设示范市，为建设社会主义现代化美丽新宁夏提供坚强的法治保障。

（一）坚持科学立法，着力提高地方立法质量

以年度立法计划项目为核心，积极推动“小切口”“小快灵”地方立法项目落实。贯彻落实党领导地方立法，坚持立法计划等立法工作中的重大问题及时向市委请示报告制度，保证地方立法工作正确的政治方向。建

立立法项目储备库，加强重点领域立法和惠民立法，注重将社会主义核心价值观融入立法，引领社会文明风尚。

（二）坚持依法行政，着力深化法治政府建设

严格执行《重大行政决策程序暂行条例》，确定并公开年度重大行政决策事项目录，强化重大行政决策、行政规范性文件监督管理，加快制定重大行政决策相关制度。推行简易审批事项“掌上办事”模式，优化升级工程建设项目审批微信小程序，实现中介服务、审批政策、办理进度掌上便捷查询。全力推行行政执法三项制度，丰富执法监督形式，开展执法部门间案卷互查互评工作，建立行政执法案例指导制度，推进严格规范公正文明执法。充分发挥行政复议化解行政争议主渠道作用，持续规范办案流程、方式、方法等，加强行政复议阵地建设，不断提升行政复议规范化水平。落实行政机关负责人出庭应诉制度，规范和加强行政应诉工作，确保行政负责人出庭率达 100%。

（三）坚持服务提升，着力筑牢法治为民根基

持续丰富法治宣传形式，全面推进宁夏法治文化警示教育基地建设，努力打造法治文化阵地建设“新坐标”。深耕“山河心 检益行”公益诉讼文化品牌，以检察公益诉讼为突破，提升检察法律监督和普法服务质效。充分发挥各级公共法律服务平台作用，推动法律资源向农村倾斜，推进新业态、新就业群体法律服务工作，以良法善治保障新业态新模式健康发展。强化律师队伍管理，探索建立本市律师投诉机制，充分发挥律师法律顾问普法宣传和法律服务效能。积极搭建“法律明白人”精准培育网络平台，实现“法律明白人”掌上教育、指尖服务，不断提升“法律明白人”的业务素质和实践能力，激发“法律明白人”学法普法带动作用，推动基层群众形成办事依法、遇事找法、解决问题用法、化解矛盾靠法的良好氛围。

2023年吴忠市依法治市工作发展报告

马静云　石文芳

2023年，吴忠市委全面依法治市委员会深入学习贯彻习近平法治思想、习近平总书记视察宁夏重要讲话和重要指示批示精神，围绕宁夏依法治区战略和法治吴忠建设总体部署，切实加强党对依法治市工作的领导，积极落实市委、市政府的决策部署，围绕吴忠市改革发展大局，全面依法治市各项工作稳步推进，为建设现代化美丽新吴忠贡献了法治力量。

一、吴忠市依法治市工作推进成效

（一）以全面依法治市为主线，推动法治吴忠建设提档加速

印发了《2023年度吴忠市依法治市委员会工作要点》，将法治建设工作与经济社会发展同部署、同推进、同督促。筹备召开依法治市委员会会议1次、依法治市委员会办公室会议2次、守法普法协调小组及执法协调小组会议各1次。在宁夏全区率先印发了《落实〈党政主要负责人履行推进法治建设第一责任人职责规定〉市级层面工作责任清单》，以法治责任清单化、具体化、差别化形式进一步压实落细市直各部门法治建设职责。深入推进法治政府建设示范创建和法治建设督察考核，共查找出五大方面16

作者简介　马静云，吴忠市司法局党组成员、副局长；石文芳，吴忠依法治市办综合协调科副科长、一级主任科员。

个共性问题，并一对一进行现场反馈。组织开展党政主要负责人专题述法，所有市管处级干部通过书面形式进行了2023年度述法，8名党政主要负责人进行了现场述法。共向市委及依法治区办报送法治工作信息40篇，其中有6篇被采用。

落实《吴忠市重大行政决策事项目录管理办法》，推行重大行政决策事项目录制度并实行动态管理，依法科学制定《2023年度市政府重大行政决策事项目录》，已完成决策事项均经过了公众参与、专家论证、风险评估、集体讨论决定等法定程序。推动配强党政机关法律顾问和公职律师，360个党政机关实现公职律师工作全覆盖。深入开展行政规范性文件审查备案和清理工作，对2021年至2022年各县（市、区）人民政府、市直各部门64件备案文件进行审查并予以通报。对市政府已公布的10件规范性文件及时报备，报备率100%。2023年，全市共审查市政府涉法事务129件，出具书面法制审核意见书87份。

积极参与自治区法治政府建设单项示范项目创建，在全市范围内遴选推荐11个单项示范项目，5个项目入围自治区第二批法治政府建设单项示范候选项目并参与答辩。其中，红寺堡区1个项目“因地制宜 精准施策打造易地搬迁地区乡镇综合执法新样板”被推荐申报全国法治政府示范创建单项，并获得自治区第二批法治政府建设单项示范项目。青铜峡市被宁夏推荐申报全国法治政府示范县（市、区），利通区、红寺堡区、同心县各有1个单项创建成宁夏回族自治区法治政府建设示范项目。

深化行政复议体制改革，多种方式扩大宣传，加强办案质效，不断发挥行政复议化解行政争议主渠道作用，2023年收到行政复议申请73件，办结49件，期限内结案率100%。通过制度规范、部门协调、监督指导、制发建议书、定期印发书面分析报告和通报，切实减少败诉案件、纠错案件数量，降低败诉率和纠错率，提升行政机关负责人出庭应诉率。2023年，吴忠市人民政府行政应诉案件14件，已审结4件，出庭应诉率100%，败诉率为零。

（二）以优化法治环境为支撑，促进吴忠经济社会高质量发展

以为民办实事为工作重点，紧紧围绕市委、市政府中心工作，立足

“小切口”“小快灵”，协调指导吴忠市城市供热管理、海绵城市管理、城市二次供水政府规章立法工作，公布实施了《吴忠市城市供热管理办法》《吴忠市海绵城市建设管理办法》。深入五县（市、区）重点单位、供热企业实地调研，认真分析研究集中供热工作中发现的各种具体问题。汇聚集体智慧，全过程人民民主参与。立法起草阶段，多次深入到供热企业、热源企业、老旧住宅小区进行调研座谈，广泛收集意见建议，确定了立法重点和矛盾焦点。在审议修改阶段，面向社会公众征求意见1665条；面向43个市直单位、8个关联企业、市区3个乡镇15个社区组织座谈会13次，征求意见155条。确保规章条文符合地方立法“不抵触、有特色、可操作”的原则，切实做到维护国家法治统一。

各县（市、区）、各部门（单位）重视落实行政执法“三项制度”，行政执法制度更加完善，执法人员培训常态化开展，执法程序和案卷制作进一步规范。制定《吴忠市行政执法责任制管理制度》《吴忠市行政执法评议考核制度》《吴忠市行政执法过错责任追究制度》，组织市直部门行政执法人员参加“学习贯彻习近平法治思想暨强化行政执法能力建设”视频培训班，开展2023年行政执法人员综合法律知识考试，编印《吴忠市行政执法案例选编》，公开选聘20名行政执法监督员，开展道路交通安全和运输执法领域突出问题专项整治，行政执法水平有效提升。市执法协调小组牵头对2021年以来行政执法案件进行评查，常态化开展行政执法监督。

推行“一址多照”“一照多址”、集群注册等便利化措施，推进市场主体登记“快准入”，开办时间压缩至0.5个工作日。推行工程建设项目“分类定制审批”“清单制+承诺制”、联合图审和联合验收、水电气暖排污联合报装等改革，审批实现全流程网办，时限压缩50%，图审时间缩短至20个工作日内。督促公布市场准入、行政许可事项、监管事项目录等8个清单，推动“清单之外无审批”“非禁即入”“无事不扰”等清单制度落实。严格落实公平竞争审查制度，加强预防、制止滥用行政权力排除与限制竞争行为，审查与市场主体有关文件79件。开展与《优化营商环境条例》不一致的规范性文件的清理工作，废止4件、修订10件。

对标企业法律服务需求，推行公共法律服务“1335工作模式”，主动对接金积工业园区成立公共法律服务工作站，为企业提供精准化知识产权法律服务。发挥律师作用，开展百所联百会活动，全市29家律师事务所与37家商协会签订结对协议，帮助企业开展法治体检，防范化解知识产权领域法律风险20场次。

（三）以提供优质法律服务为重点，切实践行法治为民办实事

2023年召开了吴忠市现代公共法律服务体系建设联席会议，高标准建设一体化市级公共法律服务中心，打造现代公共法律服务“会客厅”“直播间”，整合法律援助、法律咨询、仲裁等服务资源，实现公共法律服务领域七大类12项服务一体化办理。持续推进法律援助提升工程暨“八个一”专项行动，提供预约、上门和定制化等服务，做到应援尽援，已完成全市每10万人获得法律援助服务达到150件以上的全年任务目标。2023年以来，全市共接待法律咨询8000余人次，开展法律援助宣传300场次，办理法律援助案件2358件，挽回经济损失1928.944万元。

截至2023年10月，全市48个乡（镇、街道）已建成公共法律服务工作站，依托村（社区）活动室建立村级公共法律服务工作室587个。深化“一村（居）一法律顾问”工作，促进基层治理法治化，实现矛盾纠纷多元化解，为维护群众合法权益及时提出法律意见。开展“百所帮百村”活动，解决农村和偏远地区公共法律服务薄弱的问题。全市587个村（居）实现法律顾问全覆盖，12个律所支部与村支部结对共建。2023年以来，为村（居）群众举办法治讲座400余场次，审查合同200余份，提供法律咨询服务20000余次。

建立健全司法行政机关与工商联沟通联系及“百所联百会”机制，推动全市各律师事务所与5家县（市、区）工商联和全市37家商会开展对接。发挥“吴忠法宝”“12348”法网等平台优势，为民营企业合同履行、劳动用工、生产经营等方面提供法律服务。制定《吴忠市关于强化知识产权保护的若干措施》，建立府院联动、公安机关知识产权打假维权协同、知识产权保护企业维权警务室等机制，“国家知识产权局商标业务吴忠受理窗口”被国家知识产权局通报表扬。强化警企通联，共打击侵害企业合法权益类案件25起。制定《吴忠市营商环境投诉举报处理暂行办法》，严肃查处损害市场主体合法权益等行为。全面推行公证事项证明材料清单书面一次性告知制度，2023年，全市公证机构共办理公证事项8300余件。

（四）以差异化普法活动为载体，全力推动法治社会建设水平。

推动落实领导干部学法清单制度，印发2023年领导干部应知应会法律知识点，开展线上考法、旁听庭审活动，落实宪法宣誓制度，“1+3+X”学法内容有效落实。推动开展青少年法治宣传教育专项活动，严格落实法治副校长制度，充分发挥青少年法治宣传教育基地作用，投入70万元建成市第四中学“模拟法庭”，开展学生“学宪法讲宪法”及中小学生线上法律知识竞赛活动，参与29.4万余人。指导各县（市、区）持续加强村（社区）“法律明白人”培养培训，实现每个村（社区）有“法律明白人”10人以上、骨干3人以上。成立吴忠市服务企业普法宣讲团，开展送法进企业活动20余场。

开展《中华人民共和国黄河保护法》《中华人民共和国民法典》主题宣传月，组织“乡村振兴　法治同行”、安全生产法律法规等线上主题普法活动。指导相关部门持续深入开展“扫黑除恶专项斗争”“预防电信网络诈骗”“未成年人保护”“食品安全”“禁毒”“生态环境保护”“安全生产”等法治宣传教育专项活动，累计开展3000余场次。

开展法治文艺演出下基层活动，演出40场次。争取150万元法治文艺创作展演专项经费，积极创作高质量的普法产品。加强新媒体普法，组织线上法律知识答题活动5次、制作推送普法视频60期，“吴忠法治”关注人数增长至28.6万人。开展“全国民主法治示范村（社区）”复核、首批自治区级“民主法治示范村（社区）”创建工作，循序渐进推动基层法治文化阵地建设，积极打造法治文化广场、法治长廊等普法阵地。2023年，推荐自治区民主法治示范村（社区）11个、全市新建法治宣传阵地15个，实现村级覆盖。

坚持司法与普法、执法与普法、调解与普法相结合，近年来，全市法院年均公开审理案件35000件以上，30余万干部群众现场旁听。检察机关年均组织公开听证480余场，在办案中以案释法1600余件次。公安机关结合治安处罚、交通违法、反诈宣传等，广泛以案说法、警示教育广大群众尊法守法。生态环境、交通运输、市场监管、应急管理、文化旅游等行政执法部门建立典型案例发布制度，发布典型案例60余个。全市各类人民调解组织年均调解矛盾纠纷4000件以上，坚持边调解边普法，成功率达到98%。

建成7个公共法律服务中心、48个乡镇公共法律服务工作站、587村（社区）公共法律服务工作室，48个基层司法所全部通过标准化验收，一站式矛调中心县、乡、村三级全覆盖，建立律师调解工作室16个，人民群众寻求法律帮助更加便捷。以创建全国民主法治示范村（社区）为牵引，推广村级治理"55124"模式，实施"法律明白人"培养、农村学法用法示范户选树，提升一村（居）一法律顾问服务质量，2021年以来，4个村（社区）被命名为"全国民主法治示范村（社区）"。

二、吴忠市依法治市存在的问题

（一）全面依法治市还存在短板弱项

虽然2023年吴忠市依法治市各项工作取得诸多显著成绩，但是仍然存在很多短板弱项，有待持续深化推进。如，全面依法治市的推进合力不足、协调力度不够、成效还不明显，法治政府建设推进机制还不够完善，示范创建成效不明显，行政执法监督效能需要进一步提升。此外，吴忠市的地方立法专业力量薄弱，专业能力不足，部门法制审核人员配备不专业、不稳定。行政复议规范化建设、府院联席与行政复议委员会的设立，推进缓慢。

（二）公共法律服务发展有待持续加强

近年来吴忠市加大加强公共法律服务人财物的投入，但是由于基础差、底子弱等现实，吴忠市公共法律服务体系建设还有差距。例如，吴忠市的各县（市、区）公共法律服务资源分布不均衡，不少县区公职律师、法律顾问等资源非常紧缺，社区矫正对象监管难度增大，工作人员履职能力还有待提高。2023年以来，社区矫正对象涉嫌再犯罪人数较往年有所上升。

（三）法治社会建设基层建设有待持续强化

随着信息化、数字化社会建设进程的加快，吴忠市及其各县（区）乃至乡村（社区）的信息技术与法治融合不断深入，但是与全国发达市县和宁夏其他市县仍有一定差距，例如，各县（区）的综合治理、公共法律服务等实体平台建设质量参差不齐，以及乡村的人民调解工作质量和调解员能力还需进一步提升。此外，由于基层法治宣传和法治文化教育力量薄弱，基层普法宣传教育形式单一，法治宣传教育的针对性、实效性有待进一步提升。

三、2024 年吴忠市依法治市工作思考与展望

2024 年，吴忠市将深入学习贯彻习近平法治思想，全面学习宣传贯彻落实党的二十大精神，增强“四个意识”、坚定“四个自信”、做到“两个维护”、践行“三个务必”，聚焦贯彻落实宁夏回族自治区第十三次党代会、吴忠市第六次党代会精神和市委、市政府中心工作，高质量做好依法治市、行政立法、行政执法、刑事执行、公共法律服务等工作，不断满足人民日益增长的法治需求。

（一）持续深入推进依法治市，实现全面提速

深入推进法治吴忠、法治政府、法治社会建设重点工作，充分发挥法治示范创建的引领带动作用，深入开展法治创建活动，推动法治政府建设示范创建率先突破。全力推进规范性文件审核，抓好重大行政决策管理，做优政府法律顾问工作，扎实推进行政复议规范化建设。聚焦法治建设的重要核心指标，铢积寸累、久久为功，确保党政主要负责人履行法治建设第一责任人职责年终述职全覆盖，党政机关公职律师覆盖率符合要求、法律顾问全覆盖，行政复议纠错率和行政机关诉讼败诉率低于全区平均值，万人起诉率低于全区平均值，合法性审核、备案审查合格率达 100%，行政机关负责人出庭应诉率达 100%，法治人才数量稳步增长。

（二）深入推进公共法律服务，实现普惠高效

加快推进公共法律服务体系建设，用好用活实体、热线、网络三大法律服务平台，通过线上线下多种形式宣传，营造良好氛围，大力宣传贯彻《法律援助法》，不断扩大法律援助服务范围，优化法律援助资源配置，进一步满足人民日益增长的法律援助需求。坚持“应援尽援、应援优援”的原则，提升法律援助服务质效，为维护弱势群体合法权益、法治乡村建设

提供法治保障。支持律师、公证、司法鉴定、仲裁等法律服务资源向基层延伸，健全完善与相关政府部门、司法机关、群团组织的协作机制，实现公共法律服务与诉讼服务、社会服务有效衔接。大力推进公共法律服务向基层延伸，进一步优化社会治理方式，更好满足人民群众日益增长的法治需求。

（三）实施法治社会夯基建设，实现推陈出新

深入实施“八五”普法规划，全面深化推动普法和法治宣传教育向全市各级各部门、各行业、各方面延伸，营造依法治市浓厚氛围。加强对领导干部、青少年等群体的法治教育，大力开展突发事件应对、安全生产、生态环境保护、特殊群体权益保护、信访、电信网络诈骗预防等主题宣传，更好满足人民日益增长的法律服务需要。创新载体和形式，深入推进法治文化建设，综合运用“报、网、端、微、屏”等资源和平台，创作微视频、以案释法、律师在线等法治文化作品，广泛开展群众性法治文化活动。继续推进“民主法治示范村（社区）”示范创建工作，巩固推进《民法典》实施基层普法队伍工作成果，持续开展农村（社区）“法律明白人”培训，提升乡村治理效能。

2023年固原市依法治市工作发展报告

冯建辉　单兴兰

2023年，固原市坚持以习近平新时代中国特色社会主义思想为指导，全面贯彻落实党的二十大和宁夏党委十三届四次、五次全会精神，自觉把习近平法治思想作为根本遵循、行动指南，坚持用法治方式保障发展大局、用法治标尺规范行政行为、用法治服务回应民生需求，法治固原建设成效显著，法治政府建设持续加强，法治社会建设不断提升，为推动固原高质量赶超式发展营造了良好的法治环境。

一、2023年固原市依法治市现状

（一）抓顶层设计，着力构建法治建设新格局

2023年，固原市委、市政府坚决贯彻落实党中央重大决策部署和宁夏党委、政府工作要求，推动党的领导贯穿法治建设全过程、各领域，确保各项工作始终在法治轨道上运行。

扎实推进习近平法治思想学习，制定学习宣传研究阐释习近平法治思想责任清单，坚持把习近平法治思想作为各级党委（党组）理论学习中心组、党校（行政学院）、学校的必修课，列入重点班次培训，推动学习常态

作者简介　冯建辉，宁夏回族自治区固原市司法局党组成员、副局长；单兴兰，固原市委依法治市办秘书科科长。

化。2023年举办习近平法治思想专题研讨班1期、承办宁夏全区法治政府建设人才培训班2期，并组织现场闭卷考试。常态化开展政治轮训7期，2600余人次参加。按照《宁夏回族自治区全面实施依法治区战略的实施方案》等3个文件通知要求，结合固原实际，制定印发了固原市全面推进市县法治建设任务清单，从五个方面明确了全面推进市县法治建设的35项任务63条落实措施。加强法治建设统筹协调，召开固原市委全面依法治市委员会、办公室会议和4个协调小组会议，研究提出固原市委全面依法治市委员会2023年重点（要点）工作40项、年度立法项目4件、执法重点工作16项、司法重点16项、守法普法重点工作23项，并明确了牵头部门和责任单位。全面安排2023年全市法治政府建设示范创建活动，制定了工作方案，明确了市、县级创建目标、创建要求和实施步骤，将100项创建指标分解为任务清单，编制印发示范创建应知应会手册1300册。

（二）抓立法引领，着力提升法治保障软实力

健全和完善立法项目建议报请审定、立法项目公开征集、基层参与立法联席等制度，提升立法精细化水平。围绕服务大局推进城市管理等重点领域和新兴领域立法项目，制定出台了《固原市文明行为促进条例》《固原市停车场管理办法》，切实以良法促发展、惠民生、保善治。推动加强行政规范性文件备案审查监督，健全备案审查衔接联动机制，加大主动审查、专项审查力度，审查各类文件61件，11件确定为规范性文件，均出具了合法性审核意见，并依法向宁夏回族自治区人民政府、固原市人大报备。审核重大行政决策5件，重大事项及协议17件，其他文件28件。持续统筹抓好党内规范性文件、地方性法规、政府规章和行政规范性文件全面集中清理，推动按照法定程序做好修改、废止、宣布失效工作，确保应改尽改、应废尽废、不留死角。

（三）抓职能优化，法治政府建设取得突破性成绩

落实重大行政决策事项目录管理制度，按年度制定并公布重大行政决策事项目录。创新优化“三查三核三审”机制，从事前、事中、事后全方位为政府决策把好关口、防范风险，确保依法行政。司法行政部门固定列席政府常务会议，成立固原市政府法律咨询委员会，聘用法律顾问常态化参与重大行政决策咨询论证，决策的合法合规性有效提升。纵深推进“放管服”改革，“163”政务服务模式全市一体化推进，政务服务事项一窗无差别受理率为93.1%，网办率达90.6%，“跨区域通办”“一件事一次办”和简并项目依法逐步增加，代帮办事项深入推进。工程建设项目全流程在线审批、商事登记“一网通办、跨省通办、即来即办”成为新常态，“办事不求人、合规自然行”成为固原营商环境最鲜明的标识。制定印发《关于进一步规范涉企行政执法检查的通知》，依法规范行政执法检查行为。全面推行行政执法“三项制度”，加大食品药品、环境保护、交通运输等重点领域执法力度，首违不罚、轻微免罚等柔性执法让执法更有温度。通过“四个一批”的方式，持续规范行政执法人员管理，现有持证执法人员2735人，行政执法队伍力量不断增强。面向固原市全市公开选聘行政执法监督员20名，加大行政执法监督。扎实开展道路交通安全和运输执法领域突出问题专项整治，转变执法理念、优化执法流程、改变执法方式，“执法不规范”等五个方面的突出问题有效整改，打造“柔性执法为民”的固原名片。持续提升行政复议应诉水平，推行“5+4+3”行政复议工作模式，行政复议办案流程进一步规范，行政复议能力进一步加强，化解行政争议的主渠道作用进一步发挥。2023年以来收到行政复议申请139件，受理115件，审结91件，纠错24件。固原市市、县两级行政协调化解中心成立以来，共接收法院委托调解案件181件，调解成功47件。持续推行“一单三联”机制，推动行政机关负责人出庭应诉，2023年应诉率100%。

（四）抓公正司法，着力推进司法责任制配套改革

紧扣提升质效严格案件评查，针对执法司法活动中存在的实效性不高、程序不规范、监督不到位等问题，率先出台了案件评查办法，对评查主体、方式、范围、内容、程序等关键环节作出明确要求，为固原市开展执法案件评查提供了科学依据和统一标准，成为提升司法水平的“利器”，全年全市自评案件267件。紧扣规范程序严格执法监督，研究制定执法监督实施细则，着力解决谁来监督、怎么监督、监督谁、监督结果如何应用等问题，通过开展执法检查，强化个案监督，推动解决了一些历史遗留问题和信访积案。紧扣重点领域严格司法改革，法院系统持续深化以审判为中心的刑事诉讼制度改革，全面落实辩护律师全覆盖制度，加快推进“轻刑快办”，以刑事速裁和简易程序审理的一审刑事案件占比超过了2/3。公安系统开展“两个职务序列”改革、交巡警合一改革，推进警务运行机制改革，组建“大情报”中心，打破了信息壁垒，实现了数据共享，为警情处理、打击犯罪、人员管控等提供精准分析和预警。检察系统“捕诉一体”新机制有效落实，形成“四大检察”“十大业务”并行的法律监督总体布局。司法行政系统高标准实施“八五”普法工作，健全完善人民监督员等各项制度，开展“塞上枫桥”“一所一品”活动，将人民调解与诉源治理、访源治理融会贯通，减少了诉讼案件，降低了司法成本。

（五）抓守法普法，着力提升基层治理能力

加大普法宣传力度，全面贯彻落实“谁执法谁普法”普法责任制，8名厅级领导带队，抽调40名工作人员组成5个检查组，利用10天时间对全市“八五”法治宣传教育工作进行了全面细致的检查评估，发现问题82个（共性问题21个、个性问题61个）。召开了“八五”法治宣传教育工作推进会，印发了反馈问题整改清单。严格落实会前学法制度，全市各级党委（党组）会前学法2357场次。持续开展“百名律师基层大宣讲活动”，开展法治讲座183场次，组织开展法治宣传278场次。司法行政机关微信公众号共推送编发法治简报382期，微信群推送法律小常识4200余条，循环播放宣传标语1200余条。提升公共法律服务水平，认真落实法律援助提升工程暨“八个一”专项行动，印发《关于进一步加强律师事务所参与法律援助值班工作的通知》，开展法律援助案件交叉评查，全市共办理法律援助案3766件（其中侵害妇女、老年人、残疾人、农民工、未成年人合法权益的案件1799件），为3906名受援人挽回损失4447.93万余元；办理公证案件852件，司法鉴定案件770件，仲裁案件7件。组织律所律师深入民营企业、中小微企业开展“法治体检”15场次、法治讲座29场次，审查合同等122份，出具法律意见书119份，参与调解73人次，助推“百所联百会”机制见实效。组织开展公共法律服务行业安全生产大排查活动，发现问题12个，已全部整改落实到位。构建多元化解纠纷机制，充分发挥各类人民调解组织在基层社会治理中的积极作用，推动矛盾排查化解，维护全市社会和谐稳定，推动落实司法所“一所一品牌”创建活动，65 个司法所全部完成了品牌申报工作。落实矛盾纠纷排查化解乡镇（街道）司法所每半月一次、县（区）司法局每月一次的“两排查一分析”制度，坚持矛盾纠纷分析研判机制，努力做到矛盾纠纷“早发现、早预防、早调解”，全市各人民调解组织共排查调处各类矛盾纠纷 7478 件，调解成功 7172 件，成功率 95.9%。加强人民调解员培训，市县区司法局和各基层司法所通过以会代训、案件评查、现场观摩、专题培训等形式开展人民调解业务培训 12 次，培训 305 人，进一步提升了人民调解员业务能力和工作水平。

（六）抓督察考核，着力推动整改落实全到位

针对宁夏回族自治区依法治区办公室关于法治建设实地督察的反馈意见，制定了相应的整改方案，明确由 7 位市领导牵头主抓，对反馈意见中指出的七大类 19 个具体问题、2 个负面典型案例，有针对性地制定出 60 项整改措施，逐项明确了责任单位、整改时限和整改标准。将法治建设工作实绩纳入对县（区）、各单位的年度综合考核，加大赋分比重。进一步明确法治考核对象、原则、内容、方式、责任追究、考核标准、考核方法、计分情形等内容。强化法治督察，组织第三方机构对全市法治建设情况进行评估。市委分管领导牵头，市纪委监委、市委督查室、政法委、依法治市办公室、公安局、交通局及各县（区）共同组成督察组，分 6 个小组通过全面督察、交叉督察等方式，对各县（区）、市直各部门“一规划两纲要”落实情况进行全面督察，实名通报具体问题 17 项，全程督促落实整改。

二、2023 年固原市依法治市中存在的问题

虽然，固原市在推进市县法治建设工作方面取得了一定的成绩，但仍存在一些问题和不足。一是在立法方面，还存在专业人才不足、立法专业性不够、立法质量不高等问题，地方立法很难做到既不突破上位法规定的框架，又能结合实际，可执行、可操作，能解决现实问题。二是在执法方面，还存在部分执法人员素质不高，依法行政意识不强。基层执法不规范，行政违法和不当行为得不到及时、有效的制止和纠正。三是在法治意识方

面，还存在部分基层领导干部法律知识储备不足，对涉及本部门的相关法律、法规了解不深不透，不能有效解决实际问题。基层执法人员调整频繁，执法队伍新兵多，有的不熟悉法律法规，不懂执法程序等。基层群众法律意识不强，学法、守法、用法氛围不浓，“信访不信法”“越法违法维权”较为普遍，基层法治意识整体亟须增强。

三、2024 年固原市依法治市工作的思考与建议

2024 年，固原市依法治市工作将坚持以习近平新时代中国特色社会主义思想为指导，认真贯彻落实习近平法治思想，紧紧围绕自治区党委、政府的决策部署和各项目标任务，紧扣深入学习贯彻党的二十大精神这一主线，统筹推进高质量法治固原、助力建设高水平平安固原“两大任务”，突出争创全国法治政府示范创建项目、推动行政争议实质化解、开展行政执法专项整治和监督行动“三件大事”，切实履行“行政立法、行政执法、刑罚执行、公共法律服务”四大职能，埋头苦干、奋勇前进，以更加过硬的作风、更高质量的工作，力推整体工作全区走在前、全国有亮点。

（一）以开展“八大提升行动”为抓手，推进法治固原高质量发展

一是推动法治政府示范创建。充分调动县（区）、部门的积极性主动性，积极争创全国、全区法治政府建设示范创建地区和项目，确保实现40%以上的市、县（区）政府被命名为全区法治政府建设示范地区，有的经验做法被命名为全区法治政府建设示范项目。力争将“1+1+3”矛盾纠纷源头化解新机制打造成基层法治政府建设“固原样板田”项目创建为全国法治政府建设示范创建项目。二是强化立法质量管控。制定市政府年度立法工作计划，推进《固原市犬类管理暂行办法》《固原市河道管理条例》《固原市物业管理办法》等立法项目落实。做好规范性文件立改废释工作，定期开展行政规范性文件清理。做好法规规章颁布实施后的宣传工作，适时发布立法信息，积极开展新制定、修订法规规章的宣讲和解读。三是打造法治化营商环境。严格落实优化法治化营商环境 36 条措施，持续开展民营企业法治体检，推出一批面向企业的优质法律服务产品。四是规范行政规范性文件审核。严格落实宁夏和固原市关于行政规范性文件合法性审核

工作的规定，提升审查覆盖率，推进全流程合法性审查。提高政府规章、行政规范性文件的报备率、报备及时率、规范率，加大对违法或者明显不当行政规范性文件的纠错力度。配齐配强合法性审查队伍，市、县（区）所属法制审核部门要设有专门的机构，配备不少于2名的法治工作人员，乡镇（街道）配备至少1名专职法治工作人员。五是提升行政执法能力，聚焦人民群众反映强烈的运动式执法、“一刀切”执法、粗暴执法、逐利执法等不作为乱作为问题，梳理形成执法领域突出问题清单，组织开展专项整治和监督行动。落实行政执法人员资格管理和持证上岗制度。制定出台《固原市常态化推进行政执法监督工作实施方案》，建立行政执法案卷评查长效机制和通报制度，开展1次行政执法案卷评查。开展1次行政执法人员培训，提升行政执法人员能力水平。六是巩固行政争议化解质效。严格落实《固原市行政机关败诉案件过错责任追究办法（试行）》，制定出台《固原市关于进一步加强行政执法与行政审判衔接联动的工作办法》，巩固行政应诉突出问题专项治理成效。制定出台《固原市关于协同推进行政争议实质性化解工作办法》，推动行政争议实质性化解能力显著提升。制定出台《固原市办理行政复议案件工作流程》《固原市行政复议繁简分流工作办法》《固原市行政复议决定抄告制度》《固原市行政复议决定网上公开制度》《固原市行政复议案件评查制度》等工作制度，规范行政复议工作。加大行政复议调解力度，坚持“能调尽调”。七是夯实乡镇（街道）法治政府建设基础。深化行政审批制度改革，会同市委编办、市行政审批局等部门，对已经下放乡镇（街道）的行政执法事项进行一次评估并及时予以调整。出台规范乡镇（街道）行政执法的实施方案，严格规范行政执法文书使用，强化《宁夏回族自治区基层综合行政执法文书参考样式（试行）》的推广应用。加强对乡镇（街道）综合行政执法人员的培训，提升乡镇（街道）综合行政执法规范化水平。八是提高行政机关工作人员法治素养。持续落实领导干部会前学法、年终述法、任前考法制度，坚持领导干部“1+3+x”学法用法清单。加强行政机关法律培训，举办固原市法治建设工作者素质能力提升培训班，行政执法人员每人每年接受不少于60学时的公共法律知识、业务知识和行政执法技能培训。

（二）以实现“社会安全稳定”为目标，助力建设更高水平的平安固原

坚持底线思维，有效维护社会大局稳定，筑牢平安固原建设基础。一是实现矛盾纠纷排查化解扩面。做好人民调解、做实行政调解、做强司法调解、做优行业性专业性调解，加强各类调解协调联动。指导设立劳动争议、物业纠纷、金融纠纷、商会等人民调解组织15个，实现村居（社区）、乡镇（街道）人民调解组织全覆盖，行业性专业性调解组织达到60个以上。落实社会矛盾纠纷风险闭环管控，年内化解疑难复杂矛盾纠纷2500件以上，矛盾纠纷化解成功率达到95%以上，做到预防在前、调解优先、运用法治、就地解决。二是实现重点人群管理服务升级。加强社区矫正执法规范化建设，联合市检察院开展1次社区矫正执法检查，指导基层规范执法行为。持续开展“五心教育”，落实社区矫正对象及安置帮教人员申请社会救助、参加社会保险、获得法律援助、社会优抚等政策，实现精准帮扶。建成固原市社区矫正指挥中心。三是实现公共法律服务增效。持续深化“乡村振兴 法治同行”活动，继续推动一村（居）一法律顾问制度落实。进一步深化“百所连百会”活动，为企业纾困解难。推广使用宁夏“公法云”平台，推动实现“网上+线上+云上”三位一体的自助公共法律服务网络体系。落实公职律师“双向选择”统筹使用机制，逐步提高公职律师配备率。进一步规范公证、司法鉴定、仲裁等机构建设与管理，加强法律服务事中事后监督。年内办理法律援助案件2300件以上。四是实现法治宣传教育进位。持续开展习近平法治思想、宪法和民法典学习宣传活动，深入开展“法律八进”活动。持续开展宪法和民法典学习宣传活动，开展“百名律师基层法治大宣讲”活动500场以上；用好固原智慧普法平台，建立典型案例发布制度，完善以案普法长效机制，培育法治文化形象品牌，着力提高普法针对性时效性。加强乡村依法治理，大力培育农村学法用法示范户和“法律明白户”，实现每个村（社区）“法律明白人”及骨干全覆盖。力争将“百名律师基层法治大宣讲”活动创建为全国“三下乡”示范项目。

2023年中卫市依法治市工作发展报告

李　斌　王　晶

2023年，中卫市深入学习贯彻习近平法治思想，坚持把法治建设纳入党委、政府年度绩效目标管理考核，全面深化推进依法治市各项工作纵深发展，并取得了丰硕成果，为加快推进中卫经济社会高质量发展提供强有力的法治保障。

一、中卫市依法治市工作建设成效

（一）着力推动高效的法治化营商环境建设

深化推动简政放权改革。持续深化“放管服”改革，73项审批和管理事项授权工业园区办理，123项政务服务事项下沉乡镇民生服务中心，48项事项交由村（社区）代办。持续深化“一网通办”和“跨省通办”。市本级44个单位1450项政务服务事项纳入政务服务网上办事大厅，办件量达14.3万件，网上办理覆盖率为52.56%。主动对接签订“跨省（域）通办”合作协议，通过视频会商、异地代收代办等方式使更多事项异地可办，办件量达4288件。深化“一窗受理、集成服务”。对中卫市市本级1449项行政审批事项进行重新梳理，将适宜纳入“一窗受理”的事项全部纳入一窗

作者简介　李斌，中卫市司法局党组书记、局长；王晶，中卫市司法局法治监督科科长。

综合受理窗口。梳理公布证明事项实行告知承诺制57项，公布以来共办理了11573件政务事项，1万件以上都通过签订告知承诺书办理。全力推进“一网通办”“容缺受理”，企业登记全过程电子化办理率达96%，开办时间压缩至0.5个工作日内。加强事中事后监管。运用“双随机、一公开”监管、“互联网+监管”等多种方式，实施更加精准更加有效的分级分类监管，制定部门联合随机抽查事项清单和工作计划，在更多领域开展联合抽查，成员单位从16个扩展到23个，抽查事项从39个大类77项增加到54个大类106项。

（二）深入推动地方法制支撑体系建设

统筹推进科学立法、民主立法、依法立法，用良法促发展、以善治保平安。加强政府立法工作。建立并落实立法项目请示报告制度，立法项目经分管副市长专题会、政府常务会议、依法治市委员会会议通过后，方可组织实施。同时建立基层立法联系点制度，畅通民意反映渠道，建立基层立法联系点12个，推进立法工作反映民情、体现民意、集中民智。2019年以来共制定出台《中卫市烟花爆竹安全管理办法》《中卫市城市市容和环境卫生管理办法》《中卫市城市建筑垃圾管理办法》3部政府规章，制定出台《中卫市农作物秸秆处置条例》《中卫市文明行为促进条例》《中卫市养犬管理条例（试行）》3部地方性法规。

（三）健全和完善重大决策程序规则体系

健全重大行政决策机制。印发了《中卫市人民政府重大行政决策咨询论证工作规则（试行）》，发布了《重大行政决策程序工作指引》，切实把公众参与、专家论证、风险评估、合法性审查和集体讨论等决策程序贯穿政府重大行政决策的全过程。制定印发《中卫市领导干部学法清单制度（试行）》，加强党政机关法律顾问队伍建设，为市政府和50个市直党政机关提供“一对一”“一对多”精准化法律服务。充分发挥公职律师作用，在全市探索建立公职律师统筹使用机制。加大合法性审查。重大、疑难、复杂事项和机关文件，未经合法性审查，不得提交市政府常务会议研究和印发。2022年以来，中卫市市、县（区）政府法律顾问室为全市招商引资等重点工作审查合同、协议1349份，为经济社会发展重大决策及不动产权证办理等历史遗留问题的处置提供合法性审查意见376份，办理涉法性事务258件，参与政府专题会议法律服务129次，就重大涉法涉诉事项向市领导报送司法行政专报16份。目前，中卫市已印发《中卫市行政合法性审查工作规定》，进一步加强和规范了行政合法性审查工作，极大地提高了合法性审查的工作质量。

（四）持续推进规范文明的行政执法能力建设

深化行政执法改革，印发了《中卫市深化市辖区跨领域跨部门综合执法改革实施方案》《中卫市辖区跨领域跨部门综合执法事项清单》，整合住建、教育、民政、水务等11个部门的275项执法事项交由沙坡头区综合执法局承担。制定印发《中卫市开展县乡综合执法联动改革试点工作实施方案》，完善"乡呼县应"执法联动机制，构建"乡镇综合执法办公室+6个领域综合执法+N个县（区）级部门执法"的基层综合执法模式，在全市41个乡镇统一设置综合执法办公室，有效解决基层执法力量分散问题，实现了一支队伍管执法。深化行政执法"三项制度"，推广应用宁夏行政执法监督平台，持续推进行政执法"三项制度"，在平台公示各类执法信息3万余条，接受人民群众监督。严厉打击重点领域违法行为，中卫全市在生态环境、文化、应急管理等重点领域共开展行政检查9214次，进行行政处罚255次。推广行政执法柔性方式，广泛运用说服教育、劝导示范、警示告诫、约谈等让执法既有力度又有温度，市场监管局、市应急局等部门公示"两轻一免"清单。强化行政执法监督，制定印发年度行政执法监督工作要点，明确了执法监督五大类18项重点工作。每月定期发布行政执法监督投诉举报方式，2022年以来共受理16件投诉举报案件。在全市范围内公开选聘25名行政执法监督员，借助"外脑"提高行政执法监督工作质效。率先在宁夏五市公布了中卫市具有行政执法主体资格的34个行政机关及中央、宁夏驻中卫具有行政执法主体资格的8个部门，进一步加强行政执法主体资格管理。采取"伴随式""拉网式"监督方式对重点领域开展专项执法监督3次。组织中卫市1885人参加行政执法综合法律知识考试，通过891人，全市2248名执法人员更换国家统一行政执法证件，排查注销事业编制工勤岗位、退休、调离、不在执法岗位的420人的行政执法证件。

（五）加强社会矛盾纠纷化解机制建设

扎实推进行政复议和应诉工作，中卫市司法局与中级人民法院建立预防和化解行政争议联席会议制度，召开 3 次会议。针对行政执法、行政复议、行政审判等工作，邀请中卫市各有关执法单位参加议定，进一步规范指导各级行政机关的行政执法活动。2023 年以来，中卫市行政复议机关受理案件 161 件，结案 136 件，作出撤销、确认违法、责令履行 18 件，纠错率 13.23%，对在办案中发现的行政违法或不当行为发放行政复议建议书 4 份，纠正了违法行为，维护了行政机关执法权威和当事人合法权益，有效发挥了复议内部监督作用。扎实开展行政应诉专项治理活动，2023 年以来，行政机关负责人出庭应诉率为 98.68%，市本级达到 100%。健全提升人民调解“四张网”建设，成立中卫市涉军（属）、工业园区矛盾纠纷人民调解委员会，人民调解组织不断向“精”“专”“特”方面延伸。持续深入推行“人民调解+仲裁+信访”纠纷治理模式。2022—2023 年 10 月，中卫市共排查矛盾纠纷 11605 次，受理人民调解案件 10480 件，成功调处 9663 件，办理仲裁确认案件 1748 件。完善突发事件应对制度，制定印发《中卫市维护社会稳定风险隐患大排查大化解大整治行动实施方案》和 6 个专项行动方案，共排查矛盾风险隐患 2233 个，化解 2110 个，化解率为 94.49%。

（六）深化健全和完善公共法律服务体系

打造“公共法律服务工作站”示范品牌 7 个，128 名村（居）法律顾问累计提供法律服务 1200 余次。联合中卫市工商联持续开展“百所联百会”结对机制，积极开展规范律师事务所创建活动，持续巩固行业治理成果。进一步扩大法律援助范围，2022—2023 年 10 月，中卫市共受理法律援助案件 5473 件，受援 9050 人，为群众挽回经济损失 5516.61 万元。深入推进“八五”普法规划落实，严格落实“谁执法谁普法”普法责任制，扎实开展履职报告评议活动。持续加强法治文化建设，沙坡头区滨河镇新墩花园社区、海原县关桥乡关桥村获评“第九批全国民主法治示范村（社区）”。建成中卫市青少年法治教育基地和沙坡头区黄河法治文化带香山湖公园项目。组织开展“法律进乡村”活动 200 余次、“法律进社区”活动 100 余次、“法律进企业”活动 100 余次，开展“送法进学校”活动 200 余次。大力实施“法律明白人”培养工程，培育“法律明白人”骨干 1414 人。

二、中卫市依法治市工作存在的问题

（一）法治思维能力和法治意识需持续加强

领导干部的法治思维能力和法治意识水平对法治政府建设至关重要，但实践中仍然存在一些领导干部对履行法治建设第一责任人职责认识不足，自我定位模糊，误以为法治政府建设只是司法行政系统的职责，因而工作积极性不高，下层推动力度不够，造成了自上而下、层层递减的局面。有的领导干部对法治建设的认识不足，加之一些地区和部门对法治政府建设的重要性认识不足、法治意识不强，对相关法律法规政策掌握不全等问题，使推进落实“最后一公里”的相关工作存在一定问题。

（二）重大行政决策程序有待规范

重大行政决策关系到经济社会长远发展、社会公共利益和人民群众基本权益，但是一些地区和部门基于对决策程序具体规定认识不足，实践中存在对重大行政决策“过五关”的程序落实不到位，或者是尽管能意识到工作的重要性，却对具体规定还存在了解不足等问题。还有一些地区和部门在酝酿会议讨论时，没有按照规定的时限来操作，仓促召开合法性审查会议提交审查。有些决策出台后，没有及时进行事后评估工作，对公众参与、风险评估、专家论证等程序都置之不理，顾此失彼。

（三）地方法治人才缺口较大

目前，中卫市仍存在一些机关单位没有设立专门的法制部门，公职律师覆盖率较低，甚至一些单位没有专职法制审查人员，其他部门职员兼职问题常见。此外，部分县（区）、单位法治建设队伍结构不合理，专业化程度较低，法治知识素养和功底不够，无法满足机关单位法治建设实际需求。

三、2024 年中卫市依法治市工作发展建议

（一）高标准推动法治政府高质量发展

深化健全和完善依法决策机制，对年度重大行政决策事项目录进行计划和公示，实行重大行政决策按步骤推动。引导领导干部运用法治方式，

围绕公众参与、专家论证、风险评估、合法性审查、集体讨论决定等5个法定程序，完善决策规范流程。不断健全政府法律顾问制度，确保在重大行政决策中发挥关键作用，严格把关，实行事后评估决策执行情况和发现整改存在的问题，促进重大行政决策合法规范、科学民主的方向迈进。更加严格规范公正文明执法行为。持续全面推行行政执法重大执法决定依法评议等“三项制度”。在提高执法效率上下功夫，推进政务执法信息化建设。积极开展行政执法主体清理确认工作，严格清理审核行政执法机构，严格审查依法行政执法的主体和依据，夯实规范公正文明执法的基础。进一步优化法治人才队伍建设。创新法治人才培养机制，注重法治人才导向。积极建设法治人才库，注重各年龄段专家学者结合不同地域的人才布局。以典型引路，激发向上的势头，开展年度“法治人物”“法治事件”评选表彰活动。引导法律工作者坚定政治方向，干净干事，推动法治队伍向规范化、专业化、职业化迈进，努力培育一批有坚定信仰、法德并修、明法笃行的高素质法治人才，切实履行社会责任。

（二）持续推进地方立法高质量发展

围绕高质量发展、社会治理创新、民生改善和生态环境保护等重点领域，抓好和推进立法工作。要改进立法方式方法，加强项目论证和立法培训，充分运用立法规划方案的统筹指导作用，切实提高立法工作的精细化水平。健全完善立法协商建议工作机制，广泛接受人民群众和社会各界的意见，确定所制定法规具有稳定性、有效性和实用性，并将规范性文件的监督管理作为立法工作的重点，切实加强立法工作的监督管理。依法及时废止、修改违法违规的行政规范性文件备案审查制度。运用专项检查、不定期通报等方式，对市直部门（单位）和各县（区）行政规范性文件备案管理情况进行监督检查，确保制定机关依法、及时、规范做好备案工作。及时发现并督促整改存在的问题，进一步提高中卫市行政规范性文件的管理水平。注重依法有效化解社会矛盾纠纷。健全长效推进机制，把矛盾纠纷多元化解作为基层治理现代化的重要基础工程，全力推动调解机制，构建矛盾纠纷相互衔接、协调联动的多元化解体系。强化防范机制，充分利用人民调解员、民警、法官、社区网格员等联系群众的优势，定期开展联合排查、入户走访、网络宣传等活动，加强源头防范和前期处置工作。继续深入实施“人民调解+仲裁+信访”矛盾纠纷大调处工作格局。设立宁夏中卫工业园区公共法律服务中心（矛盾纠纷调解中心）“老李调解工作室”以及中卫市矛盾纠纷调解中心“马斌调解工作室”，打响个人调解品牌。定期组织专职调解员、律师等深入基层开展法律培训，解决人民调解员专业能力不足的问题。通过政府购买法律服务的方式，进一步扩大人民调解员队伍。

（三）推进依法治市科技支撑体系建设

加快推进政务信息平台建设的各项工作。对各类数据和网络平台进行整合优化，使政务信息系统统筹规划，不搞重复建设。实现地方与国家政务平台之间的无缝连接，广泛推动“一网通办”的政务服务。加速统一的身份验证、电子签章和电子证书的应用，并完善服务流程。大数据的分析、处理和使用在行政决策、立法和执法中应得到更多的关注和应用。要进一步深化公共法律服务平台建设，努力建设线上线下公共法律服务体系。在指导市、县（区）优化“智慧公法”网上服务的同时，积极争取更多资金投入，确保各级公共法律服务平台标准化升级，持续塑造优质的“公共法律服务工作站”品牌。增强行政复议工作的规范性、专业性和数字化水平。增强行政复议的规范性、专业性和数字化建设。充分利用行政复议进行行政监督，发挥救济作用，通过行政复议案件办理，对问题进行及时调查和修正，加强行政争议的协调解决，提高行政效率和公众信任。持续深化政策理论和法律专业知识的培训学习，不断提升能力，创新方法，为政府提供精确的法律咨询服务。

2023年宁夏法治发展大事记①

徐东海

1月

1日，新修订的《宁夏回族自治区土地管理条例》正式施行。

4日，宁夏公安交管部门视频会议明确将从6个方面落实好33项措施，以保障春运期间（2023年1月7日至2月15日）交通安全。

8日，据《宁夏日报》报道，中央全面依法治国委员会办公室正式公布的第二批全国法治政府建设示范地区和项目命名决定，银川市兴庆区被命名为“全国法治政府建设示范区”，是宁夏唯一入选的县（区）。

9日，由宁夏社会科学院牵头组织科研人员及各行业专家学者编写的“2023宁夏蓝皮书”系列丛书发布。“宁夏蓝皮书”系列丛书是研究宁夏经济社会重大问题与社会现象的系列参考书目，是集学术性与对策性于一体的资讯类产品，是具有原创性、专业性、实证性和前瞻性的重要宁夏智库品牌。丛书分为《宁夏经济发展报告（2023）》《宁夏社会发展报告（2023）》《宁夏文化发展报告（2023）》《宁夏法治发展报告（2023）》

作者简介　徐东海，宁夏大学民族社会学博士研究生，宁夏社会科学院社会学法学研究所助理研究员，主要研究方向为社区治理。

①根据2023年《宁夏日报》、《新消息报》、宁夏人大网、宁夏法治微信公众号、宁夏新闻网等相关信息资料整理。

《宁夏生态文明建设报告（2023）》5册，由宁夏人民出版社出版发行。其中《宁夏法治发展报告（2023）》首次由自治区党委依法治区委员会办公室和宁夏社会科学院共同组织编写。

10日，自治区十二届人大常委会第三十九次会议在银川召开。会议决定，自治区第十三届人民代表大会第一次会议于1月13日在银川召开。会议传达学习了自治区党委人大工作会议精神，表决通过了自治区人大常委会代表资格审查委员会关于自治区第十三届人民代表大会代表资格的审查报告、自治区人大常委会关于列席自治区第十三届人民代表大会第一次会议人员的决定，会议决定任命王立为自治区人民政府副主席，表决通过了自治区人大常委会关于窦朝晖代理自治区人民检察院检察长的决定和有关人事任免议案。

12日，中国人民政治协商会议第十二届宁夏回族自治区委员会第一次会议在宁夏人民会堂开幕。

13日，宁夏回族自治区第十三届人民代表大会第一次会议在银川隆重开幕。

2月

2日，银川市不动产登记事务中心发布消息，该中心以“互联网+不动产登记”为基础，首次推出“不动产登记+司法查控”不见面网上办，为各法院执行法官进行司法查控降低不少时间成本。

15日，宁夏回族自治区十三届人大常委会第一次会议在银川闭幕。

同日，根据《全国人民代表大会常务委员会关于实行宪法宣誓制度的决定》和《宁夏回族自治区实施宪法宣誓制度办法》的规定，经自治区人大常委会主任会议研究决定，自治区第十三届人民代表大会第一次会议选举产生的自治区十三届人大常委会委员、表决通过的不是自治区人大常委会委员的人大各专门委员会组成人员，自治区十三届人大常委会一次会议决定任命的自治区政府秘书长、厅长、委员会主任及任命的自治区监察委员会副主任，自治区十二届人大常委会三十九次会议任命的自治区人大常委会有关工作机构负责人、自治区监察委员会委员等93人集体进行宪法宣誓。

3月

17日，宁夏回族自治区市场监督管理厅（知识产权局）印发了《2023年宁夏知识产权行政保护工作实施方案》。

24日，宁夏回族自治区十三届人大常委会第二次会议在银川闭幕。会议表决废止了《宁夏回族自治区农村扶贫开发条例》等两件地方性法规，表决批准了2023年自治区本级预算调整方案的决议，表决通过了有关人事任免议案。

4月

3日，宁夏回族自治区党委依法治区办印发《关于开展全区法治政府建设示范创建提升行动（2023—2025年）实施方案》。

4日，宁夏回族自治区十三届人大常委会第5次主任会议通过了《宁夏回族自治区人大常委会立法专班工作规则》。

21日，宁夏回族自治区党委全面依法治区委员会执法协调小组召开全体会议。

5月

8日，宁夏回族自治区知识产权局印发实施《关于组织开展2023年“知识产权服务万里行”活动的通知》。

9日，宁夏民法典主题宣传活动启动仪式在中卫市沙坡头区红太阳广场举行。

11日，宁夏回族自治区人民检察院正式启动黄河保护综合治理专项行动。

15日，宁夏回族自治区党委全面依法治区委员会守法普法协调小组印发《关于开展法治社会实践站建设工作的指导意见》。

26日，宁夏回族自治区第十三届人大常委会第三次会议在银川闭幕。会议表决批准了《银川市人民代表大会常务委员会关于废止〈银川市房屋登记条例〉的决定》和《石嘴山市人民代表大会常务委员会关于修改〈石嘴山市饮用水水源保护条例〉的决定》，表决确认了补选代表的代表资格，表决通过了有关人事任免议案。

6月

7日，宁夏回族自治区政府办公厅印发《关于加强行政复议行政应诉工作的意见》。

21日20时40分许，宁夏回族自治区银川市兴庆区民族南街富洋烧烤店发生一起特别重大燃气爆炸事故，造成31人死亡、7人受伤。

22日凌晨，宁夏回族自治区党委常委会紧急召开会议研究银川市兴庆区富洋烧烤店燃气爆炸事故处置工作。

同日下午，宁夏回族自治区党委常委会再次召开专题会议，传达学习贯彻习近平总书记重要指示，按照中央领导同志批示要求，部署医疗救治、善后处置和安全生产风险隐患排查整治工作。

25日上午，国务院宁夏银川富洋烧烤店“6·21”特别重大燃气爆炸事故调查组在银川召开第一次全体会议。

28日，宁夏回族自治区党委常委会召开会议，深入学习贯彻习近平总书记重要指示精神，听取重点行业领域安全生产风险隐患排查整改情况汇报，研究讨论全面加强安全生产工作责任分工和城镇燃气安全风险隐患排查整治、“九小”场所消防安全专项整治等“1+5”方案，安排全面深入整改整治工作。

7月

2日，宁夏回族自治区生态环境厅发布2023年第三批生态环境执法典型案例，重点对2起危险废物环境违法犯罪典型案例进行通报。

6日，据《宁夏日报》报道，经中共中央批准，朱天舒同志任宁夏回族自治区党委委员、常委；经宁夏回族自治区党委研究，朱天舒同志任自治区党委政法委员会书记，提名为自治区法学会会长人选。

10日，宁夏回族自治区司法厅发布消息，宁夏聚焦社区矫正工作质量提升，精准开展教育帮扶，全面落实社区矫正教育帮扶措施，“一县区一特色一品牌”创建活动效果显现。

17日，宁夏回族自治区人民政府主席张雨浦签署发布第127号《宁夏回族自治区人民政府令》，内容具体为：《宁夏回族自治区法治政府建设指标体系》已经2023年5月23日自治区人民政府第14次常务会议审议通过，现予公布，自2023年9月1日起施行。

8月

2日，宁夏回族自治区十三届人大常委会第四次会议在银川闭幕。会议表决通过了《宁夏回族自治区宗教事务条例》《宁夏回族自治区机动车和非道路移动机械排放污染防治条例》《宁夏回族自治区地方储备粮管理条例》，表决通过了关于修改《宁夏回族自治区生态保护红线管理条例》《宁夏回族自治区市容环境卫生管理条例》的决定，表决通过了关于批准《银川市噪声污染防治条例》《银川市人民代表大会常务委员会关于废止〈银川市新建商品房配套设施交付使用管理条例〉的决定》《固原市文明行为促进条例》的决定，表决通过了宁夏回族自治区人民代表大会常务委员会《关于加强安全生产工作监督的决定》《关于加强经济工作监督的决定》《关于推动加快建设铸牢中华民族共同体意识示范区的决定》，表决通过了《宁夏回族自治区人民代表大会常务委员会关于批准2022年自治区本级财政决算的决议》《关于批准2023年自治区本级预算调整方案（第二次）的决议》。会议决定任命徐耀为自治区副主席。

9月

4日至中旬，按照宁夏回族自治区党委十三届四次全会安排，根据《自治区人大常委会关于加强安全生产工作监督的决定》，同时受全国人大委托，自治区人大常委会决定采取“三级人大联动、五级代表参与”的方式，对全区贯彻实施安全生产法、自治区安全生产条例和燃气管理条例情况进行执法检查。

23日，宁夏回族自治区人大常委会举行宪法宣誓仪式。

24日，据《宁夏日报》报道，宁夏回族自治区党委全面依法治区委员会执法协调小组通报了全区进一步规范行政裁量权基准制定和管理工作的推进情况。

10月

17日，据《宁夏日报》报道，宁夏首例因违法调运携带重大植物检疫性有害生物美国白蛾苗木触犯刑法的刑事案件，在吴忠市利通区人民法院正式宣判。

11月

1日，新修订的《宁夏回族自治区司法鉴定管理条例》正式施行。

9日，据《宁夏日报》报道，中央政法委在全国范围内评选出104个“枫桥式工作法”单位，宁夏银川市永宁县闽宁镇、固原市西吉县公安局吉强派出所、中卫市沙坡头区滨河镇入选。

21日，宁夏回族自治区司法厅、市场监督管理厅、消费者协会联合下发通知，在全区范围内开展网络消费纠纷人民调解工作。

27日，宁夏召开坚持和发展新时代“枫桥经验”推进会暨全区调解工作会议。

30日，宁夏回族自治区十三届人大常委会第六次会议在银川闭幕。会议决定，自治区第十三届人民代表大会第二次会议于2024年1月23日在银川召开。会议表决通过了《宁夏回族自治区社会信用条例》、新修订的《宁夏回族自治区科学技术进步条例》、关于修改《宁夏回族自治区法制宣传教育条例》及《宁夏回族自治区审计监督条例》的决定，表决批准了《银川市历史文化名城保护条例》《银川市人民代表大会常务委员会关于修改〈银川市全民义务植树条例〉等四件地方性法规的决定》《中卫市湿地保护条例》的决定，表决通过了《宁夏回族自治区人民代表大会常务委员会关于深入学习贯彻习近平生态文明思想 依法加快推进美丽宁夏建设的决定》《宁夏回族自治区人民代表大会常务委员会关于批准2023年自治区本级预算调整方案（第四次）的决议》以及有关人事任免议案。

12 月

4 日，宁夏回族自治区政府举行宪法宣誓仪式。

同日，由宁夏回族自治区党委宣传部、政法委，自治区人大法制委员会、司法厅联合举办的宁夏“宪法宣传周”活动暨“贯彻宪法精神 提升法治能力”宪法法律知识竞赛，在银川市工人文化宫全面启动。